백제
웅진의 품에 안기다

▌이남석

충남 공주생으로 공주사범대학 역사교육과를 거쳐 고려대학교 대학원에서 석사와 박사 과정을 마쳤다.
현재 공주대학교 사학과 교수로 재직 중이며, 공주대학교 박물관장의 보직과 한국고대학 회장을 역임하면서 1980년대 이후 현재까지 학내·외에서 백제유적의 발굴과 연구에 진력하고 있다.

주요 연구물로는『百濟 石室墳 硏究』(1995)를 비롯한『漢城時代 百濟의 古墳文化』(2014) 등 10여 권의 저서와「청동기시대 사회발전단계문제」(1985) 등 100여 편의 논문 등이 있다.

백제
웅진의 품에
안기다

초판인쇄일   2016년 7월 25일
초판발행일   2016년 7월 30일
지 은 이   이남석
발 행 인   김선경
책 임 편 집   김소라
발 행 처   도서출판 서경문화사
          주소 : 서울시 종로구 이화장길 70-14 105호
          전화 : 743-8203, 8205 / 팩스 : 743-8210
          메일 : sk8203@chol.com
등 록 번 호   제 300-1994-41호
ISBN   978-89-6062-188-6   03900

* 파본은 구입처에서 교환하여 드립니다.

  정가 25,000

백제
웅진의 품에 안기다

이남석 지음

서경문화사

유적과 유물을 통해 백제의 웅진시대 역사를 이야기해보고자 한다. 백제의 역사는 도읍기간을 기준삼아 편의상 한성과 웅진, 그리고 사비로 구분하여 이해한다. 웅진시대는 국가적 위기로 황급하게 천도하여 많은 우여곡절을 겪은 후에 갱위강국이 선언된 기간이기도 하다. 그러나 웅진시대는 약 64년여의 단기간이다. 그럼에도 백제사에서 웅진시대는 정치와 사회 그리고 문화적으로 과도기라는 측면에 큰 의미를 부여할 수 있다. 물론, 그러한 역사인식의 바탕은 아무래도 문헌기록을 통해 구체화되어야 할 것이다.

웅진시대 정치와 사회상의 탐색은 이를 가늠할 문헌기록의 부족으로 아직은 미흡한 부분이 많다. 특히 조각으로 남겨진 기록마저 비판적 검토가 부진한 채 자의적 해석만 거듭되어 맥락을 가늠하기 어려울 정도의 복잡한 역사상이 구성되기도한다. 여기에 핵심일 수밖에 없는 왜 웅진으로 천도하였는지, 웅진에 도읍한 후의 혼란된 정국의 주체가 누구이고, 왜 그렇게 되었는지, 나아가 어떻게 혼란한 정국을 수습하고 갱위강국을 실현하였는지의 배경에 대한 질문은 여전히 미흡한 상태이다.

웅진시대는 서기 475년의 천도에서 비롯된다. 웅진시대는 이전의 한성시대와 전혀 다른 사비시대를 열게 된 동력이 비롯되는 시기이다. 웅진시대사의 중요성은 여기에 있다. 특히 백제의 웅진시대 모습은 이전의 한성시대는 물론이고, 이후 사비시대의 정황을 이해하는 가늠자라는 점에서 웅진시대의 역사적 중요성은 배가된다. 그럼에도 사료부족이란 환경만을 탓하며 여전히 소홀함이 적지 않았던 것도 사실이다.

 지난 30여년간 백제의 두 번째 도읍지 웅진에서 유적을 발굴하고 나름의 분석과 해석을 거듭하면서 미궁의 백제사 퍼즐을 맞추고자 노력하였다. 다만 본래 유적과 유물 즉 고고학 자료는 보편적 성격의 물질자료일 뿐이라는 생각에, 무엇보다 자료의 집적이 선행되어야 한다는 판단에, 짧지만 적지 않은 시간을 파고 닦는 작업에 열중한 것 같다. 이제 자료의 축적도 어느 정도 이루어졌고, 나아가 각각에 대한 나름의 의미도 갖추어졌다고 여겨진다. 다만 유적과 유물이 웅변하는 백제의 모습은 문헌을 통한 이해와는 다소 상충되는 부분이 없지 않다. 특히 분석된 물질자료만으로 복잡하게 얽어진 웅진시대사의 본래 진면목을 살피는데 어려움이 없지 않다. 이에 유적과 유물의 분석된 결과와 그 해석을 바탕으로 나름의 웅진시대의 백제에 대한 질문을 던져 보고자 글을 쓴다.

 평소 발굴된 유적과 유물 그리고 그에서 비롯된 역사상을 토대로 웅진시대의 백제사에 대한 나름만의 의견을 피력한 바가 있었다. 그것은 모두가 인식하던 백제의 웅진시대사와 엇박자를 이룬 경우도 많았다. 그러나 유적과 유물이 웅변하는 역사상에 올바르게 질문하였다는 자신감과, 그것이 웅진시대의 백제사 이해에 논리적이고 합리적 접근이란 생각에서 비롯된 것이기도 하다. 때문에 결과가 기왕의 한국 고대사 인식과 상반된 것이고, 그처럼 애지중지하는『삼국사기』의 역사인식과 상반된 것일지라도, 당대 역사상을 가장 극명하게 반영하는 것은 유적과 유물이라는 판단과, 그것의 객관성이 보다 신뢰되어야 한다는 판단에서 나름의 역사상을 정립하여 본 것이다.

 "백제 웅진의 품에 안기다"는 유적과 유물로 웅진시대의 백제를 살펴보고 싶다는 생각에 알려진 유적과 서술된 역사상을 나름으로 정리한 것이다. 때문에 분석된 유적과 유물의 의미 추구와 해석에 주안을 두었고, 나아가 논증이나 가부의 판단은 가능한 지양하면서 내포된 역사성이 무엇인가를 생각하는데 주력하여 보았다. 물론 기왕의 고고학과 문헌사학에서 집약된 다양한 의견을 숙지한 바탕에서 나름의 논지를 전개하였기에 별도의 인용이나 참고 자료는 제시하지 않았다. 게으른 탓이지만 연구가 아닌 유적과 유물을 종합하고 그에서 비롯되는 역사상을 정리하였다는 핑계로 대신할 수 있겠기에, 유적과 유물, 그리고 역사적 사실과 인식을 충분히 인지하였다는 변명 아닌 변명과 함께 뒤에 참고한 문헌을 정리하는 것으로 갈음코자 한다.

항상 읽히지도 않는 글을 만들면서 회한도 많다. 그럼에도 불평없이 다듬어 주는 공주대학교 박물관에서 함께 하였던 이들, 나아가 늘 주변에서 함께하며 백제를 이야기하고 토론하였던 모든 분께 감사할 따름이다. 엮고 다듬어 책 만들기에 선뜻 나서준 서경출판사는 아마도 정 때문에 경제적 손실을 감수한 것 같다. 책을 만든 후에야 능력 부족을 절실하게 깨닫지만, 그래도 무언가 이야기 할 수 있다는 현실에 만족하며 자위한다. 문제를 인식하고 해결할 방법을 모색하면서 함께 토론을 요구할 공간이 있다는 점에서 그러하다. 그러한 외침이 또 다시 공허한 메아리로 돌아오겠지만, 그래도 백제사의 또 다른 인식을 시도하였다는 사실을 기억의 한켠에 두고 싶다.

丙申年 初夏 熊津邊에서

筆者 識

차례

Part I

웅진시대의 백제는

수려한 계룡산과 금강을 아우른 공주
환경 제약을 천혜의 요충지로 바꾸어
백제 도읍 웅진으로 우뚝 서다.

천도후 정치적 혼란의 현장 웅진
도읍으로서 면모를 갖추면서 정치적 안정을 도모하고
갱위강국으로 우뚝 선 새로운 도약을 이룩하다.

파란만장한 정치적 파동을 극복하고
웅진에서 다시금 강국이 된 백제
문화강국으로서 면모를 드러내다.

웅진을 뒤로하고 사비에서 국운을 새롭게 다지지만
나당 연합군의 갑작스런 공격에 최후의 격전장이 된 웅진
의자왕은 전승을 기원하지만
국가의 명운을 어찌하지 못한다.

웅진熊津은 서기 475년부터 538년까지 64년간 백제의 도읍지였다. 고구려의 군사적 침략으로 한성의 함락, 개로왕의 패사敗死라는 황급한 상황에서 기반시설이 전혀 갖추어지지 않은 웅진으로 천도한 백제는 60여년의 도읍기간 동안 혼란을 극복하고 갱위강국更爲强國을 이루어 다시 사비로 천도한다. 따라서 백제의 웅진시대는 한성시대와 사비시대의 과도적過渡的 단계로서 정치·사회·문화적 의미를 간직하고 있다.

그러나 백제의 웅진시대에 대한 이해는『삼국사기三國史記』등 문헌기록의 영세성零細性과 사료비판의 문제로 나름의 한계가 많다. 때문에 유적과 유물이라는 고고학적 자료를 통하여 탐구가 폭넓게 진행되고 있다. 그러나 유적과 유물을 통한 백제 웅진시대의 이해도 문헌사학에서 정립된 역사상과 상충하는 문제로 아직은 정론에 이르지 못한 상황이다. 특히 기왕에 정립된 역사상에 부합附合되는 유적과 유물만을 선별하여 특수성을 부여하고, 이를 토대로 사건·사고를 이해하는 경향이 적지 않아 고고학 본래의 의미가 퇴색되기도 한다.

역사는 사료와 물질 자료의 끊임없는 대화로 탄생한다. 백제의 웅진시대사는 그 시대상을 보여주는 기록이나 유적·유물과의 끊임없는 대화를 통해 복원될 수 있다. 다만 얼마나 객관적이고 합리적으로 질문하였는가의 문제가 남을 뿐이다. 이를 위해서는 사료와 물질자료를 해석함에 있어 엄밀한 비판과 분석이 선행되어야 한다. 그러한 방법론적 전제를 인식하면서 분석된 유적과 유물을 바탕으로 백제의 웅진시대 역사상의 대강大綱을 구성하여 보았다.

자연지세로 본 웅진은 도읍지로서 적합성이 결여缺如

웅진이 왜 백제의 도읍지로 선정되었는가를 직접적으로 알려주는 자료는 없다. 때문에 웅진이 본래부터 준비된 도읍지였는지, 아니면 긴박한 정치 환경에서 도읍지로 선정된 것인지에 대한 판단이 필요한데 이 문제는 웅진지역의 자연·지리적 환경과 인문환경을 검토하는 것에서 시작할 수밖에 없다.

지금의 공주는 금강錦江이 시가의 중심부를 동쪽에서 서쪽으로 관통하면서 높다란 산지가 넓게 발달되어 있어 일단 천혜의 요충지로 봄에 문제가 없지만, 산간오지山間奧地로 불리듯이 지리적 협소성狹小性이 매우 크다. 평지가 절대로 부족한 환경에서 금강이란 대하천의 천변지역은 범람에 의한 침수가 빈번하였을 것인데, 그로 말미암아 웅진은 인문환경 형성에 그리 적합한 지역이었다고 보기가 어렵다.

비록 웅진 인근에 석장리 구석기 유적이 있지만 그것은 홍적세 환경에 속하는 것이기에 이를 통해 과거 공주의 인문환경의 적합성을 살피기는 어렵다. 나아가 신석기시대나 청동기시대 유적도 거의 발견되지 않거나 있더라도 분포가 빈약한 것은 그러한 자연환경과 무관치 않은 것이다. 이로써 웅진은 자족적自足的 생산 경제를 영위하기에 불리한 지역이었다는 결론도 가능할 것이다.

이러한 지정학적 환경은 백제가 웅진으로 천도하기 이전인 삼한시대에도 그대로 드러난다. 다만 금강을 경계로 그 북쪽에 어느 정도 규모의 집단사회를 추정할 수 있는 유적이 남아 있다. 그러나 웅진도읍의 중심부에 해당되는 금강의 남쪽

시가지 일원一圓에는 상관된 유적이 거의 발견되지 않는다. 이러한 정황은 백제가 천도하기 전에 웅진의 중심지는 규모 있는 집단사회가 자리하기에 그리 적합한 환경은 아니었던 것을 알려주는 것이다.

그럼에도 백제는 왜 웅진으로 천도遷都하였을까

자연 환경의 부적합에도 백제는 왜 웅진으로 천도하였을까. 이러한 질문에 대한 대답은 천도가 왕실의 주도하에 이루어졌는가의 문제와 환경의 제약에도 도읍지로 활용될 시설이 사전에 준비되어 있었는가에 대한 의문 해소가 선행되어야 할 것이다.

그러나 고구려의 급작스런 공격으로 왕이 패사한 사실이 의미하듯이 지배세력의 붕괴라는 정황으로 미루어 천도가 왕실의 주도로 이루어진 것으로 보기는 어렵다. 나아가 웅진이 이미 준비된 도읍지였다고 단언할 증거도 거의 없다는 사실이 웅진지역의 고고학적 환경에서 확인된다.

웅진에 남겨진 유적과 유물은 시공간적 분포 차이를 드러낸다. 특히 천도 즈음에 갑작스럽게 등장하는 유적과 유물이 적지 않은데, 이를 통해서 백제의 웅진천도가 갑작스럽게 이루어졌음을 알 수 있다는 것이다. 그것은 천도전에 이미 기반시설이 마련되었던 것이 아니고 천도는 오히려 정치적 판단에 의해 갑작스럽게 이루어진 것을 방증하는 것이기도 하다.

물론 웅진으로 천도 전야의 사정은 서기 475년 9월에 고구려의 장수왕이 3만의 정예군精銳軍을 친히 이끌고 한성漢城을 공격하였다는 사실과, 그에 대한 백제 개로왕의 대응, 그리고 한성의 함락과 개로왕이 패사敗死하였다는 사실을 통해서 그 대강을 살필 수 있다.

나아가 장수왕은 포로 8천을 거느리고 평양으로 돌아가지만 신라 구원군救援軍

1만과 함께 한성에 당도한 문주가 왕의 궐위闕位에 따라 등극한 사실, 연이어 웅진으로 천도하는 시간적 과정도 기록에서 살필 수 있다. 이에 따르면 웅진천도는 준비된 것이 아니라 황급한 상황 속에서 구원군의 이해관계에서 이루어졌다는 결론에 무리가 없다.

천도의 주도세력은 구원군 중심에 있던 수촌리유적의 주인공

웅진으로 천도를 유도할 만한 정치적 주체는 웅진지역의 고고학적 환경에 따라 웅진의 인근에 기반한 세력으로 볼 수 있고, 이들이 공주 수촌리 유적의 주인공이라는 사실에 의문이 없다.

수촌리유적은 2003년도에 발굴조사 되었다. 여기에는 백제시대 고분이 일부 포함되어 있는데 지금까지 백제 지방사회에서 발견된 고분 중에서 가장 품격이 높은 것이다. 4세기 후반 무렵부터 백제가 웅진으로 천도할 즈음까지 만들어진 이 유적은 백제 지방사회에서 가장 강력한 세력집단이 웅진의 인근에 있었음을 보여주는 가장 적극적인 자료이다.

수촌리유적은 백제의 웅진천도 주도세력이란 측면 이외에도 백제문화의 우수성과 다양성에서 주목할 부분이 많다. 백제 묘제의 변화과정은 물론이거니와 세대 간의 변화과정, 부장품의 다양성과 풍부함에 있어 그러하다. 특히 묘제를 달리하여 금동관모金銅冠帽가 출토되는가 하면 백제 상장례喪葬禮의 또 다른 측면을 알려주는 석축기단石築基壇의 제례시설도 있어 크게 주목되는 유적이기도 하다.

백제의 웅진천도는 왕실이 아닌 구원군의 주도로 이루어진 것으로 그들의 이해관계에 따라 도읍지가 결정되었고 그 중심에 수촌리유적의 주인공이 있었기에 백제가 도읍을 웅진으로 선정하였다고 볼 수밖에 없다. 백제가 웅진을 도읍으로 선택한 배경을 이해하기 위해서는 아무래도 도읍을 이끌만한 강력한 세력에 중점을 둘 수밖에 없기에, 수촌리유적의 조영주체造營主體를 주목하는 것이다.

웅진천도 직후에 한성에서 남하南下한 세력의 동향

웅진천도와 더불어 이전에 한성에 기반을 두고 성장하였던 정치세력의 남하도 추정된다. 사실 고대국가의 사회체제를 구체화할 수는 없지만, 왕실을 중심한 지배세력의 존재를 인식하는데 문제가 없을 것이고, 나아가 왕실세력과 더불어 국가운영에 동참한 또 다른 지배세력의 존재도 추정할 수 있을 것이다.

백제는 한성도읍기에 전통적 왕실세력인 부여夫餘씨 외에 해씨解氏나 진씨眞氏등의 이성異姓 지배세력이 있었으며, 이들은 횡혈식 석실묘橫穴式 石室墓의 사용 주체들이었다. 그런데 백제의 웅진천도와 더불어 도읍지 웅진에 한성지역에서 성행한 횡혈식 석실묘가 갑자기 등장하는데, 이는 한성도읍기의 주요 세력들이었던 도읍지내 지배세력이 남하하였음을 보여주는 사례이다.

횡혈식 석실묘는 4세기 중후반 무렵 백제의 한성지역에 등장, 지배세력의 묘제로 사용된 고분 유형이다. 지방사회의 모방 축조로 간헐적 확산을 거치지만 사용주체나 지역적 한계가 분명한 묘제였다.

본래 백제 횡혈식 석실묘는 서북한西北韓지역에 연원을 둔 것으로 4세기 중후반 무렵에 백제의 한성 지배세력들이 채용한 묘제이다. 따라서 이 묘제의 확산이나 변천은 한성기 백제 지배세력의 동향과 연계하여 이해될 수 있다. 그런데 서기 475년의 백제 웅진천도를 기점으로 한성지역에서 사용되던 이 묘제가 금강유역에 갑자기 다양하게 등장한 것이다.

새로운 묘제가 갑자기 등장한 것은 그것을 사용하는 새로운 집단의 등장을 의미하는 것이다. 따라서 금강유역에 나타난 횡혈식 석실묘는 웅진천도란 사건을 기회로 한성에 있었던 세력이 웅진으로 이주移住하였음을 보여준다. 즉 횡혈식 석실묘의 존재양상을 통해 한성에 기반을 두었던 세력이 웅진천도와 더불어 이 지역에 정착하였음을 살필 수 있다.

천도 이후 이들은 국정 운영경험을 기회로 문주왕과 삼근왕, 동성왕 초반 무렵까지 일시적으로 정권의 전면에 부상하지만, 세력기반의 결여나 미약으로 신흥세력에 밀려 점차 위축되는 것도 알 수 있다.

구원군救援軍인 신흥세력의 등장과 백제의 국가체제 변화

5세기 후반 무렵 고구려의 백제 한성침공으로 야기된 정치·사회적 파장은 당시 백제 지방사회의 고고학적 환경에도 커다란 변화를 일으킨다. 특히 웅진천도와 함께 금강유역에 새로운 고고학적 환경이 조성되는 것도 그 중의 하나이다. 이외에 또 주목되는 것은 영산강유역인 호남지역과 도읍지 웅진인근에 등장하는 왜倭계 고분으로, 영산강유역의 소위 전방후원형前方後圓形 고분과 도읍지 웅진에 남겨진 횡혈묘橫穴墓가 그것이다. 이처럼 새로운 고고학적 환경의 형성은 그에 상응된 정치·사회 환경의 변화 결과로 볼 수 있다.

백제 웅진도읍기 정치사의 특징은 신흥세력의 대거 등장에서 찾을 수 있다. 이들은 웅진천도 과정에서 중앙에 진출한 세력으로 한성에 침공한 고구려군과 싸우기 위해 백제의 지방에서 동원된 구원군들이다. 기록상에는 신라 구원군 1만명이 알려져 있지만, 백제의 통할하統轄下에 있던 지방, 즉 마한지역은 물론이고 가야지역, 일본열도의 왜 집단에서도 구원군이 동원되었을 것으로 추정하기 어렵지 않다. 이는 당시 동아시아에서 백제가 차지한 위상에 걸맞는 결과로 볼 수 있을 것이다. 특히 백제와 왜는 오랫동안 밀접한 관계를 유지하였던 것으로 여겨지는데 백제의 군사적 위기 시에 왜의 구원군이 자주 등장함에서 알 수 있다.

사실 고구려 침략에 의한 한성 함락은 한성기 백제 국가체제의 붕괴를 의미한다. 나아가 웅진천도는 신흥세력의 등장에 따른 국가체제의 변화를 가져와 이후 새로운 사비시대의 발판을 마련하게 된다. 그 배경은 천도과정에서 새로운 정치세력이 형성되고, 중앙과 지방으로 이원화二元化되었던 정치세력이 일원화一元化를 이루면서 집권적 통치체제를 마련케 되는데 그 중심에 구원군인 다양한 신흥세력 즉 왜계 고분을 축조한 주체와 같은 세력이 있었다고 여겨진다.

  백제 웅진천도의 정치·사회적 특징은 신흥세력의 등장과 이에 따른 백제의 새로운 국가체제의 전개로 귀결될 수 있다. 한성도읍기의 지방세력을 중심으로 구축된 담로체제는 그 주체가 구원군으로써 중앙으로 진출함에 따라 신흥세력으로 전환된다. 그리고 신흥세력 중심의 새로운 지배체제의 구축은 종전의 중앙과 지방으로 이원화二元化되었던 체제의 일원화一元化를 의미하는 것이기도 하다. 그것은 담로체제擔魯體制가 방군성체제方郡城體制로 전환하는 것을 의미하며, 이로써 백제는 명실상부한 중앙 집권적 국가체제를 구축하였다고 볼 수 있다.

공산성은 백제 웅진성으로 도성都城이고 왕성王城

백제의 웅진천도는 국가적 위기 속에 이루어진 것이다. 천도 자체가 준비된 것이 아니기에 도읍지 웅진도 사전에 도읍으로서 면모가 갖추어진 것이 아니었다. 웅진은 황급한 천도 결과 도시로 자리매김 되었을 뿐이다. 때문에 도읍의 면모는 점진적으로 갖추어졌다고 볼 수밖에 없다. 그러한 정황은 도읍지에 남겨진 백제시대 유적의 대부분이 천도 후에 마련된 것에서 알 수 있다. 그 대표적 사례가 웅진성인 공산성이다.

  공산성은 백제의 도읍지 웅진에 자리한 중심 거성據城이다. 백제시대는 웅진성熊津城이라 불렸다. 그러나 신라시대는 웅천성熊川城, 고려시대는 공주산성公州山城, 조선시대는 쌍수산성雙樹山城이란 별칭으로 불리었듯이 시대마다 중심 거성으로 기능한다. 특히 백제의 웅진도읍기에는 하나의 산성山城임에도 도성은 물론이고 왕성으로 기능한다. 따라서 공산성 즉 백제의 웅진성은 웅진도읍기 거성으로 역사의 산 증거이기도 하다.

공산성내에는 다양한 유적이 잔존한다. 1980년도 이후부터 진행된 일련의 발굴 조사는 이 산성이 백제의 웅진성으로, 나아가 도읍지 내 거성이면서 왕성의 면모를 구체화할 수 있게 하였다. 성내의 다양한 유적은 백제문화의 실상을 적나라하게 보여줄 뿐만 아니라 웅진시대 백제의 긴박한 정황을 그대로 함축하고 있다.

웅진성인 공산성은 웅진시대의 백제사와 마찬가지로 백제문화의 전환기적 속성을 그대로 함유하고 있다. 이는 산성으로서 도성과 왕성의 면모를 갖추고 있기 때문이다. 나아가 성내에서 발굴된 유적은 한성도읍기의 문화 속성을 그대로 함축하고 있으면서 이후 사비도읍기의 화려한 문화상과도 중첩되어 있다. 특히 왕궁 관련 시설은 사상 초유의 백제 최고 관부시설官府施設의 모습을 보여주고 있기에, 이를 통해 동시기 왕궁의 면모를 짐작케 한다.

갱위강국更爲强國을 선언한 무령왕

왕의 고분이 왕릉이다. 우리 역사에는 삼국 및 가야라는 고대국가가 오랫동안 존재하였기에 수많은 왕릉의 존재를 추정할 수 있다. 더불어 왕릉으로 추정되는 많은 유적도 있다. 그러나 주인공을 분명하게 알 수 있는 왕릉은 공주 송산리 고분 군내 무령왕릉武寧王陵뿐이다.

무령왕릉은 1971년 우연히 발견되었고 특유의 지석이 있어 그것이 백제 25대 무령왕의 고분이란 사실을 알 수 있었다. 고분도 벽돌로 만든 전축분으로 다양한 유물이 포함되어 있다. 이를 통해 웅진도읍기 고대국가 백제의 실상을 가늠할 수 있을 뿐만 아니라 그 위상이 범상치 않음을 알 수 있다.

백제는 웅진천도 후 약 30여년간 지루한 정쟁政爭을 계속한다. 천도 직후 해구에 의한 문주왕의 살해나, 어린 삼근왕의 짧은 재위기간, 연이어 등장한 동성왕도 23년간 재위하지만 결국 살해될 만큼 치열한 정쟁이 그것이다. 이러한 사실은 웅진천도 직후의 백제 정정政情의 불안을 상징적으로 보여주는 것이기도 하다.

그러나 무령왕 즉위 이후 백제는 정치적 안정이 이룩되고, 민생民生의 안정으로 인한 국력증진은 다시 강국이 되었음을 선언하기에 이른다. 이를 통해 웅진천도 후의 지루한 정치적 분쟁을 종결시킨 주인공이 무령왕이란 사실을 알 수 있다. 그 실상을 가장 적극적으로 대변하는 것이 무령왕릉이다.

송산리 고분군의 또 다른 고분들

세계 문화유산으로 지정된 것이 의미하듯이 공주 송산리 고분군은 백제 문화의 상징일 뿐만 아니라 고대 삼국에서 유일하게 피장자의 실명이 구체적으로 전하는 무령왕릉이 포함된 유적이다. 송산리 고분군에는 무령왕릉과 동일한 묘제인 6호 전축분博築墳도 있는데, 이들 벽돌고분은 본래 백제 고유의 묘제라기보다 당시 중국과 교류를 통해 백제로 전해진 것으로 기왕의 석실묘와는 재료적 차이를 드러낸다.

송산리 고분군에는 무령왕릉을 포함한 벽돌고분 2기와 여러 기의 석실묘, 석곽묘가 존재하는데, 이들 모두를 왕릉으로 보기는 어렵다. 송산리 고분군은 백제의 웅진도읍기 왕릉지역으로, 백제 왕릉의 조영환경을 고려하면 무령왕의 가계 구성원 묘역으로 보아야 한다. 따라서 무령왕릉 이외의 고분들은 무령왕 가계 구성원의 고분으로 보아야 할 것인데, 이 경우 6호 전축분으로 구분된 벽돌고분의 주인공이 누구일까라는 의문이 남는다.

6호 전축분은 무령왕릉처럼 벽돌로 만든 고분이나 무령왕릉보다 약 40여년 전에 발견되었고, 고분의 짜임새나 축조정황에서 무령왕릉에 견주어도 손색이 없다. 따라서 이 고분도 일단은 왕릉으로 볼 수도 있을 것이다. 관련 유물이 없기에 구체화하기는 어렵지만 왕릉 조영 환경이나 묘제비교를 통해 그것이 누구의 고분인지에 대한 의문 해소도 가능하다.

6호 전축분은 무령왕릉과 비교·분석하고 더불어 관련 유물이나 구조 정황을 살펴볼 때, 무령왕릉보다 먼저 만든 것을 알 수 있다. 그리고 무령왕릉을 축조하면서 입구를 영구히 폐쇄하였다는 사실도 알 수 있다. 이는 6호 전축분의 피장자被葬者가 무령왕비武寧王妃였다는 판단도 가능케 한다. 그렇기에 어쩌면 6호 전축분도 무령왕릉으로 보아야 할 것이다.

성왕, 사비泗沘로 천도하다

6세기 전반의 백제사는 무령왕의 등장을 계기로 정치적 안정을 구축하면서, 새로운 도약의 발판을 마련하여 갱위강국을 선언하는 것으로 설명될 수 있다. 이어 등장한 성왕은 안정된 체제의 구축에 박차를 가하는데, 이로써 백제는 명실상부한 고대 중앙집권적 전제왕권으로 설명되는 국가체제가 확립된다.

백제사에서 성왕의 존재는 사비천도의 주역이란 점에 크게 초점된다. 한성시대의 국가체제는 서기 475년 고구려의 침입으로 완전 붕괴된다. 이어 웅진천도 후의 혼란을 수습한 무령왕을 이어 등장한 성왕 대에는 새로운 국가체제를 갖추었다. 이러한 면모는 고고학적 환경 즉 6세기 전반의 묘제환경에 그대로 반영되어 있다.

6세기 전반의 백제 고고학적 환경에서 가장 주목되는 것은 다양성을 특징으로 하는 지방 고유의 문화가 위축되는 반면에 획일화된 문화의 중앙 집중현상이 크게 나타난다는 점이다. 여기에 불교가 전면에 부각되기도 한다.

성왕이 백제 중흥의 군주로 크게 부각된 것은 웅진도읍기에 이룩된 정치 안정을 토대로 중앙집권화된 국가체제를 확립하였기 때문이다. 이를 위해 성왕은 강화된 왕권의 안정을 도모하기 위하여 불교의 중흥을 도모하는데, 대통사大通寺의 창건이 이를 상징하는 것이다. 이후 성왕은 강화된 왕권을 토대로 보다 진일보한 국가 체제에 걸맞는 새로운 도읍지 사비로 천도를 단행한다.

옻칠 갑옷에 스며있는 의자왕의 염원念願

사비천도 후 웅진은 백제의 북방성北方城으로 기능한다. 웅진성인 공산성의 기능도 여전히 유지되는데, 이는 왕성王城인 공주 공산성내 유적 중에 왕궁 관련시설로 분류되는 성안마을 유적의 조사결과를 통해서 알 수 있다. 유적은 대규모의 관아시설과 생활시설, 다양한 공방시설 및 취사시설 외에 그에 부수되어 잔존된 용수 저장을 위한 몇 개의 연못도 포함되어 있다.

그 중에서 2011년과 2014년에 걸쳐 발굴 조사된 연못에는 의도적으로 매납埋納된 다양한 무기류가 출토되었다. 특히 무기류에는 옻칠 갑옷을 비롯하여 철제 찰갑옷, 옻칠 마갑, 금장金裝의 규두대도圭頭大刀와 다양한 마구류馬具類가 포함되어 있다. 그리고 옻칠 갑옷에는 명문銘文이 확인되었는데, 명문에서 서기 645년의 내용을 읽을 수 있어 이들 유물이 645년 이후의 정황을 간직한 것임을 알려준다. 연못 매납유물은 그 내용과 유적 정황, 그리고 주변의 다양한 역사적 의미를 종합하건데 서기 660년의 나당군과의 전쟁 과정에서 진행된 의례행위儀禮行爲의 잔존물로 판단된다.

사실, 660년 대규모 나당연합군의 급습은 아무런 방비가 없던 백제로서는 중과부적衆寡不敵일 수밖에 없었다. 백강百江의 하구에 상륙한 당나라 군대를 막을 수 없었을 뿐더러, 계백의 5천 결사대도 황산벌에서 김유신의 보급부대를 막지 못하였다. 때문에 의자왕은 부득이 도읍지 사비를 버리고 웅진으로 피난할 수밖에 없었다.

백제 멸망 즈음의 의자왕에 대한 기록은 국난國難 앞에 무기력하게 항복한 왕으로 전한다. 그러나 공산성 왕궁 관련시설의 유적과 유물은 660년 웅진성에서 치열한 전투가 있었던 흔적을 보여주고 있다. 더불어 이들을 통해 전승戰勝을 기원하는 의례의 모습도 추론할 수 있다. 이와 같은 고고학 자료를 통해 나라를 구하기 위해 웅진성에서 전개된 의자왕의 투쟁적 모습을 새롭게 확인할 수 있다.

취리산 회맹就利山 會盟과 백제 이후의 웅진

치밀한 준비 후에 진행된 나당군의 백제 침공은 급작스러웠다. 마땅한 방비책을 마련하지 못한 백제는 의자왕의 항복으로 국가의 운명이 종결되는 듯하였으나, 전국에서 운집한 부흥군復興軍의 치열한 항쟁은 전쟁을 새로운 국면에 접어들게 한다. 부흥군은 초기에 그 위세威勢가 대단하였지만, 지휘부의 붕괴로 전쟁을 효과적으로 수행하지 못하고 더 이상 국가의 운명을 연장하지 못한다.

웅진은 백제 최후의 격전지이나 나당군羅唐軍의 지휘부가 설치된 지역이기도 하다. 웅진에는 취리산 회맹이란 역사적 사건을 간직한 취리산도 있다. 맹위猛威를 떨쳤던 백제 부흥 운동군의 기세가 한풀 꺾이면서 당나라는 웅진 취리산에서 백제와 신라간의 맹약盟約을 주선한다.

취리산 회맹은 백제 잔여세력과 신라의 회맹을 주선하였다는 점에서 당나라의 백제 침공이 백제 소멸보다 친당정권親唐政權을 마련함에 목적이 있었음을 보여주는 것이기도 하다. 또한 백제 멸망 이후, 사비가 아닌 웅진을 거점으로 삼았던 나당 연합군이 공주의 취리산에서 회맹을 진행하였음도 알 수 있다.

의자왕의 최후 격전지였고, 나당군이 웅진을 점령한 후에는 웅진부성熊津府城이었던 웅진지역에서 취리산 회맹과 같은 역사적 사건이 전개되었음에도 백제의 국운은 더 이상 이어지지 않았다. 그러나 백제의 멸망 이후, 웅진에는 신라 웅천주熊川州의 치소治所가 설치됨에 따라 다시금 중서부지역 거점으로 자리하게 된다.

Part Ⅱ

백제,
웅진으로 도읍을 옮기다

수려한 계룡산과 금강을 아우른 공주

환경 제약을 천혜의 요충지로 바꾸어

백제 도읍 웅진으로 우뚝 서다.

- 새로운 도읍지 웅진은
- 웅진으로 도읍을 옮기다.
- 웅진천도의 주도세력 수촌리 고분군의 주인공

새로운 도읍지 웅진은

백제가 475년 웅진으로 도읍을 옮김으로써 웅진, 즉 지금의 공주는 역사적 도시로 갑자기 부
상된다. 그러나 웅진이 왜 백제의 도읍지로 선정되었는가를 전하는 자료는 없다. 때문에 웅
진이 본래부터 준비된 도읍지였는가, 아니면 긴박한 정치 환경에서 선정된 것인가의 검토가
요구된다. 이를 위해서는 자연·지리적 측면에서 도읍지로서의 조건이 충분하였는가, 천도
전에 도읍지로서 적합한 인문환경이 형성되었는가를 살펴볼 필요가 있다.

원시·고대사회에서 의식주와 같은 삶의 조건은 자연환경에 좌우될 수밖에 없다. 때문에 특
정지역 인문환경의 고고학적 검토는 그 첫 단계로 자연·지리환경을 살피는 것으로 시작한
다. 웅진은 천도로 역사상에 부각된 도시지만, 천도 이전의 인문환경이나 자연·지리환경적
측면에서 도읍으로서의 적합성을 찾기는 어렵다.

지금의 공주는 금강이 시가의 중심부를 동에서 서쪽으로 관통하고, 높다란 산지가 넓게 발달되
어 천혜의 요충지로 봄에 문제가 없다. 한편으로는 산간 오지로 불리듯이 지리적 협소성이 매
우 크다고 할 수 있다. 평지가 절대로 부족한 환경에서 금강의 천변지역에 나타나는 범람에 의
한 잦은 침수는 인문환경 형성에 그리 적합하다고 보기 어렵다. 그럼에도 웅진은 서기 475년
백제의 도읍지로 선정되었다.

❀ ❀

웅진의 자연과 지리 환경

웅진인 지금의 공주는 한반도 중서부에 자리한 충청남도 한가운데에 위치한다. 지리적으로 한반도 중부 이남의 서해안에 치우친 모습이나, 바다와 관련된 생태환경은 거의 발견되지 않는다. 오히려 산간 내륙지역이란 환경만이 강조될 수 있는 지역이다.

공주는 차령산맥이 감싸는 산속의 작은 도시이다.

한반도의 지세는 동쪽의 북에서 남으로 전개된 태백정맥에서 서남방향으로 작은 곁가지 산맥이 늘어져 있고, 이들 산곡 간에 발달한 크고 작은 하천이 동에서 서쪽으로 흘러드는 형국이다. 따라서 전체 지형은 동쪽의 경우 비교적 높은 산지가 발달되어 있고, 서쪽에는 넓은 평지가 펼쳐져 있는 모습이다.

  공주는 태백정맥에서 서남쪽으로 갈라진 차령산맥과 노령산맥의 사이에 위치하면서 차령산맥의 직접적 범주에 포함된다. 차령산맥은 오대산 부근의 태백정맥에서 갈라져 충청북도와 경기도의 경계를 따라 남서 방향으로 뻗어 충청남도의 중앙부를 거쳐 서해의 비인만에 이른다. 이 산맥의 일부가 공주시의 북동쪽에서 남서쪽으로 뻗어 있다.

  공주는 크게 산지지형과 분지지형으로 구분된다. 산지지형은 공주의 북쪽과 남동쪽인 외곽에 해당된다. 북쪽은 차령산맥이 북동에서 서남으로 뻗으면서 중간에

아산
천안
예산
청주
청양
세종
공주
대전
부여

상단 공주의 자연환경 1 〈산 속의 공주〉
하단 공주의 지형 〈공주와 주변지역의 지형〉

무성산과 금계산 등의 산들이 자리하고 있다. 무성산이나 국사봉 그리고 금계산과 갈미봉 등은 차령산맥의 중심에 있는 산으로, 공주의 북쪽에 있는 사곡면·정안면·유구읍 지역에 자리한다. 특히 북부지역의 대부분은 무성산을 중심으로 커다란 산지지역을 이룬다. 남동쪽은 천왕봉을 최고봉으로 하는 계룡산지가 남북으로 뻗으면서 비교적 높은 산들이 점점이 이어져 고지대를 형성하고 있다.

분지지형은 공주분지로 구분되는 것인데, 옥천의 습곡대와 경기의 육괴 사이에 위치하며, 행정구역상으로 공주를 비롯한 청양의 목면과 정산면 그리고 장평면과 청남면을 포함한다. 공주분지는 길이 약 25km, 너비 약 4km정도의 마름모꼴 형태로 북동에서 남서 방향으로 발달한 지형이며, 분지주변을 따라 단층대가 발달되었다. 이러한 공주분지는 공주시가의 동쪽에 위치한 월성산(313m)을 기점으로 사방에 공산과 주미산, 그리고 봉황산과 연미산, 취리산 등이 감싸고 있는데 비교적 좁은 범위에 국한된다.

금강은 공주를 관통하지만 큰 범람원을 남기지 않았다.

공주의 중심부를 동에서 서쪽으로 관류하는 금강은 전북 장수군 분수리에서 발원한 것이다. 금강은 발원지역에서 북서 방향으로 흐르다가 초강과 보천천 등의 지류가 합쳐지고, 이어 청원 부강면에서 미호천이, 그리고 신탄진에서 갑천이 합류한다. 금강은 이 부근에서 서남방향으로 크게 선회하여 공주로 진입한 후에 정안천과 유구천이 합쳐진다. 이후 다시 부여에 이르러 백마강이 된 다음, 은산천과 금천이 합쳐진 후 강경 부근에서 성평천과 강경천이 합류하여 서해로 흘러들어간다.

금강은 길이 401km정도로 한강 및 낙동강과 함께 남한의 3대 하천으로 구분된다. 평면상 강의 흐름은 전체적으로 완만하다고 볼 수 있다. 그러나 넓은 범람원이나 평탄면을 서서히 자유롭게 흐르는 구간은 적고, 물길의 대부분은 산지 혹은 구릉지의 사이를 흐르는 특징이 있다. 특히 금산군 부리면과 충북 영동군·옥천군까지는 급격한 물 흐름을 보이기도 한다.

공주의 자연환경2 〈금강과 공주〉

더불어 금강의 하류지역은 잦은 범람으로 넓은 평야지가 형성되어 있지만, 공주 부근은 하류지역에 비해서 범람원 발달이 제한적이다. 대체로 금강 북부의 일부지역과 남부 중앙인 논산시 간의 접경지대를 제외하고는 큰 평야가 별로 없다고 할 수 있다.

공주의 지형은 북부와 남동부는 산지, 중앙부는 분지가 발달하였다.

공주의 지형은 북부와 남동부에는 산지지형, 중앙부에는 분지지형이 각각 발달했으며, 금강이 이 분지를 동서 방향으로 흐르면서 크고 작은 하천들과 합류하지만 금강 하류지역에 비하면 공주 중심부의 범람원 발달은 미약하다. 공주의 산세는 북쪽과 남동쪽의 능선들이 대체로 북북동이나 남북 방향이 우세한 반면, 중앙부의 분지를 둘러싸고 있는 낮은 고도의 능선들은 북동에서 남서쪽의 방향으로 전개된다. 분지의 주변은 대부분 표고 200m이하의 구릉지들이 발달되어 있다.

분지의 중앙에는 분지와 평행하게 금강이 흐르고 있으며, 이에 유구천과 정안천 그리고 도천과 청룡천을 비롯한 검상천, 용성천, 왕촌천, 대교천, 혈저천 등이 금강에 유입된다. 이들 하천은 분지 내에서 각각 격자상과 수지상의 수계를 보인다. 그러나 분지의 북서부에서는 격자상과 수지상을, 분지 남동쪽의 기반암내에서는 수지상의 수계가 발달하였다.

따라서 백제 도읍지 웅진인 지금의 공주가 물 좋고 산 좋은 천혜의 명승지라 불리는 것은 이러한 자연지세와 관련 있다고 여겨진다. 즉 차령산맥과 계룡산맥에서 발달한 수려한 산세와 작은 지천이 모여 합류하는 금강의 경관에서 비롯되는 것이다. 다만 조밀하게 들이찬 산세와 금강이 관통하면서 상대적으로 결여된 범람원은 평지가 부족한 결과를 가져왔다.

공주의 중심부인 강남지역은 금강을 경계로 그 남안에 성곽이 쌓여진 공산성, 즉 공산이 자리한다. 그 서단에는 무령왕릉으로 유명한 송산리 고분군이 입지한 송산이 위치한다. 공산과 송산의 사이는 좁은 곡간 분지가 형성되어 있고, 이것이

공주의 전경

남쪽으로 이어져 공주 시가지를 이루는데, 금강의 범람지에 해당되는 구역이기도 하다. 금강 양안에 건설된 제방과 매립을 통한 도시조성 등으로 본래의 모습을 살피기 어렵지만, 강북지역은 대체로 저평한 하안 분지가 발달되어 있는 반면에 강남지역은 산지가 발달된 것을 쉽게 알 수 있다. 결국 이러한 자연 환경은 인문 환경의 형성에 다양한 형태로 영향을 주었을 것이다.

선사시대의 웅진은

인류의 긴 역사는 기록여부를 기준삼아 선사시대와 역사시대로 구분된다. 선사시대는 인류가 사용한 도구의 성격에 따라 구석기시대와 중석기시대, 신석기시대와 청동기시대, 철기시대로 구분하고, 역사시대는 시간의 원근에 따라 고대와 중세 그리고 근세와 현세로 구분함이 보통이다.

우리나라도 이와 크게 다르지 않은데, 선사시대는 구석기시대와 신석기시대 그리고 청동기시대로 구분하고, 전환기적 성격의 철기시대를 초기나 후기로 구분하여 나열하기도 한다. 역사시대는 삼국시대, 신라와 고려시대 그리고 조선시대처럼 왕조의 변천을 토대로 시기 구분하는 것이 일반적이다.

선사시대의 이해는 물질자료인 유적과 유물을 통해서 이루어진다. 관련 기록이 부재하기에 물질자료를 통해 연구될 수밖에 없는데, 물질자료를 바탕으로 하는 연구는 고고학의 분야이다. 따라서 웅진지역의 선사시대 실상은 발굴된 유적과 유물을 통해 고고학적으로 탐구될 수밖에 없다.

선사시대 인류의 삶은 자연환경에 크게 좌우되었다.

충적세기의 동북아 모습

지구상에 인류가 출현한 시기는 아무리 늦게 잡아도 약 250만년전으로, 유인원에 가까운 직립보행인의 존재를 염두에 둔 것이다. 인류는 직립보행이 시작된 이후에 다양한 진화과정을 거친다. 특히 현재의 우리와 동일한 현생인류의 등장은 지금으로부터 10만년을 거슬러 올라가지 않는 것으로 알려져 있다. 현생 인류의 출현은 구석기시대에 이루어졌기에, 인류역사로서 구석기시대와 신석기시대는 현생인류에 의해 전개되었다고 보아야 한다.

사실, 지구환경은 기후변화에 따라 변화무쌍하다. 추위와 더위를 반복하는 빙하기와 간빙기가 연출되었으며, 그에 따라 지구의 역사는 지질학적으로 다양하게 분류된다. 예컨대 원생대와 고생대, 중생대와 신생대로 구분되는가 하면 신생대는 다시 3기·4기로 세분된다. 또한 신생대 4기를 다시 홍적세와 충적세로 구분하는 것이 그것이다. 특히 현재까지 계속되는 충적세로의 전환은 홍적세 이후 지구 온난화에 따른 기온 상승과 무관치 않은 것이기도 하다. 지금으로부터 약 1만 2천년 전 즈음 기온상승이 시작되어 약 4천여년이 경과된 후 오늘날과 같은 환경을 유지하게 되었는데, 이를 충적세로 구분한 것이다. 인류의 구석기시대는 충적세가 아닌 홍적세의 기간으로, 약 1만 2천년 이전의 범위에 해당되는 것이다.

우리나라 구석기시대 인식은 공주 석장리유적에서 비롯된다.

구석기시대는 도구의 발전 정도에 따라 전기와 중기 그리고 후기로 구분함이 일반적이다. 전기의 경우 60만년전 즈음부터 20만년전 즈음까지, 그리고 중기는 3만년전까지로 보면서, 후기는 1만 2천년전까지 잡는 것이 보통인데, 기준년대는 지역에 따라 차이가 있다.

우리나라에서 구석기시대 유적이 처음 알려진 것은 일제강점기의 일로, 함경북도의 동관진유적이 그것이다. 처음에는 구석기시대의 유적에 대해서 크게 주목하지 않았으나, 1963년 공주 석장리유적이 발견되면서 한반도 전역에 구석기시대 유적들이 널리 산포되어 있음이 알려지게 되었다. 이후 한반도 각 지역에서 유적의 발견이 증가하였고, 북한에서는 이를 기초로 전기에서 후기까지 망라하는 구석기사회의 존재를 언급하였지만 구체적 실증은 어렵다. 반면 남한에서 발견된 구석기시대의 유적들은 대체로 중기 이후의 것에 집중되면서 후기구석기시대 유적이 대부분이란 차이를 드러내기도 한다.

석장리유적은 문화층이 두 지역으로 나뉘어 발견되어 있다. 그 중 한 지역은 2만 8천년 전의 것으로 추정되는 집터가 확인되었으며, 그보다 이른 3만 6백년 전의 유구가 그 아래층에 자리한다. 그리고 다른 한 지역은 절대연대는 확인되지 않

구석기시대의 웅진 〈공주 석장리유적〉

았지만 여러 층위에 걸쳐 사람들이 살았던 흔적이 확인되었다. 여기에서는 타제석기인 외날찍개와 양날찍개를 비롯한 주먹도끼나 격지, 그리고 돌날석기 등의 유물이 수습되었는데, 후기 구석기시대로 편년되는 유물들이다. 공주지역의 구석기시대 유적은 석장리유적 외에 마암리 동굴유적도 알려져 있지만 구체적이진 않다.

본래 구석기시대 유적은 동굴을 비롯하여 바위그늘이나 평지 등에서 발견되는 경우가 많다. 유적은 빛이 잘 드는 강이나 작은 하천변 가깝게 위치하는 경우가 많은데, 석장리유적의 입지환경도 그와 비슷한 강가의 평지에 해당되는 것이다. 구석기시대의 생업경제는 수렵과 채집생활이 중심이었고, 수렵생활의 경우 사냥감을 따라 이동하는 생활방식이었기에 관련 도구나 생활방식도 그에 상응한 형태였을 것으로 보아야 한다. 따라서 석장리유적도 수렵생활과 관련된 유적으로 보아야 할 것이다.

결국 구석기시대의 지구환경은 지금보다 기온이 상당히 낮았기 때문에 생태환경도 지금과는 차이가 있었을 것이다. 당시의 환경에 적합한 생활 방식은 수렵과 채집일 수밖에 없을 것인데 구석기시대인의 생활문화도 수렵에 적합한 방식, 즉 사냥과 이동생활에 적합한 방식이었을 것으로 봄에 문제가 없다. 결국 홍적세 말기까지 계속된 인류의 구석기문화는 이후 지구의 온난화와 함께 시작된 충적세와는 다른 양상이었을 것이다. 따라서 석장리유적이 지금과는 다른 홍적세의 환경에서 비롯된 것이기에 그 존재 의미를 이후의 인문환경에 적용하기는 어려울 것이다.

지구의 기온 상승은 환경변화를 가져와 인류는 신석기문화의 단계에 진입한다.

기원전 1만년 즈음의 지구는 후빙기가 도래하면서 기후가 점차 따듯해지고 그에 따른 식생과 동물상 즉 생태환경에 커다란 변화가 나타난다. 지구의 온난화뿐만 아니라 대기 중의 습기와 빙하의 감소는 해수면 상승을 가져오는 등 지구환경에

우리나라의 신석기시대 유물 〈토기〉

적지 않은 변화로 이어진다. 특히 해수면은 100m정도 가깝게 상승하면서 각 지역에 많은 호수가 생성되고, 큰 하천이 발달하여 이전과 전혀 다른 환경으로 변화된다. 이러한 변화는 상당기간에 걸쳐 진행된 것으로, 그에 대응된 인류의 생활방식 변화가 신석기시대의 시작이라 할 수 있다.

　신석기시대 사람들의 생활방식은 구석기시대와는 전혀 다른 모습으로 전개된다. 구석기시대인의 생업방식이었던 수렵·채집경제에서 벗어나 농경이나 목축에 기반하는 생산경제로 진입한 것을 큰 변화로 꼽을 수 있을 것이다. 그로 말미암아 안정된 정주생활이 시작되었으며, 토기의 제작이나 직조기술의 개발, 나아가 마제석기를 사용하는 등 이전보다 발전된 생활문화가 형성되기에 이른다. 물론 신석기시대의 새로운 생활환경 형성이 동시다발적으로 이루어진 것은 아니고 지역에 따라 커다란 차이를 드러낸다. 우리나라의 경우 즐문토기와 같은 토기가 제작되기 시작하였고, 구석기시대의 타제석기 대신 마제석기의 사용이 확산되는 변화상이 드러난다. 그러나 신석기시대의 일반적 문화속성으로 보는 농경이나 목축 등의 생업활동은 상당히 늦은 시기에 이루어진다.

우리나라의 신석기시대 유적은 주로 해안가나 강가 혹은 큰 호숫가에서 발견되는 경우가 많다. 확인된 각각의 유적에서는 낚시 바늘이나 어망추 등 어로에 사용된 도구가 많이 출토되는데, 유적의 주변에서 생활의 부산물인 조개더미 유적이 적지 않게 남아 있어 생업경제가 어로에 많이 의존하였음을 알게 한다. 이러한 변화는 기후 온난화에 따라 구석기시대 생업수단인 수렵품 즉 사냥감이 감소하고, 해수면의 상승에 따라 수자원이 풍부해진 것과 관련된 것이기도 하다.

신석기시대 유적은 공주에서 별로 발견되지 않는다.

공주 중심부에서 신석기시대의 유적은 거의 발견되지 않는다. 다만 주변에서 발견되는 사례가 있기는 하다. 공주 석장리나 부여 나복리 그리고 청양의 정산면 등지의 유적과 계룡시의 용동리유적이 그것이다. 공주 주변에서 발견된 유적들은 용동리유적처럼 규모가 큰 대형 집자리도 있지만 대체로 규모가 작고 분포상도 매우 산발적이다.

우리나라 신석기시대 사람들의 생업경제는 주로 어로에 의지하기 때문에 유적의 성격 또한 패총이나 집자리 등이 중심을 이룬다. 집자리의 경우 일정한 장소에 여럿이 밀집되어 규모를 갖춘 취락을 이루는 것이 보통이다. 이를 토대로 신석기시대 사람들이 공동체 생활을 영위하였다고 보기도 한다. 그러나 공주 주변에서 발견된 유적에서 그러한 면모는 아직 확인되지 않는다.

지구의 환경이 홍적세에서 충적

신석기시대의 웅진 1 〈계룡 용동리유적〉

상단 신석기시대의 옹진 2 〈청양 학암리유적〉
하단 신석기시대의 옹진 3 〈청양 학암리유적-집자리와 빗살무늬 토기〉

세로 전환된 주요한 계기가 후빙기의 도래에 따른 기후변화이고, 그 중에서도 기온의 상승에 따른 해수면 상승이 주목된다고 앞서 언급하였다. 이와 같은 환경변화로 수렵의 대상인 사냥감은 감소한 반면에 해수면 상승으로 수자원이 풍부해지면서 사람들의 생업경제도 그에 의존할 수밖에 없게 되었다. 때문에 신석기시대 유적이 해안가나 강가와 같은 수변에 집중된 것이기도 하다.

공주지역은 금강이 동에서 서쪽으로 관통한다. 얼핏 보면 신석기시대의 생업경제에 유리한 환경 즉 수자원이 풍부한 지역으로 볼 수 있다. 그럼에도 이 지역에서 신석기시대의 유적이 거의 발견되지 않는 것은 큰 하천을 끼고 있음에도 사람들이 머물러 살기에 적합한 환경은 아니었다는 것을 반증하는 것이다. 따라서 홍적세기 이후에 형성된 자연환경 측면에서 볼 때, 공주는 금강이란 대하천이 있음에도 신석기시대의 보편적 인문환경 형성에 그리 적합한 지역은 아니었던 것으로 볼 수 있다.

기원전 10세기 무렵에 이르면 한반도에 청동기 문화가 전개된다.

본래 금속문명의 도래는 오랜 석기시대의 경험을 바탕으로 이룩된 것이지만, 금속의 등장 그 자체만으로도 인류 문명의 새로운 장을 맞이하는 것으로 볼 수 있다. 인류의 금속문명은 중동지역의 경우 적어도 기원전 3천년 경을 상회하여 시작된다. 동북아시아 지역은 중국의 내몽고지역을 기점으로 대략 기원전 18세기경에 비롯된 것으로 보는데, 유라시아 대륙을 통해 동진한 문명의 결과로 봄이 일반적이다. 반면 한반도에서 비롯되는 청동기시대는 만주지역에서 전개되었던 청동기 문화의 도래와 관련하여 설명하는 것이 보통이다. 시기는 한반도 전체의 경우, 기원전 13세기 혹은 10세기경으로 보거나 기원전 7세기경을 그 시작으로 보고, 이후에 철기문화가 전개되는 기원전 4세기 무렵까지를 그 하한으로 본다.

청동기문화의 본질은 석기의 사용에 이어 금속기인 청동기의 사용을 전제한 것이다. 그러나 한반도의 경우 청동기 자체가 아닌 청동기와 더불어 나타나는 각종

상단 청동기시대의 웅진 1 〈공주 산의리유적−석관묘〉
하단 청동기시대의 웅진 2 〈공주 금흥동유적−집자리와 토기〉

문화요소를 근거로 청동기시대가 시작된 것으로 보기도 한다. 가장 대표적인 것이 신석기시대의 즐문토기에 이어 무문토기의 등장을 근거로 청동기의 도래를 설명하는 것인데, 이를 토대로 우리나라의 청동기시대가 기원전 13세기 혹은 기원전 10세기 무렵에 시작되었다고 보기도 한다. 물론 비슷한 시기에 시작된 중국대륙의 정치·사회적 변화가 만주대륙을 거쳐 한반도에 이른 결과로 볼 수 있기도 하다.

한반도의 청동기시대 진입은 신석기시대와는 다른 생활환경, 즉 어로에 의지한 채집경제와는 달리 농경이나 가축이 중심이 되는 생산경제로 본격 진입을 의미하는 것이다. 또한 고인돌이나 돌널고분과 같은 새로운 문화요소도 등장하는데, 이로써 신석기시대와는 전혀 다른 새로운 사회상이 전개되었다는 것도 알 수 있다. 물론 금속기인 청동기가 본격적으로 생산되기까지는 보다 많은 시간이 필요하였지만, 농경에 바탕한 집단사회가 다양하게 등장하여 정착생활을 영위하면서 이전과 다른 새로운 문화가 형성되었다는 것도 알 수 있다.

청동기시대 사람들은 내륙의 구릉지 위에 거처를 마련하고, 비교적 규모 있는 집단사회를 이루어 생활하였다는 것을 그들이 남긴 유적을 통해 알 수 있다. 청동기시대의 유적은 신석기시대의 유적이 해안이나 강가에 남아있는 것과는 달리 대부분 내륙의 구릉지 위에 큰 규모로 남겨져 있기 때문이다. 아마도 그들의 생활방식, 즉 농경이나 가축에 적합한 환경을 선호한 것과 관련 있을 뿐만 아니라 집단의 규모가 확대된 것도 배경일 것이다. 유적에는 각종 무기류 외에도 농경 등의 생산용구가 풍부하게 남아 있어, 그러한 생활환경을 추정하는데 어렵지 않다.

공주 중심권지역은 청동기시대인의 생활에 적합한 환경은 아니었다.

백제의 두 번째 도읍지였던 웅진 즉 지금의 공주지역은 청동기시대의 유적이 적지 않으나, 지역을 도읍지 중심권으로 한정할 경우 분포의 상대적 빈약상이 크게 드러난다. 광역적 범위로 볼 때 도읍지의 남쪽 외곽지역에는 다수의 유적이 알려져 있다. 이 지역은 청동기시대 유적으로 유명한 부여 송국리유적과 인접한 지역인데, 탄천면 남산리라든가 장선리 등지의 유적이 위치한 범위가 그것이다. 이들은 부여 송국리유적의 범주에 포함될 수 있는 것이기에, 백제 웅진인 공주지역의 범주에서 이해되기는 어려운 것이기도 하다.

공주 중심부에 가깝지만 강북에 해당되는 우성면 일대에서 집자리 등과 같은 청동기시대의 유적이 확인되었는데, 이들은 대규모로 밀집된 것이 아니라 소수가 산발적으로 발견된 것들이다. 공주지역에 잔존된 청동기시대 유적의 대부분은 도읍지였던 웅진 중심부가 아닌 외곽지역에 주로 남아 있는 것으로 확인된다. 따라서 공주지역의 청동기시대 유적 부재 현상은 공주지역이 동시대인의 정주 환경으로 그리 적합하지 않았음을 대변하는 것으로 볼 수 있다. 대체로 청동기시대 유적은 산지를 배후에 두고 전면에 비교적 저평한 구릉지가 전개된 곳에 입지하는데, 공주지역에서 그에 상응된 지역이 거의 발견되지 않는 점이 유적 부재현상의 배경으로 보아진다. 비록 공주가 물 좋고 산 좋은 고장이라 하지만, 청동기시대인의 생업경제에 필요한 경작지 등의 부족으로 자족적 생업을 영위하기에 나름의 한계가 있었던 것이 아닌가 여겨진다.

초기 철기시대 유적도 공주 중심부에서는 거의 발견되지 않는다.

공주지역의 규모 있는 청동기시대 집단의 부재현상은 초기철기시대에도 그대로 이어진다. 사실 한반도의 청동기시대는 기원전 3~4세기경에 이르러 새로운 문물, 즉 만주지방에서 성행하였던 철기문화의 확산으로 변화를 겪게 된다. 한반도의 철기문화의 확산 배경은 중국사회가 춘추시대에서 전국시대로 전환되면서 나타난 환경, 다시 말해 중원제국의 부국강병책 추진에 따른 세력 확대의 파장에서 비롯된 것으로 여겨진다. 아무튼 한반도 북부에 명도전으로 대표되는 중국 연나라의 철기문화가 크게 확산되었다. 그러한 영향은 한반도 북부뿐만 아니라 남부로 확대됨과 함께 바다 건너 일본열도의 청동기문화 발전으로 이어지기도 한다.

한반도의 선사시대 사회가 청동기문화에서 초기철기문화로 전환된 것은 철제품의 사용이 전제된 것이다. 그러나 청동기의 경우도 비파형 동검을 대신하여 한국식동검과 청동거울이 새롭게 나타나는가 하면, 주조된 쇠도끼나 쇠끌과 같은 새로운 유물이 널리 성행하기도 한다. 특히 철제 농기구의 성행으로 농업이 크게 발달하였고, 생산력 증대를 기회로 사유재산의 축적이 이루어지면서 계층화와 같은 사회변화가 크게 이루어진다.

공주 봉안리 유적 출토 동검·동과

그러나 공주지역에서 발견된 초기철기시대의 유적으로는 장기면 봉안리유적에 불과하다. 봉안리유적은 초기 철기문화의 지표인 한국식동검 등이 남아 있었으나 주변으로 확대 여부는 확인되지 않았다. 한편 2003년 공주 수촌리 I지역으로 분류된 지역에서 청동유물이 다수 포함된 초기철기시대의 유적이 발견었다. 그러나 공주 시가지에서는 관련유적이 전혀 없는 것으로 미루어, 아마도 청동기시대처럼 공주 자연환경이 초기철기시대 사람들의 생활환경에 적합하지 않았던 것과 관련된 것이 아닌가 여겨진다.

삼한시대 웅진은

기원전 3~4세기, 한반도에 유입된 철기문화는 비단 물질문화만이 아닌 사회 전반에 대한 변화를 가져온다. 철제 농기구의 등장은 생산력의 비약적 증대를 가져왔고, 이는 다시 사회규모의 확대로 이어지면서, 규모화 된 집단들은 서로 이합집산을 거듭하여 점차 나름의 정치체를 형성한 것이다. 바로 이즈음에 소국으로 불리는 집단사회가 성장한 것이다. 물론 이러한 정치체의 등장 배경은 한반도 북부에 자리한 고조선을 중심으로 대외교류가 활발하게 전개되면서 정치력 성장이 이룩된 결과일 것이다. 특히 중국대륙에 진·한 제국이란 통일 왕조의 등장이 동북아 정세에 적지 않은 영향을 끼치면서, 한반도 정치체의 성장도 크게 확대되었다고 볼 수 있다.

기원후 3세기 무렵까지 한반도 남부지역은 삼한사회였고 백제는 삼한의 소국이었다.

초기철기시대에 성장한 소국이 자리하던 시기를 삼한시대라 구분한다. 중국 역사서에 한반도 북부지역에는 부여를 비롯한 고구려와 같은 나라가 존재하며, 한반도 남부지역에는 마한과 진한 그리고 변한으로 불리는 삼한이 기록되어 있기 때문이다. 동시에 바다 건너 왜에 대한 기록도 있는데, 왜를 국가가 아닌 종족 집단으로 기록한 것처럼 삼한의 마한과 진한 그리고 변한도 정치체가 아닌 것으로 인식한 듯하다. 오히려 삼한의 마한과 변한 그리고 진한에 각각 54국과 12국, 12국의 소국이 있다는 사실을 기록한 것으로 볼 때, 마한이나 진한 그리고 변한의 명칭은 정치체가 아닌 지역이나 종족 혹은 단위집단의 분류 명칭으로 인식된 것으로 보아야 할 것이다.

한반도 남부에 삼한사회가 존재하던 시기에 대하여 상한은 마한이 기원전 3세기경, 진한과 변한은 기원전 1세기 무렵으로 보아 서로 차이가 있다. 하지만 그 하한은 대체로 3세기 후반으로 보기에 적어도 기원전후 무렵부터 기원후 3세기 후반까지 한반도 남부지역에는 소국으로 구성된 삼한사회가 자리하였음을 알 수 있다.

삼한시대의 백제는 지금의 서울지역, 즉 한성에 자리한 마한의 소국 중의 하나로 인식되어야 한다. 그러나 한국 고대사 인식의 기본 역사서로 간주하는 『삼국사

원삼국시대의 웅진 〈공주 하봉리 I 유적(좌), 공주 안영리유적(우)〉

기』의 경우 백제를 마한을 정복하고 건국된 나라로 표현하여, 백제가 마한의 소국 중의 하나라는 인식을 어렵게 한다. 그러나 이러한 인식은 『삼국사기』가 저술된 고려시대의 삼국에 대한 인식을 반영하는 것일 뿐이다. 반면에 『삼국지』 위지동이 전을 비롯한 중국사서에서는 일관되게 기원 전후의 무렵부터 3세기 후반 무렵까지 한반도 남부지역에는 삼한사회가 존재하였다고 기록하고 있다. 그리고 삼한 중 하나인 마한은 그 범위가 오늘날의 경기와 충청 그리고 전라지역을 포함하는 데, 54개의 소국이 있었으며 그 중 백제가 포함되어 있다는 것을 분명하게 기록하고 있다. 따라서 삼한사회의 범주에서 한반도 남부지역의 역사를 이해한다면 백제는 삼한을 구성한 마한의 소국으로 이해되어야 할 것이다.

삼한을 구성하고 있는 소국은 대체적으로 독립된 집단으로 간주된다. 마한의 소국들은 규모에 차이가 있어, 큰 경우는 1만여가이고 작으면 수천가에 이르는 것으로 본다. 소국의 규모는 대략 오늘날의 시군에 해당될 것으로 보지만 구체화하기는 어렵다. 더불어 이들 소국사회는 청동기의 실용성이 소멸되면서 본격적으로 철기문화의 단계에 진입하였고, 각종 농공구류가 철제로 전환되면서 생산력이 크게 제고된 것으로 본다. 인구 증가와 함께 사회 계층화가 빠르게 진행되는 등의 급격한 변화도 이루어졌다. 그리고 소국사회는 군장의 존재와 함께 집단을 다스리기 위한 일정한 위계를 갖춘 통치조직을 갖추었을 것으로 여겨진다.

삼한시대의 공주에도 마한 54개의 소국 중의 한, 두 나라가 자리하고 있었다.

기원 전후부터 3세기 후반 무렵까지의 웅진, 지금의 공주지역은 마한의 범위에 포함된다. 마한에 백제를 비롯한 54개의 소국이 있었던 것으로 미루어 볼 때, 공주의 자연·지리 환경이 소국사회가 존재할 여건이었다면 적어도 하나의 소국은 자리하였던 것으로 볼 수 있다. 원래 『삼국지』에 기록된 마한의 54개 소국이 위치에 따라 북에서 남쪽의 순서로 기록되었을 것이란 가정에서 웅진인 지금의 공주에는 불운국 혹은 감원비리국으로 불리는 소국이 있었던 것이 아닐까라는 추정도 이루어졌다.

사실 공주지역에서는 고고학적으로 원삼국기, 문헌사학의 삼한시대로 편년되는 유적들 다수가 비교적 넓은 범위에서 발견되어 있다. 다만 분포상으로 볼 때 지역적 편재 현상이 두드러지는데, 후에 백제도읍의 중심부였던 현재의 공주시가 일원에서는 유적이 거의 발견되지 않는다. 반면에 강북지역은 서쪽으로는 산발적 분포를 보이고, 동쪽의 의당면이나 장기면 방면은 매우 밀집된 현상을 보인다. 강남지역의 경우 시가지 일원의 분지형지역을 벗어난 남쪽의 탄천면과 이인면 방면에서 다수가 발견된다.

강북지역의 삼한시대 소국과 관련된 유적으로는 우선 의당면 수촌리 토성 유적을 꼽을 수 있으며, 그 인근의 고분과 집자리 유적도 주목된다. 우성면 귀산리에서 발견된 2기의 토기 가마도 원삼국시대의 것으로 판단되는 것이며, 상서리에서 발견된 집자리 유적도 있다. 한편 장기면 하봉리의 고분유적은 주구토광묘로 일찍부터 알려진 것이나, 개발로 인해 그 흔적이 거의 사라진 상황이다. 그러나 그 인근에서 환호형태의 의례시설을 갖춘 또 다른 고분유적이 확인되어 분포 범위가 상당하였다는 것을 알 수 있다. 최근 세종시로 편입된 송원리의 고분유적이나 집자리 유적, 나성리 집자리 유적도 일단은 공주 강북지역의 유적에 포함될 수 있는 것이다. 이로 보면 공주의 강북지역에 있는 삼한시대의 유적은 분포 범위가 매우 넓을 뿐만 아니라 규모도 결코 작지 않다는 것을 알 수 있다.

금강 남쪽 지역의 원삼국시대 유적은 남단부인 탄천면지역에 대체로 밀집된 상황이다. 이 지역은 논산의 성동 뜰로 불리는 저구릉성 평야지가 남쪽에 자리한다. 또한 공주 중심부의 산지를 북쪽에 둔 자연지세를 갖추어 선사시대부터 취락이 다양하게 자리하였음이 확인된 지역이다. 대표적인 유적은 탄천면의 장선리나 안영리 그리고 정지리유적을 들 수 있다. 집자리는 대체로 수혈 집자리가 대부분인데, 평면 방형으로 네 귀퉁이에 기둥자리가 있는 사주식 집자리와 기둥자리가 없는 것들이 중심을 이룬다. 내부시설로 아궁이나 화덕시설이 확인되거나 원시적 난방을 위한 토벽의 구들시설을 갖추고 있는 집자리가 부분적으로 확인되고, 일부 집자리의 경우 대규모의 저장시설도 갖추고 있어 주목된다. 고분은 토광묘 계통의 것들이 주로 남아 있는데, 부장품에 위세품 성격의 것들은 거의 눈에 띄지 않는다.

공주의 외곽지역에는 규모가 매우 큰 소국사회가 자리하고 있었다.

공주의 원삼국시대 유적의 분포정황을 강북지역과 강남지역으로 구분하여 살펴보았는데, 강남지역의 경우 중심부보다 남쪽으로 치우친 분포상을 드러내는 특징이 있다. 강북지역의 경우는 수촌리가 포함된 의당면과 하봉리가 포함된 장기면지역을 중심으로 상당한 밀집성을 보인다. 이 지역에는 수촌리의 토성이나 인근의 유적, 그리고 하봉리 주구토광묘의 갖춤새나 분포 정황으로 볼 때 비교적 큰 규모의 집단이 존재하였던 것으로 볼 수 있다. 특히 송원리나 대평리 일대의 집자리나 고분유적은 그 규모와 세력이 상당한 집단의 것이라는 것도 알 수 있다.

이는 강남지역도 마찬가지이다. 탄천면 일원에 발견된 원삼국시대의 유적과 함께 남쪽의 성동 뜰 일원에서 확인된 원삼국시대 유적을 포괄할 경우, 비교적 규모 있는 집단사회의 존재를 추정할 수 있기 때문이다. 다만 개별 유구에 대한 성격의 이해는 수정될 부분도 없지 않다. 예컨대 탄천면 장선리와 안영리유적은 집자리와 함께 수혈구덩이가 대규모로 밀집되어 있어 주목된 것인데, 장선리유적의 발굴 후에 이 수혈구덩이를 지하로 판 집자리로 판단하여 토실로 구분한 바 있다. 그러나 인근에 위치한 안영리유적은 아궁이가 마련된 방형의 수혈 집자리가 여러 채 남아 있고, 그 주변에 장선리의 것과 같은 수혈구덩이가 규칙적으로 배열되어, 이들 수혈구덩이를 주거시설이 아닌 저장시설로 판단하는 점을 유의할 필요가 있다. 다만 백제 도읍의 중심지역으로 여겨지는 공주 시가지 일원은 동시기로 판단되는 유적이 거의 존재하지 않아 삼한시대 공주지역의 인문환경 조성은 지역적으로 편재된 상황이었음을 알 수 있다.

웅진으로 도읍을 옮기다

백제가 왜 웅진으로 천도하였는가의 문제는 우선 천도가 왕실 주도로 이루어진 것인가의 여부와, 천도지 웅진이 도읍지로서 준비된 지역이었는가에 대한 의문의 해소가 필요하다. 그러나 정황상으로 볼 때, 천도가 왕실 주도로 이루어진 것으로 보기는 어렵다. 나아가 웅진이 이미 준비된 도읍지였다고 단언할 근거도 거의 없다. 이에 대해서는 천도 즈음의 웅진지역 유적과 유물의 환경에서 짐작할 수 있다.

웅진지역에 남겨진 유적과 유물은 분포상에 시공간적 차이를 드러내면서 천도 전야의 정황을 알려준다. 고고자료는 삶의 흔적이기에 존재만으로도 사회실상을 유추할 수 있을 뿐만 아니라 그 배경의 정치 환경도 짐작할 수 있게 한다.

사실, 백제의 웅진천도가 고구려 장수왕의 한성침공에서 비롯되었다는 것은 알 수 있지만, 도읍지가 왜 웅진이었는가의 문제는 오히려 유적과 유물 등을 통해 면밀히 살펴볼 수밖에 없다. 웅진천도의 배경으로 서기 475년 9월에 고구려의 장수왕이 3만의 정예군을 이끌고 한성을 공격하였다는 사실과 그에 대한 백제 개로왕의 대응, 그리고 한성의 함락과 개로왕의 패사 내용도 음미될 필요가 있다. 장수왕은 포로 8천을 거느리고 평양으로 돌아가지만 신라 구원군 1만과 함께 한성에 당도한 문주가 왕의 궐위에 따라 등극한 사실, 그리고 연이어 웅진으로 천도하기까지 시간적 과정의 이해도 필요하다.

천도지 웅진의 유적과 유물

웅진지역의 고고학적 환경은 풍부하면서도 나름의 특성이 있다. 고고학적 환경을 통해 백제 웅진천도의 정황을 이해하기 위해서는 해당 시기의 관련 유적들을 우선적으로 살펴야 할 것이다. 이는 인문환경의 부산물인 물질자료를 통해 천도 즈음의 환경을 추론하기 위해서 먼저 관련자료가 어떤 것이 있는지를 살펴볼 필요가 있다는 것이다.

금강유역에는 웅진천도 전의 큰 세력집단이 있었음을 보여주는 유적이 많다.

금강유역에는 백제의 웅진천도 전, 커다란 세력집단이 존재하였음을 보여주는 유적이 많다. 그 사례로 천안의 화성리와 용원리유적, 아산의 탕정지역 유적, 청주 신봉동유적, 공주 수촌리유적, 세종의 송원리유적과 나성리유적, 그리고 논산 모촌리유적을 비롯한 서산 부장리유적, 서천 봉선리유적 등을 꼽을 수 있다. 이들 유적은 두 번째 도읍지인 웅진을 에워 감싸듯이 위치하는데 넓은 분포권을 형성하고 있기도 하다.

금강유역에 존재하는 백제 웅진천도 전의 유적들은 도읍지 웅진과는 일정한 거리를 두고 있기에, 유적의 입지환경이나 성격에 따라 권역구분도 가능하다. 예컨대 웅진의 서북쪽에 해당되는 천안과 청주를 하나의 권역으로 설정할 수 있으며, 이들을 관곽토광묘의 조성권역으로 구분할 수 있다. 웅진의 동남쪽에 위치하는

상단 웅진천도 이전 금강유역의 유적 1 〈천안 용원리유적〉
하단 웅진천도 이전 금강유역의 유적 2 〈아산 탕정 진터유적〉

—
상단 웅진천도 이전 금강유역의 유적 3 〈해미 기지리유적〉
하단 웅진천도 이전 금강유역의 유적 4 〈천안 용원리유적〉

논산의 연산면 일대는 수혈식 석곽묘를 사용하는 권역으로, 그리고 웅진지역의 서쪽에 해당하는 당진과 서산 그리고 남쪽에 위치하는 보령과 서천지역은 각각 분구 토광묘를 조성하는 권역으로 구분할 수 있음이 그것이다.

웅진주변에 자리한 이들 유적은 규모가 매우 클 뿐만 아니라 다양한 위세품이 출토된다는 공통점이 있다. 때문에 각 유적의 주인공들을 규모를 갖춘 지방세력으로 볼 수 있는데, 이러한 세력들이 웅진의 주변에 넓게 퍼져 있는 것이다. 이들은 중앙에서 하사받은 위세품을 소유하고 있기에, 이를 통해 백제의 중앙정부와 특별한 관계를 유지하고 있었음도 알 수 있다. 이러한 금강유역의 유적정황은 백제가 웅진으로 천도하기 이전, 이미 주변에 다수의 큰 세력집단들이 존재하였음을 보여주는 것이다. 금강유역의 유적 분포범위를 도읍지인 웅진지역으로 좁혀 보면, 금강을 경계로 강남과 강북에 잔존된 유적들은 분포와 성격에 차이를 드러낸다. 즉 시기상으로 웅진천도 이전으로 편년되는 유적들은 대체로 강북지역에서 발견되고, 왕성이 위치한 강남지역에서는 거의 발견되지 않는다. 반면에 웅진으로 천도한 이후에 조성된 백제시대 유적은 강남지역에 매우 풍부하게 남아 있으나, 강북지역은 상대적으로 빈약상이 두드러진다.

천도 전의 고분들은 도읍 중심권 외곽에만, 천도후 고분인 횡혈식 석실묘는 주로 도읍지 중심부에 남아 있다.

웅진지역에서 발견된 백제시대 유적들은 고분이나 산성, 그리고 생활유적을 비롯하여 각종의 종교 의례시설 등을 꼽을 수 있겠는데 나름의 존재 특성을 드러낸다. 그중에서 가장 돋보이는 자료가 고분일 것이다. 지금까지 확인된 고분유적은 대체로 30여지점이 알려져 있다. 이중에서 발굴조사로 성격이 분명하게 검증된 것은 약 20여 지점으로, 웅진의 중심부로 여겨지는 현재 공주시가의 가장자리에 있는 것과 외곽지역에 산개된 형태로 있는 것으로 구분된다. 가장자리에 있는 것은 중심에서 2㎞정도 범위에 위치하는 것이 대부분이고 밀집도도 강한 편이다. 반면

백제의 횡혈식 석실묘제

에 외곽의 경우는 도읍지 중심권과 상당히 이격된 상태로 분포하며, 시기적 다양
성과 함께 유형이나 형식도 대부분의 것들이 망라되어 있다.

웅진지역의 백제 고분들은 잔존한 지역에 따라 묘제와 축조시기의 차이가 확인
된다. 하봉리 고분군이나 남산리 고분군처럼 이른 시기의 토광묘 자료는 도읍의
중심부에서 거리를 둔 외곽에 자리하는 것이 보통이다. 물론 수촌리유적처럼 웅
진으로 천도하기 직전의 것으로 판단되는 토광묘 자료도 있으나, 이들도 도읍의

공주의 백제고분 분포현황

중심과는 거리를 둔 강북지역에 자리하는 것이다. 더불어 봉정리 고분처럼 석곽묘에 옹관을 안치한 특이형도 있지만 집중성이 적은 것이다.

대체로 웅진천도 이전의 묘제는 도읍지 외곽에 산포하는 특징을 보이며, 도읍지 중심권에 인접한 지역에서는 흔적은 확인되나 밀집도나 집중도가 떨어진다. 반면에 웅진천도 이후에 조성된 횡혈식 석실묘는 도읍지를 중심으로 밀집된 형태로 남아 있다. 이들 석실묘는 초기형인 궁륭식이 대부분이고, 형식적으로 정형성을 갖추었는데, 웅진으로 천도한 475년을 기점으로 갑자기 등장한 것이기도 하다.

결국 도읍지역의 백제 고분자료는 수량 면에서 손색이 없지만, 중심권에는 횡혈식 석실묘라는 새로운 묘제만이 자리한다. 반면에 외곽지역에는 횡혈식 석실묘보다는 선행의 묘제인 토광묘나 석곽묘와 같은 토착의 전통묘제가 남아 있어 시간에 따라 분포지역과 묘제상의 차이가 있음을 알 수 있다. 이들 고분은 각각의 시간차를 가진 것으로 백제의 웅진천도를 기점으로 이전의 고분은 대체로 금강의 북쪽지역에 자리하고 있으며, 천도 이후의 것들은 도읍의 중심지역인 금강 남쪽, 그것도 비교적 한정된 범위에 남아 있다는 특징을 지적할 수 있다.

성곽도 백제의 웅진천도 전야 정황을 알려주는 물질자료이다.

웅진지역의 백제시대 유적으로 관방유적인 성곽도 주목된다. 성곽은 고대국가의 군사시설로서 이해될 수 있는 유적이다. 웅진지역에는 모두 21지점의 성곽이 확인되어 있는데, 백제의 웅진천도가 급박한 상황에서 이루어졌다는 점을 고려할 때 성곽의 숫자가 비교적 많은 것으로 볼 수 있다.

성곽의 축조시기 판단은 발굴이나 정밀지표조사를 통해서만 가능한데, 현재 공주지역에서 확인된 21지점의 성곽 중에 백제시대의 것은 16지점인 것으로 파악되어 있다. 다만 행정구역상 공주내에 포함된 것만 대상으로 파악한 것으로, 성곽이 광역으로 배치된다는 특성을 고려할 경우 인근의 부여와 논산, 청양과 세종, 그리고 대전지역에 남아 있는 성곽도 공주지역과 관련하여 이해될 수 있는 것이다.

웅진지역의 백제성곽 중에 가장 주목되는 것은 공산성 즉 백제시대의 웅진성이다. 웅진성은 산성으로 축조되었지만 백제의 웅진도읍기 중심 거성이었고, 왕성으로 기능하였던 것이다. 따라서 웅진성의 축조시기나 조영환경의 이해는 웅진천도 정황 이해의 폭을 넓히는데 더없이 유용할 것이다. 그런데 공산성에 대한 기록은 백제의 성왕이 재위하던 무렵에 고쳐 쌓았다는 기사와, 무왕과 의자왕이 재위하면서 여기에 머물렀다는 일련의 내용만 전하고 있을 뿐이다. 공산성을 언제 처음 쌓았는가를 추정할 만한 내용은 전혀 확인되지 않는다. 반면에 공산성에 대한 고고학적 조사는 성내의 시설뿐만 아니라 성곽 일부에 대해서도 다양한 형태로 이루어져 있다. 그 결과 성내의 왕궁시설을 비롯하여 다양한 백제시대의 유적이 확인되었을 뿐만 아니라 통일신라시대는 물론이고 조선시대의 유적에 대한 내용도 갖추어져 있다.

그동안 백제의 웅진성인 공산성을 언제 쌓았을까하는 문제는 대체로 백제시대에 축조된 것이 분명하다는 입장과 함께 통일신라시대나 조선시대에 이르면서 여러 번의 개축과 보축이 있었다는 판단도 있었다. 다만 세부적으로 공산성이 웅진 천도를 기점으로 그 전에 축조되어 있었는가 아니면 천도 후에 축조되었는가라는 의문은 여전히 남아 있었다. 그런데 최근의 공산성내 백제시대 유적조사와 성곽의 발굴조사 결과를 종합할 경우, 공산성은 웅진으로 천도하기 전에 성곽이 축조되어 있었다는 증거가 발견되지 않는다. 발굴로 드러난 백제시대의 시설들 대부분이 천도 후에 조성된 것이란 점과 성곽의 조사결과도 천도 후의 정황만이 확인되기에, 이를 근거로 공산성의 축조는 천도 후에 이루어진 것으로 볼 수밖에 없다.

웅진성 사방에 배치된 산성들은 도읍을 방비하기 위하여 천도 후에 축조된 것이다.

공산성을 비롯하여 웅진지역의 백제의 성곽은 대체로 산성이며, 평지성은 아직 발견되지 않는다. 산성은 흙으로 쌓은 토성과 돌로 쌓은 석성이 모두 발견되는데 대체로 50~150m의 야산에 입지하고 있음이 보통이다. 이들 산성은 공산성처럼 계곡을 가로 지르는 포곡식으로 조성한 것도 있지만 대체로 산 정상부만을 감싸는 테뫼식이 많으며, 각각이 입지한 지역에 따라 그 모습을 달리한다.

공주지역에 있는 산성의 상당수는 백제시대의 것으로 보는데 문제가 없다. 다만 이들 산성이 백제가 웅진으로 천도하기 이전에 쌓은 것인지, 아니면 천도한 이후에 쌓은 것인지는 발굴조사가 이루어지지 않아 판단에 어려움이 있다. 다만 산성은 배치형상에서 나름의 특징을 보이는데, 공산성을 중심으로 좌우에 하나씩의 산성 즉 옥녀봉과 한산성을 두고 다시 나머지 산성들이 일정한 간격을 두며 방사선상으로 배치되어 있는 것이 그것이다. 뿐만 아니라 주로 교통로로 추정되는 선상에 1~2개씩 자리하는 특징도 있다. 이러한 정황은 산성들 대부분이 웅진성인 공산성과 유기적 관련 속에 존재하였다는 것을 보여주는 것으로, 성의 축조도 웅

웅진지역 주변의 산성

진성인 공산성과의 관련 속에 이루어졌다고 볼 수 있게 한다.

공산성이 도읍지의 중심거성으로 자리한 것은 백제의 웅진천도에서 비롯된 것이다. 또한 도읍의 방비체계는 거성인 웅진성을 중심으로 구축될 수밖에 없었을 것으로, 웅진성의 외곽 방어시설로 각각의 산성은 교통로상에 배치되었다고 볼 수 있다. 따라서 웅진성 주변의 여러 산성들은 백제의 웅진도읍시기 도성을 방비하기 위한 시설이었고, 축조도 웅진성과 동시에 혹은 보다 늦은 시기에 이루어졌다고 봄이 타당할 것이다. 결국 이들 산성들도 백제가 웅진으로 천도한 이후에 만든 것으로 볼 수밖에 없다.

불교유적인 대통사지나 수원사지 등도 천도 이후에 조성된 유적이다.

고분과 성곽, 이외에도 웅진지역에서 발견되는 백제시대 유적은 많다. 그러나 웅진으로 천도한 후에 만들어진 것이 대부분으로 그 사례로 불교유적인 절터와 정지산유적, 취리산 회맹단지와 같은 특수유적들을 꼽을 수 있을 것이다.

웅진인 공주에 있었을 것으로 추정되는 백제의 사찰은 『삼국유사』의 기록에 성왕 4년에 창건되었다는 대통사와 위덕왕 26년 즈음에 있었던 것으로 전하는 수원사가 있다. 다만 현재 그 실체의 확인이 어렵다는 문제가 있기는 하다. 대통사의 위치는 공주시가 반죽동의 당간지주 등이 있는 범위로 추정하였는데, 관련 유물이 다른 곳에서 옮겨진 것으로 확인되어 본래의 사찰 위치는 아직 확인되지 않기 때

──
상단 수원사지 전경
하단 수원사지 유구 및 출토유물

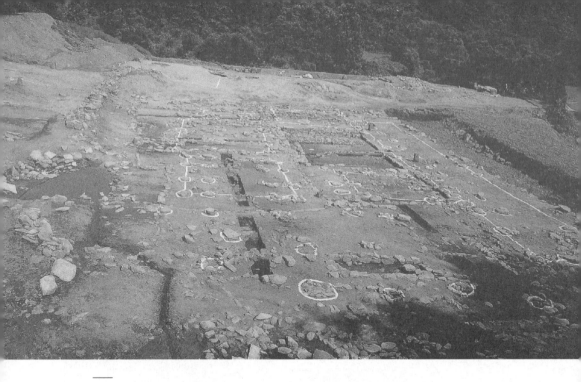

주미사지의 전경

문이다.

　수원사의 위치도 아직은 구체화할 수 없다. 『삼국유사』의 기록을 토대로 웅천, 즉 지금의 공주에 수원사가 있다는 사실과 지명 등의 관련기록을 참고하여 공주시 옥룡동에서 그 존재를 추정한 바가 있다. 그러나 발굴조사 결과, 백제시대보다는 통일신라 말에서 고려시대에 처음 창건한 사찰유구가 조선시대까지 유지되었던 흔적만 확인되었을 뿐이다. 수원사가 미륵신앙과 관련된 사찰로서 그에 연계된 주변의 또 다른 사찰이 주목되었는데, 바로 주미사지로 알려진 사찰터인 사지가 그것이다. 사실, 주미사지는 수원사의 미륵설화에 따르면 백제시대의 사찰로 보아야 할 것인데 발굴조사결과 통일신라시대 후반 무렵의 모습만 간취될 뿐이다.

　또한 백제가 웅진에 도읍하던 시절에 도읍지의 사방에 굴을 파서 만든 혈사가 있었다는 견해도 일찍부터 있었고, 공주의 사방에 위치한 동혈사지와 서혈사지 그리고 남혈사지가 백제시대의 해당 혈사로 인식된 바가 있다. 그러나 서혈사지와 남혈사지는 발굴조사 결과 백제시대의 흔적은 전혀 발견되지 않았다. 서혈사지의 경우 석굴이 있고, 관련 부속건물도 있었다는 것이 확인되지만 석굴에서 수습되었다는 금동불 이외에 백제시대의 유구나 유물은 전혀 발견되지 않는다. 남혈사지도 불교시설임을 입 증하는 탑지나 건물지의 흔적은 확인되었지만 출토유물이나 유구에서 백제적 요소는 전혀 발견되지 않았다. 동혈사지도 마찬가지이다.

이외에도 공주의 외곽에 있는 능암사지나 송암리사지에서 금동불상이 출토되었고 그것을 백제시대의 것으로 판단하여 이들도 백제시대의 불교 흔적으로 보기도 한다. 또한 박물관에 소장된 불교 유물중의 일부는 백제시대의 것으로 알려져 있기도 하다. 이러한 현황은 백제 웅진도읍기의 불교 흔적을 입증하는 근거가 될 수는 있겠지만, 웅진천도 이전의 불교 흔적을 보여주는 것은 확인되지 않는다. 따라서 웅진지역에서 확인되는 불교 관련 유적들은 웅진으로 천도한 이후에 남겨진 것이란 판단만이 가능할 뿐이다.

정지산유적과 취리산도 웅진천도 후의 정황을 알려주는 백제유적이다.

정지산유적과 취리산유적은 특수한 성격을 지닌 백제시대의 유적으로 널리 알려진 것이다. 그중에서 정지산유적은 발굴조사로 새롭게 확인된 것이고, 취리산유적은 『삼국사기』등의 문헌기록에 남겨진 유적이기도 하다.

정지산유적은 공산성 서쪽 대안의 금강 남안에 돌출된 구릉에 위치한다. 발굴조사 결과 구릉 정상을 에워싸는 토축시설과 그 내부에 여러채의 건물지가 남아 있음이 확인되었다. 더불어 유적은 입지환경이나 유구의 구성에 나름의 특이성을 갖추고 있어 제사시설이나 빈소와 같은 특수한 성격을 지닌 유적으로 인식한 바도 있다. 그러나 이후에 발굴된 백제시대 유적중에 정지산유적과 같은 성격의 건물들이 많이 확인되고 그 결과 정지산유적만의 특수성이 해소되면서 유적도 웅진도읍기의 보편적 건축물의 정황을 나타내는 것, 즉 백제의 웅진도읍기에 조성된 국

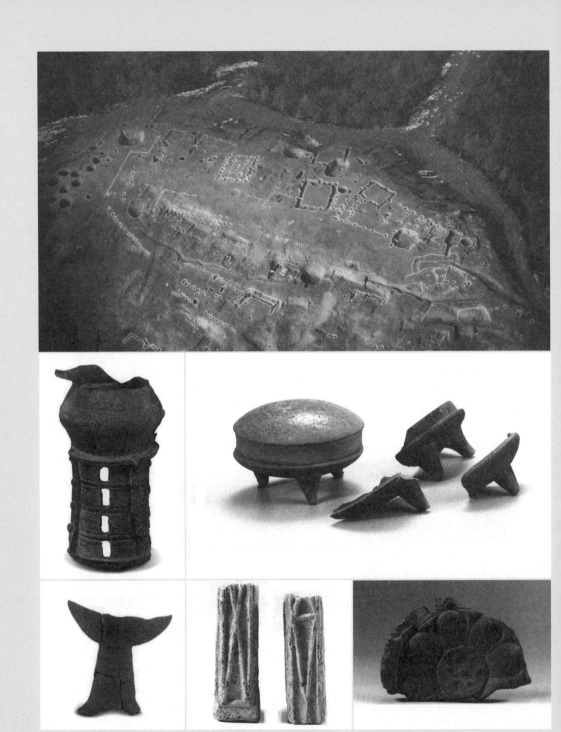

정지산유적 전경 및 출토유물

가시설이란 사실이 인정되게 되었다.

취리산유적은 회맹유적으로, 백제 멸망기에 신라 문무왕과 백제 왕자 융이 회맹한 장소로 알려진 곳이다. 백제와 신라의 회맹은 당의 강요로 이루어진 것이나, 부흥운동 등 백제의 강인한 생명력을 보여주는 사건이기도 하다. 회맹의 장소가 웅진인 지금의 공주에 있음은 분명하나 정확한 위치를 단언하기는 어려운 상황이다. 다만 금강 북안의 쌍신뜰에 돌출된 형태로 있는 취리산을 회맹의 장소로 보지만 구체적으로 확인된 것이 아니다. 그러나 취리산유적이 백제 멸망기에 활용된 유적이란 사실이 주목되기에, 이 유적도 백제의 웅진도읍시기부터 어떤 시설로 활용되었다는 가능성을 배제하기가 어려울 것이다.

웅진지역 유적과 유물은 서기 475년 백제의 웅진천도가 갑작스럽게 이루어졌음을 보여준다.

웅진지역의 유적, 특히 서기 475년에 백제가 웅진으로 천도 즈음의 것으로 판단되는 유적현황을 종합하면 우선 지방의 세력집단을 대변하는 다양한 유적이 금강유역에 넓게 존재하고, 웅진지역도 이에 포함되는 것을 알 수 있다. 나아가 웅진지역으로 한정하여 유적의 존재현황을 보면, 금강을 경계삼아 본래 도읍지역인 금강의 남쪽 지역에는 천도이후에 조성된 유적들이 집중되어 있음을 알 수 있다. 특히 웅진성인 공산성도 천도이전에 조영되었다는 증거의 발견이 어렵고, 그 주변의 유적도 천도이후로 편년되는 것이 대부분이다. 이로 미루어 도읍지 웅진은 천도이전에 도읍에 적합한 기반시설이 갖추어져 있었다고 보기는 어렵다. 오히려 천도후에 점차적으로 도읍의 면모를 갖추었던 것으로 판단되기에, 서기 475년 웅진천도 배경의 이해도 이러한 고고학적 정황이 고려되면서 진행되어야 할 것이다.

고구려의 한성침공과 개로왕의 패사

서기 475년 고구려의 장수왕은 정예 기병 3만을 동원하여 백제 한성을 침공하고, 한성 함락과 함께 개로왕은 물론 왕족, 다수의 한성기반 귀족 등을 살해하고 포로 8천을 거느리고 평양으로 돌아간다. 이러한 전역의 내용은 『삼국사기』를 비롯한 관련 사료에서 확인할 수 있는데, 다만 3만의 기병을 동원하여 기습 공격한 사실과 이에 대한 백제 개로왕의 혼란스런 대처, 도림과 같은 승려의 간계에 대한 것만이 남겨져 있을 뿐이다.

475년 전쟁기록은 장수왕의 3만기병, 한성함락, 개로왕의 패사 등의 정황만을 전한다.
사실, 기록에 남겨진 475년의 전쟁과 관련한 정황은 매우 간략하다. 『삼국사기』에만 그 사실이 전하는데 고구려와 백제 편에 남겨진 내용이 그것이다. 고구려의 기록에는 서기 475년 9월에 장수왕이 군사 3만을 거느리고 백제를 침략하여 도읍 한성을 함락시키고 그 왕인 부여 경을 죽이고 남녀 8천명을 사로잡아서 돌아왔다는 내용을 적고 있다. 백제의 기록에는 이것을 좀 더 자세하게 "475년 가을 9월에 고구려 장수왕 거련이 군사 3만명을 거느리고 와서 왕도 한성을 포위하였다. 그러나 왕은 성문을 닫고 능히 나가 싸우지 못하였는데, 고구려 군대가 네 길로 나누어 양쪽에서 공격하고 또 바람을 이용하여 불을 놓아 성문을 불태우기도 하였다. 이에 인심이 대단히 불안해져서 혹은 나가서 항복하려는 자도 있었다. 왕은 곤궁하여 어찌할 바를 몰라 하다가 기병 수십을 거느리고 성문을 나가 서쪽으로 달아나지만 고구려인이 쫓아와 살해하였다"고 적고 있다.

이와 같은 『삼국사기』의 기록은 서기 475년의 전쟁이 어마어마한 사실임에도 불구하고, 한쪽은 공격하고 한쪽은 방어에 실패한 사실만을 간결하게 적고 있을 뿐이다. 이외에 전하는 한성침공에 대한 또 다른 사실은 고구려 장수왕이 몰래 백제를 도모하기 위하여 승려 도림을 백제에 잠입시켰고, 도림이 바둑과 장기를 좋아

아차산성과 풍납토성

하는 개로왕에게 감언이설로 신임을 얻어 국가 차원의 토목공사를 진행케 하였고 이를 계기로 국력을 탕진한 백제를 상대로 고구려 장수왕이 전쟁을 전개하였다는 기록이 남아 있기도 하다.

더불어 기록의 말미에는 고구려의 군사적 공격에 직면한 개로왕이 자신의 실수를 깨닫고 아들 문주에게 말하길, "내가 어리석고 밝지 못하여 간사한 사람의 말을 믿었다가 나라가 이 지경에 이르렀다. 지금 백성은 쇠잔하고 군사는 약하니 비록 위태로운 일이 있다 하더라도 누가 기꺼이 나를 위하여 힘써 싸우겠는가, 나는 마땅히 사직을 위하여 죽겠지만 네가 이곳에서 함께 죽는 것은 유익함이 없다. 너는 난을 피하여 나라의 계통을 잇도록 하라"는 내용이 적혀있다. 이에 문주가 목협만치, 조미걸취와 더불어 남쪽으로 천도하게 되었다는 기록도 함께 전한다.

전광석화처럼 전개된 고구려의 군사작전은 백제 한성세력의 괴멸을 가져왔다.

기록상으로 볼 때 고구려의 백제 한성침공은 전광석화 같은 군사작전의 전개로 진행된 것임을 알 수 있다. 왕이 몸소 정예기병 3만이란 대규모 군대를 동원하는데, 그것도 기습적 공격이었기에 백제는 마땅히 대처할 방법을 강구하기 어려웠을 것이다. 따라서 백제가 성문을 걸어 잠그고 각지로 구원군이나 근왕병을 얻기 위해 동분서주하였던 것을 짐작하기 어렵지 않다.

고구려는 속전속결을 위해 화공을 실행하면서 전투를 독려한 것으로 보인다. 대로인 제우와 재증걸루, 고이만년 등이 군사를 거느리고 와서 북성을 공격하여 7일 만에 함락시킨다. 이후 남성으로 옮겨 공격함에 성안은 위태롭고 두려움에 떨었으며, 백제왕이 성을 나가 도망가자 고구려의 장수 걸루 등은 왕을 보고는 말에서 내려 절한 다음에 왕의 얼굴을 향하여 세 번 침을 뱉고 죄를 꾸짖으며 포박하여 아차성 아래로 보내 죽였다는 내용이 있어 이를 추정할 수 있다.

결국 475년 9월 고구려군의 한성침공으로 10여일의 전투가 있었고, 백제는 대규모 군대의 기습공격 앞에 방어에 치중하면서 각지로 원군을 요청하지만 그들이 도착하기 전에 왕이 살해되는가 하면 도읍의 주민 8천여 명이 포로로 잡혀가 한성이 폐허화되었음도 알 수 있다. 이러한 결과들은 고구려의 일방적 승리로 귀결되지만, 주목되는 것은 한성을 중심으로 오랫동안 성장하였던 중앙 지배세력과 국가의 기반이 함께 괴멸하였다는 점일 것이다.

고구려 장수왕은 왜 백제의 한성을 침공하였을까.

그런데 고구려의 장수왕은 3만이란 대군을 동원하면서까지 왜 백제를 침공하였을까. 과연 백제 개로왕의 패사가 승려 도림의 꾐에 넘어가 국정을 소홀히 한 까닭이었는가. 이에 대한 문제는 애매함이 많다. 한반도에 고대 삼국이 자리하던 5세기 무렵은 삼국간 치열한 항쟁이 전개되던 시기이다. 따라서 전쟁 자체에 대한 의문을 가질 필요는 없을 것이다. 그러나 왕이 몸소 대규모의 군대를 동원한 원정이고, 나아가 적국의 왕을 살해할 만큼 커다란 전과를 거둔 전쟁이기에 그 배경에 대한 의문을 갖는 것은 자연스러울 것이다. 개로왕과 승려 도림과의 관계도, 개로왕이 문주의 남행을 통해 자신의 실정을 토로하는 정황도 어딘가 어색하다. 그러나 고구려의 백제침공 사실은 전쟁사실 외에 왜 장수왕이 갑작스럽게 백제를 공격하였는가에 대한 배경을 알려주는 기록자료는 확인되지 않는다.

사실, 고구려와 백제의 충돌은 4세기 중후반 무렵부터 지속된 것으로 볼 수 있지만, 전쟁이 일어난 서기 475년 어간의 백제와 고구려와의 직접적인 충돌은 469년 8월에 백제군이 남쪽의 변경을 쳐들어 왔다는 기록만 전할 뿐이다. 그리고 468년의 일식기사를 시작으로 다음해에 고구려 남변의 공격기사, 쌍현성과 청목령의 성책 수리에 대한 기사, 북한산성의 수비기사가 전하고 있어 백제와 고구려의 국경지역에 긴장이 조성되었던 것은 아닌가 생각되기도 한다. 또한 468년에 고구려가 말갈 군사 1만명으로 하여금 신라의 실직주성을 쳐서 빼앗았다는 기록이 있는데, 당시 신라와 백제와의 관계를 고려할 경우 이것도 고구려와 백제의 갈등으로 볼 수 있기는 하다. 그러나 변경지역에서 일어나는 군사적 충돌은 당시로서는 매우 흔한 일로 볼 수 있기에, 그것을 475년의 고구려의 백제침공에 대한 실질적 배경이었다고 보기는 어렵다.

북위 외교를 통해 고구려 견제를 도모한 백제를 응징한 것이 한성침공의 이유였다고 본다.

오히려 고구려가 한성을 침공한 실제적 이유는 백제가 중국 북조의 북위와 결탁하여 고구려 견제를 도모한 행위에 대한 응징으로 봄이 일반적이다. 백제는 서기 472년에 북위에 사신을 보내 조공하고 표를 올리는데, 표는 개로왕이 북위에 보낸 국서로서 거기에는 각종 수사를 동원하여 위와의 관계를 돈독히 할 것을 강조하고, 고구려를 승냥이와 이리 등의 추악한 무리들로 표현하고 비방하며, 위로 하여금 고구려를 견제코자 하는 내용이 담겨져 있다. 이에 대해 위나라는 백제의 요청에 화답하는 척하지만, 실제로는 교묘한 외교 수사로 고구려 견제는 지양하는 것이 확인된다. 오히려 백제의 의도를 고구려에 노출시키는 결과만 가져오게 되었는데, 이러한 정황은 백제의 외교 전략의 미숙을 그대로 드러내는 것이면서, 고구려로 하여금 백제를 침공하는 구실을 주었을 것이다. 물론 그 결과는 고구려의 한성침공으로 인한 백제 중심세력의 붕괴를 초래하였다.

그러나 백제가 왜 북위와의 외교교섭을 통해 고구려 견제를 획책 하였을까에 대한 의문은 여전히 남는다. 백제는 전통적으로 남조의 동진이나 송과 교류하고 있었는데, 고구려의 독점적 교류대상인 북위와 교섭을 시도한 배경이 과연 무엇일까 궁금하다. 얼핏 보면 4세기 후반 백제는 고구려 광개토대왕의 남진으로 국력이 상당히 쇠퇴한 상황이었으며, 5세기 전반 무렵 상당한 혼란을 겪게 된다. 이후 5세기 중반에 개로왕이 등장하였고, 그는 혼란을 수습하며 국가의 새로운 도약을 도모하게 되는데, 이를 위해서 고구려의 압박을 극복할 필요성을 느꼈기에 새롭게 북위와 결탁하여 고구려를 견제코자 한 것으로 볼 수도 있다. 그렇지만 외교 전략 미숙으로, 그 의도가 고구려에 간파되어 역공으로 말미암아 개로왕이 패사에 이르게 된 것이 아닌가 추정할 수 있다는 것이다.

백제와 고구려의 갈등은 이미 4세기 후반부터 시작되었다.

그런데 백제와 고구려의 원한 관계는 이미 4세기 중엽부터 비롯된다. 근초고왕의 등장을 기회로 백제는 새로운 도약을 이룩하는데, 그중에서 가장 눈부신 성과는 평양성에서 벌어진 고구려와의 전쟁 승리일 것이다. 근초고왕의 아들 근구수가 거느린 3만 병력이 고구려의 고국원왕이 이끄는 군대를 격파하고, 고국원왕을 살해하는 전과를 거두었는데 이를 토대로 진일보한 국가의 면모를 갖추게 되었음은 물론이다.

반면 고구려는 전쟁의 패배를 거울삼아 소수림왕의 국가개혁을 통해 국력을 재정비한 다음, 광개토대왕이 진행한 대외팽창의 과정중에 그 주된 대상이 남쪽의 백제였다는 사실은 잘 알려진 바와 같다. 즉 광개토대왕은 대외적 군사작전의 첫 번째 대상을 백제로 삼았고, 그 결과 고구려는 이전에 상실하였던 위세를 회복하

칠지도와 일본

였음은 물론이고, 나아가 백제왕을 노객으로 삼아 동북아의 패권적 위상도 확립한 것이다.

이후 백제는 대·내외적 혼란을 겪게 된다. 5세기 전반대의 백제는 국가적 위기와 함께 혼란의 연속이었다. 가장 큰 시련은 앞서 언급된 것처럼 고구려 광개토대왕의 남진으로 북방에 구축되었던 국가역량이 하루아침에 붕괴되었다는 사실일 것이고, 그 결과 백제의 국가적 위상이 땅에 떨어졌다는 점이다. 나아가 전쟁 패배에 따른 국력 낭비는 근초고왕 이후에 정립된 백제의 위상이 추락하였음은 물론이다. 그 이면에는 백제에 불리하게 전개된 국제정세도 도외시할 수 없다.

백제는 중국 남조 송의 등장과 더불어 대중국 교류독점권이 상실되고 국가위기를 맞이한다.

3세기대의 중국사회는 전·후한의 통일정부가 위·오·촉의 삼국으로 분열되는가

하면, 흉노의 후예인 선비족 등 유목민의 남하로 점차 5호 16국의 분열기로 접어든다. 그 결과 주변 여러 나라에 대한 직접적 교류 혹은 영향력 발휘의 수단으로 활용하였던 군현이 소멸되기에 이른다. 그러나 교류의 필요성은 여전하였기에 그 대체 수단이 필요하였고, 이로써 구체화된 것이 바로 조공책봉관계이다.

한반도의 경우 군현소멸 이후의 중국과의 교류는 북쪽 지역에서는 고구려가 독점적 지위를 누렸던데 반해서 남쪽 지역은 여러 정치체중에 오직 백제만이 중국 동진의 유일한 책봉국으로 자리하듯이 중국과의 문물교류 독점권을 확보한 상황이었다. 백제는 이를 기회로 한반도는 물론 바다 건너 일본열도까지 그 영향력을 확대할 수 있게 된 것이다. 그런데 5세기에 이르러 중국 남조의 정권이 동진에서 송나라로 교체되는데, 송은 동진이 한반도 남부지역의 교류대상으로 백제만을 고집한 것과는 달리 그 대상을 다변화하기 시작한다. 한반도 남쪽에 있던 신라는 물론이고, 왜의 세력에까지 직접적 외교관계를 설정하는 것이다.

송나라의 외교 다변화 정책으로 말미암아 백제가 가졌던 대중국 문물교류 독점권은 유명무실하게 된다. 나아가 기왕에 백제를 통한 선진문물의 수혜를 받았던 한반도 남쪽의 여러 정치세력은 물론이고 바다 건너 왜까지 백제의 영향권에서 이탈한 것으로 여겨진다. 그 결과 백제의 국제적 위상이 상당히 위축되었다고 볼 수 있을 것이다. 특히 왜는 송나라와 외교관계를 구축하면서 5왕 시대의 전성기를 구가하고, 이를 기회로 일본 열도는 물론 한반도까지 주도권을 행사하겠다는 야욕을 노골적으로 드러내는 정세변화도 나타난다.

고구려의 견제 외에 송에 대한 불만을 외교를 통해 해결코자하나 결과는 한성세력의 괴멸을 가져왔을 뿐이다.

대·내외적 여건이 불리하게 전개되던 5세기 전반 무렵의 백제는 왕의 잦은 교체가 나타나는 등 국가적 위기가 크게 나타난다. 그러다가 5세기 중반 무렵에 이르러서야 개로왕이 등장하여 국가적 위기를 타파하기 위한 개혁에 나선 것으로 여겨진다. 비록 개로왕의 왕위 등극 배경에 대해서는 구체적이지 않지만, 왕위에 오른 후 상당기간의 행적이 알려져 있지 않은 것은 그의 왕위 계승이 평범하지는 않았다는 것으로 인식되는 것이기도 하다.

개로왕은 왕위에 오른 다음에 왕권의 안정과 강화에 많은 노력을 경주하는데, 그중에서도 대외적으로는 전통적 남조와의 교류 외에도 새롭게 북위와의 교섭을 추구하는 것이 주목된다. 아마도 목적은 비단 고구려의 견제라는 현실적 이유 외에도 남조 송에 대한 불만을 교류 대상의 다변화로 해소코자 한 것이 아닌가 여겨진다. 이러한 와중에 고구려의 한성침공이 일어나는데, 북위가 전통적으로 고구려의 독점적 교섭 대상이었음을 감안하면 한성침공 배경의 또 다른 이유를 여기에서 찾을 수 있을 것이다.

결국 고구려와 백제의 갈등은 오랜 뿌리가 있다는 것을 알 수 있다. 4세기 중엽 이후에 일어난 백제의 평양성 진격과 그 이후 장수왕의 남진은 양국의 일진일퇴의 대립상을 직접적으로 드러내는 것이기도 하다. 이런 정황에서 4세기말에서 5세기 전반 무렵 중국 남조에 유송이 등장하면서 백제의 독점적 대중국 교섭권이 와해되는 국가적 위기를 가져오기도 한다. 이러한 대내외적 난국을 극복하기 위하여 백제는 외교 다변화의 일환으로 북위와 교섭을 시도하여 중국의 송나라는 물론이고 직접적 위협대상인 고구려의 견제를 도모하였으나, 오히려 한성의 함락과 왕의 패사, 오랫동안 구축되었던 한성 중심의 중앙지배세력이 완전히 괴멸·붕괴되는 결과를 초래한 것이 아닌가 여겨진다.

백제의 웅진천도와 구원군

고구려 장수왕의 한성침략과 개로왕 살해 등은 고구려와 백제간의 커다란 군사적 접촉이었고, 그 결과 고구려의 대승 속에 백제는 왕마저 피살되는 국가 존망의 비운을 맞이하였다. 이후의 백제에 대한 정황은 개로왕을 계승하여 문주왕이 등극하고 웅진으로 천도를 단행하였다는 사실만이 알려져 있을 뿐이다.

웅진천도에 대한 기록은 문주왕이 서기 475년 10월에 실시하였다는 것만 전한다.

웅진천도는 475년 9월 고구려의 한성침략이 이루어진 후, 다음 달인 10월에 이루어진다. 기록상에서는 고구려의 한성 침략이 일방적 우위에서 진행되었다는 사실만 전하고 있을 뿐, 전쟁이 진행되는 과정에서 웅진천도의 동기라던가 천도의 직접적 원인은 찾아지지 않는다. 서기 475년, 백제는 고구려의 3만대군 앞에서 변변한 응전조차 하지 못하였고, 한성이 함락되면서 왕마저 살해되는 비운을 맞이하였다는 사실만이 전하고 있을 뿐이다. 이후의 정황 특히 천도에 대한 사실은 지나칠 만큼 간략한 내용만 남겨져 있다.

문주에 대한 기록은 소략하게나마 남아 있는 편이다. 그는 개로왕의 아들인데, 비유왕이 죽고 개로가 왕위를 잇자 문주는 그를 보필하여 지위가 상좌평에 이르렀으며, 개로가 재위한지 21년에 고구려가 쳐들어와서 한성을 에워싸자 개로는 성문을 닫고 스스로 굳게 지키면서 그로 하여금 신라에 구원을 요청하게 하였다는 기록이 있다. 이에 문주는 군사 1만명을 얻어 돌아오니 고구려 군사는 비록 물러갔지만 성은 파괴되고 왕은 죽었으므로 드디어 왕위에 올랐다는 사실도 전한다. 또한 그는 성품이 부드럽고 결단력이 없으나 백성을 사랑하였으므로 백성들도 그를 사랑하였다는 인물평까지 남기고 있다. 이를 통해 백제 웅진천도의 주역이 문주왕이라는 사실은 알 수 있지만, 이외의 내용에서 구원군의 역할이나 이후의 정치력의 재건 혹은 천도의 배경을 유추할 정황은 전혀 감지되지 않는다.

웅진천도와 관련하여 앞서 언급된 바가 있는 문주왕의 남행 사실에 대한 내용을 다시 음미할 필요가 있다. 고구려의 침략에 직면한 개로왕이 불가항력적 정세를 판단하고 자신의 실정을 후회하면서 문주를 피난케 하였는데, 훗날 나라의 명맥을 잇게 하는 조처를 취하면서 문주를 목협만치, 조미걸취와 함께 남쪽으로 보냈다는 사실이 그것이다. 만일 이 기록만으로 상황을 유추한다면 백제의 웅진천도는 문주의 피난을 통해 이루어진 것으로 볼 수 있기 때문이다. 그러나 문주와 관련된 앞의 내용 즉 구원군을 얻어 한성에 돌아와 보니 고구려 병사는 이미 물러났으나 한성은 파괴되고, 왕이 전사함에 드디어 왕위에 올랐다는 기록이 사실적이기에 수 긍하기 어렵다.

따라서 문주가 처음 남행한 것은 천도와는 전혀 무관하고, 신라병 1만과 함께 다시 한성에 돌아왔을 때 비록 고구려군은 물러갔지만 왕이 죽었기에 한성에서 왕 위에 올랐다는 사실에 주목하여야 할 것이다. 고구려군의 퇴각, 이어 이루어진 문 주의 왕위 계승은 모두 9월에 일어난 사실이며, 모두 한성에서 이루어진 사건들 이란 점을 유념해야 할 것이다. 나아가 문주에 의한 웅진천도는 다음 달인 10월에 단행되고 있는 것도 분명한 역사적 사실이다.

한성도읍기 지방사회 웅진이 도읍으로서 적합성을 보여주는 정황은 전혀 없다.

475년 백제의 웅진천도 후, 한성은 여전히 백제의 강역이란 사실이 기록의 도처에 서 확인된다. 웅진천도 직후인 문주왕 2년에 한북 민호를 두곡성으로 옮겼다는 기 록이 있는데, 여기에서 한북이 지금의 한강 북쪽을 의미하는 것이라면 천도 이후 에도 한강 북쪽 지역을 여전히 백제의 관할지역으로 보는데 문제가 없을 것이다. 물론 두곡성으로 옮긴 주민의 실체와 구체적 규모, 두곡성의 위치 등에 대한 해석 의 문제가 없지 않지만, 한북 민호를 옮기는 점으로 미루어 웅진으로 천도한 후에 한강 북쪽 지역을 백제의 관할권에서 제외한 조치가 아닌가 여겨지기도 한다. 그 렇다고 한북 민호의 사민과 같은 행위가 곧바로 한강 남쪽에 위치한 이전 도읍지 역인 한산이나 한산성까지 포기한 것이 아니라는 것은 분명하다. 동성왕 4년에 말 갈이 한산성을 공격하였다는 기록이라든가 동성왕 5년에 왕이 한산성에 전렵하면 서 군민을 위무하였다는 기록들은 한성이 여전히 백제의 수중에 있었음을 나타내 는 적극적인 증거로 삼을 수 있기 때문이다.

한편 천도지인 웅진에 대해 사료상에 나타나는 것은 475년 문주왕의 천도사실이 처음이다. 천도 이전까지 웅진이란 지역이 백제사에서 어떠한 위치를 차지하였는가는 알기가 어렵다. 온조왕 무렵 사방의 강역획정과 관련한 것이라던가, 마한과의 경계로 웅천이 등장하는 사실, 웅천이 금강이란 견해 등이 있어 참고 될 수는 있겠지만 시기의 차와 구체성의 결여, 그리고 웅천이 안성천이란 이견 등을 고려하면 적극적 활용도 어렵다. 다만 백제의 세력성장과 함께 웅진천도 전 금강유역은 백제의 통치범위에 있었다고 볼 수 있으며, 웅진이 백제의 지방사회로 존재했었다고 추정될 뿐이다.

그럼에도 도읍지로서 웅진의 조건은 지리적 이점, 즉 금강을 대안으로 끼고 있어 군사적 측면에서 고구려 방어에 유리하다는 점이 주로 언급된다. 웅진으로 천도하게 된 배경도 이와 같은 군사·지리적 이점에 기인한 것이라는 설명이 일반적이다. 그러나 한나라의 도읍 선정이 그처럼 단순하게 이루어질 수 있을까라는 의문이 있다. 고구려의 군사력에 밀려 도읍지를 선정케 되었다는 배경에 집착하여, 오히려 도읍 선정의 조건을 단순히 고구려에 대한 방어만을 전제하였다고 보는 것은 미흡함이 적지 않다고 여겨진다.

고구려의 군사적 침략에 따른 피난의 결과가 웅진천도는 아니다.

웅진천도가 도읍지로써 적합 여부를 면밀히 검토하는 등의 사전계획하에 이루어졌다고 보기는 어렵다. 오히려 고구려의 침략이라는 급박한 정세에서 비롯되었다고 보는데 이견이 없다. 고구려의 침략으로 한성이 함락되고 개로왕이 패사함으로써 백제는 부득이 남쪽으로 피난할 수밖에 없었다는 정황적 이해에도 무리가 없다. 다만 웅진천도가 비단 고구려의 침략에 따른 피난의 결과라는 일반적 인식에는 문제가 있다.

천도자체가 고구려의 군사력에 밀려 불가항력적으로 이루어진, 즉 고구려의 한성 점령과 그에 따른 피난 결과만은 아니라는 것이다. 그렇기에 천도가 피난으로 야기되었다는 전제하에 웅진의 도읍선정 배경을 지리적 조건을 고려, 대 고구려의 방어에 유리한 지역을 선정하였다는 인식에 문제가 있다는 것이다. 뿐만 아니라 이러한 인식의 바탕에는 필연적으로 이전의 도읍지였던 한성이 고구려에 장악되어 더 이상 백제의 영토가 아닌 것으로 보고, 웅진도읍기 백제의 북쪽 국경을 아산만 이남이나 차령산맥으로 비정하며 이전보다 훨씬 남쪽으로 위축시켜 이해하기도 하는데 이러한 인식도 동의하기 어렵다.

한성을 침공하였던 고구려군의 철수 후에 폐허화된 한성에서 문주가 왕위에 올랐고, 이어 웅진으로 천도가 이루어진 것은 분명한 역사적 정황이다. 따라서 웅진으로의 천도는 피난이 아닌, 한성지역에서 백제자체의 정치적 판단이 이루어진 이후의 결과이다.

유적과 유물로 475년 웅진천도와 더불어 웅진지역에 새로운 세력이 갑자기 등장하였음을 알 수 있다.

앞서 도읍지 웅진지역의 유적을 검토하였는데, 그 결과 유적의 존재시기가 천도전의 것과 천도 후의 것으로 구분되긴 하나, 천도 이전의 유적은 숫자상으로 그리 많지 않다는 것도 보았다. 그리고 적게나마 잔존하는 유적도 대부분 도읍의 중심권에서 일정한 거리를 둔 채 산포되어 있을 뿐이다. 반면에 천도 이후의 유적은 이전의 것과 중복되지 않으면서, 도읍지 중심권에 집중 분포하는 특징이 있음도 보았다. 특히 집중적으로 밀집된 현상을 보이며, 갑자기 등장한다는 특징도 지적하였다.

이러한 정황은 백제의 웅진천도 전야의 도읍지역 인문환경을 대변하는 것이기도 하다. 즉 웅진지역에는 백제가 도읍을 옮기기 이전에는 왕실의 어떠한 기반시설도 마련되지 않았다는 사실을 분명하게 보여주는 것이다. 나아가 웅진천도가 주변에 산재된 유적과 관련하여 이루어졌더라도 실제 도읍지 웅진의 경영은 천도 후에 본격적으로 진행되었음을 보여주는 것이기도 하다.

물론 기록자료에서 두 번째 도읍였던 웅진에 대해서 천도이전의 정황을 알려주는 내용이나, 왜 웅진을 도읍으로 선택하였는가를 알려주는 자료는 거의 없다. 그러나 유적과 유물의 정황에서는 웅진이 새로운 도읍으로 유인될 만한 기반시설이 전혀 마련되어 있지 않았다는 사실이 확인된다. 따라서 단지 고구려 방어에 유리한 지역을 선정하기 위하여 아무런 기반시설이 마련되지 않았던 공지 상태의 웅진을 도읍으로 선정하였다고 보기는 어려울 것이다.

결국 웅진천도 배경의 이해는 장수왕의 한성침공과 개로왕의 패사, 이어 나타난 문주의 등극과정 그리고 문주에 의한 웅진천도 과정을 다시 음미할 필요가 있다. 이는 백제의 웅진천도를 고구려의 군사적 압박에 의한 피난만으로 설명하기는 어렵다는 점과 함께 당시의 상황으로 미루어 왕실에 의해 천도가 주도되었다고 보기도 어렵기 때문이다.

웅진천도의 배경은 주도세력으로 구원군의 존재인식에서 설명될 수 있다.

사실, 웅진천도는 전쟁 후의 긴박한 정황에서 정치적 판단아래 새로운 지역을 선정하여 이루어진 것으로 보아야 한다. 그리고 준비된 도읍지가 아님에도 어떻게 웅진으로 천도가 이루어졌는가의 배경에 대한 이해는 고구려의 한성침공으로 왕족을 비롯한 중앙 지배세력이 거의 붕괴된 상황에서 천도가 이루어졌다는 점을 우선적으로 고려할 필요가 있다.

8천 포로와 함께한 고구려군의 퇴각은 한성세력의 완전한 괴멸을 의미하는 것이다. 이후 한성에서 문주가 왕위에 올랐고 나아가 웅진으로 천도를 실시하는데, 이 과정에서 주목될 것은 한성에 기반한 세력이 아닌 지방에서 동원된 구원군 즉 지방세력이 건재하다는 사실일 것이다. 이들이 천도를 주도한 세력으로 볼 수 있기 때문인데, 웅진으로 도읍을 옮긴 이후에 대거 등장하는 신흥세력이 이들 구원군이란 사실을 고려할 때 충분히 납득될 수 있는 것이다. 이로보면 천도자체가 피난이 아니라는 사실과 함께, 공지나 다름없는 웅진을 선정하여 도읍으로 삼았는가에 대한 대답도 가능하다고 여겨진다.

서기 475년 고구려 장수왕이 거느린 3만 기병이 백제의 수도 한성을 기습적으로 공격함에 백제 개로왕은 군사적 방어 조치를 마련하면서, 다른 한편으로 각지에 구원군 모집에 나섰다는 것은 주지된 사실이다. 그리고 구원군이 결집하기도 전에 도성의 함락과 개로왕의 패사 그리고 왕족을 비롯한 도성민 8천이 포로로 잡혀 가면서 전쟁이 종결되었다는 사실도 이미 언급된 대로이다. 이후에 각지에서 동원된 구원군이 한성에 집결한 것이다.

구원군이 도착한 후의 한성은 이미 폐허로 변해 있었고, 도성민의 일부는 피난하였겠지만 8천 포로의 존재로 미루어 대부분 잡히거나 죽었을 것이다. 이는 한성이 도읍으로서 더 이상 기능할 수 없음을 보여주는 것이기도 하다.

지방세력 구원군의 특성상 천도가 필요하였고, 웅진으로 천도는 구원군의 이해관계에서 비롯된 것이다.

구원군은 전쟁을 위해 각지에서 동원된 지방세력들이다. 다수의 군사력이 한성에 집결하였지만 고구려군은 이미 퇴각한 다음이었다. 이에 구원군들은 백제 왕실의 명맥을 잇기 위하여 함께 온 문주를 왕위에 추대하였을 것이고, 나아가 이후 정국의 대책을 마련하였을 것이다. 그러나 지방에서 동원된 구원군들은 아무런 기반이 없는 한성에 오래 머물 수 없었을 것이며, 고향으로의 철수가 필요하였을 것이다. 폐허화된 한성, 특히 인적기반이 전혀 없는 한성을 다시금 도읍으로 삼기는 어려운 상황이었기에 합당한 지역으로 천도가 필요하였을 것이다. 당시의 상황을 고려할 때 천도는 왕실이 아닌 구원군에 의해 주도되었을 것인데, 그들의 이해관계에 따라 천도지가 선정되었음도 당연할 것이다.

천도지가 왜 웅진이었는가의 문제는 구원군의 존재 형태에서 짐작되어야 한다. 한 나라에서 도읍이 갖는 특권은 무궁무진하다. 바로 사회·문화의 중심지가 될 뿐만 아니라 국가권력의 중심지로 기능하기 때문이다. 따라서 각각의 정치세력들은 도읍지와 어떤 관계를 갖는가에 따라 그 이해관계가 천양지차를 나타낼 수밖에 없는데, 이는 전근대 사회도 크게 다르지 않다.

고구려가 도읍을 국내성에서 평양으로 옮길 즈음의 정황이라든가 고려시대의 서경천도 운동의 정황, 조선이 한양으로 도읍을 정한 과정에서도 짐작된다. 비록 백제의 웅진천도가 고구려의 군사적 공격에 의한 한성의 함락, 왕의 패사, 도읍의 폐허화 등과 같이 긴박한 상황에서 이루어진 것일지라도 천도지의 선정과 관련한 이해관계는 앞서 언급한 도읍지 선정 과정과 크게 다르지 않다고 보아야 한다. 따라서 천도지의 선정은 당시에 새롭게 등장한 정치세력들, 즉 구원군들 간의 이해관계에 따라 결정될 수밖에 없었을 것이고, 그 중에서도 구원군 중 가장 강력한 세력에 의해 결정되었다고 보아야 할 것이다.

고대국가에서 도읍은 정치와 사회, 문화의 중심일 뿐만 아니라 국가 권력의 핵심이다. 때문에 쉽게 옮길 수 있는 것이 아니다. 만약 도읍을 옮길 경우 국가권력의 핵심이 움직이는 것이기에 그 향방이 모든 정치 주체에 영향을 줄 수 있어 민감한 반응은 불가피하게 일어난다. 백제는 고구려의 기습 침공에 대비하지 못하여 오랜 도읍이었던 한성이 함락되고 왕이 패사하여 중앙세력의 와해를 가져왔을 것이다. 때문에 천도의 주도가 왕실을 비롯한 한성에 기반을 두었던 기왕의 세력이 아닌 새롭게 등장한 구원군에 의해 주도되었다고 보아야 할 것이다.

웅진천도의 주도세력 수촌리 고분군의 주인공

수촌리유적은 2003년도에 발굴조사 되었다. 유적에는 백제시대 고분이 일부 포함되어 있는데, 지금까지 백제의 지방사회에서 발견된 고분 중에 가장 품격이 높은 것이다. 수촌리 백제 고분들은 4세기 후반 무렵부터 백제가 웅진으로 천도할 즈음까지의 것으로, 이들은 백제 지방 사회에서 가장 강력한 세력집단이 남긴 것이다.

백제의 웅진천도는 왕실이 아닌 구원군의 주도로 이루어진 것으로, 그들의 이해관계에 따라 도읍지가 결정되었고, 그 중심에 수촌리유적의 주인공이 있었기에, 백제가 도읍을 웅진으로 옮기게 되었다고 보는 것이다. 백제가 웅진을 도읍으로 선택한 배경은 아무래도 도읍을 이끌만한 강력한 세력이 주목될 수밖에 없는데 그와 관련하여 수촌리 고분군의 조영주체에 관심이 집중되는 것이다.

수촌리 고분군은 그 주인공이 백제의 웅진천도 주도세력이란 사실 이외에도 백제문화의 우수성과 다양성을 상징적으로 보여주는 유적이다. 백제묘제의 변화과정을 적나라하게 보여주고, 풍부하고 다양한 고품격의 출토유물은 백제문화의 우수성을 그대로 보여준다. 특히 묘제를 달리하여 출토된 금동관모는 중앙과의 상관성을 암시하고, 고분군내 남겨진 의례시설은 백제 상장례의 또 다른 측면을 보여주기도 한다.

수촌리유적은

수촌리 백제고분은 위세품이 다량으로 출토된, 웅진천도 이전에 만든 것이다.

수촌리유적은 공주시 의당면 수촌리에 자리한다. 입지는 천태산이란 높은 산에서 서쪽으로 늘어진 작은 가지능선의 말단 구릉상에 해당된다. 유적은 고분과 관련된 것이기에 입지한 세부 지형도 주목할 필요가 있다.

고분이 위치한 곳은 표고 50m내외이고, 정서 방향에서 약간 남으로 치우쳐 흘러내리는 구릉상의 평평한 대지에 자리하고 있다. 고분이 있는 구역에서 약 300여평의 범위는 비교적 평탄한 대지로 남아 있지만, 서남쪽으로는 큰 경사를 이루면서 마치 절개지로 있어 경사에 의해 지면 유실이 있었고, 그에 따른 지형변화도 감지할 수 있게 한다. 현재 잔존된 지형과 등고선은 고분군이 조성될 당시와는 차이가 있었을 것으로 추정된다.

2003년에 발굴 조사된 것으로 전체 유적은 청동기시대부터 백제시대의 생활유구와 고분유구가 포함된 복합유적이다. 그러나 특유의 백제 금동관모가 출토된 고분이 존재함으로써 백제 고분유적으로 널리 알려지게 되었다. 이 유적은 국가사적으로 지정되었는데, 이후 사적지역 내의 유적발굴이 지속되어 다량의 백제시대 고분이 잔존된 것이 확인되었다.

수촌리유적 중에 단연 관심을 끄는 것은 아마도 2003년에 확인된 백제 고분군일 것이다. 당시 발굴조사는 개발범위 약 6만여평에 대한 시굴조사결과 유적이 노

공주 수촌리의 전경

출된 범위에서 이루어졌다. 관심거리가 된 백제시대 유적은 청동기시대 유적에 포함되어 있는 일부의 고분 외에 약 300평의 범위에 있는 6기의 고분이었다. 6기의 고분은 묘제적으로 서로 간 차이가 있을 뿐만 아니라 드물게도 풍부한 유물이 출토된 것이다.

이들 고분은 4세기말에서 5세기 전반 혹은 중반 무렵에 위치시킬 수 있는 것으로 백제가 웅진으로 천도하기 이전의 것들이다. 나아가 금동관모 등의 위세품이 다량으로 포함되어 있을 뿐만 아니라 고품격의 부장품이 다량으로 출토되어 큰 관심을 불러일으킨 것이다.

발굴조사가 계속되어 토광묘와 석곽묘 그리고 제사시설 등의 다양한 유구가 알려져 있다.

유적은 알려진 후 곧바로 사적 40호로 지정되었고, 주변지역에 대한 발굴조사도 계속되었다. 2007년에 새롭게 진행된 정밀 지표조사를 바탕으로 유적이 존재할 것으로 여겨지는 범위에 대한 발굴조사가 2010년 시작된다. 사적지역 전체에 대한 시굴조사가 이루어졌고 그 결과 청동기시대의 집자리와 관련 유구 그리고 백제시대의 집자리와 수혈유구 외에 석축의 고분 및 토광묘 등이 다양하게 남아 있음이 확인되었다.

본격적 발굴조사는 2011년에도 이어졌는데 2003년에 노출된 백제 고분의 남쪽 구역을 대상으로 실시되었다. 결과 백제시대 석곽묘 2기와 석실묘 1기 그리고 토광묘 1기외에 청동기시대 집자리나 원삼국기로 판단되는 수혈 유구 등이 조사되었다. 더불어 2012년에는 2011년 발굴구역의 서쪽 부근에서 발굴조사가 진행된 결과 백제시대의 토광묘 8기와 석곽묘 1기를 포함한 다양한 유구가 확인되었다. 특히 지름 20m정도 규모의 적석유구도 확인되었는데, 이는 주변에 넓게 산포되어 있는 고분과 연계된 의례시설로 판단한다.

수촌리유적의 발굴조사는 2013년에도 계속된다. 그 결과 규모가 있는 백제시대의 토광묘 2기를 포함하여 통일신라시대의 석곽묘가 발굴되었을 뿐만 아니라 수촌리유적의 고분이 시대를 거듭하여 중층으로 남아 있음도 확인되었다. 이후 2014년과 2015년의 유적발굴은 2003년 발굴유적보다 동남쪽으로 거리를 둔 지역에서 이루어졌는데, 대체로 원삼국기에서 백제시대의 것으로 편년되는 고분이나 집자리 그리고 성격을 분명하게 알 수 없는 수혈유구 등이 조사되었다.

수촌리유적은 오랫동안 발굴조사가 진행되어 사적으로 지정된 범위의 대부분에서 유적이 확인된 상태이다. 그런데 조사된 유적 중에서 아무래도 가장 주목되는 것은 2003년에 확인된 6기의 고분이고, 그중에서도 금동관모가 출토된 1호 토광묘와 4호 석실묘일 것이다. 본래 2003년도 조사된 6기의 고분은 하나의 단위 고분

2003년

2012년

수촌리유적의 발굴 후 전경

군을 이루지만 묘제는 토광묘와 석곽묘 그리고 석실묘로 구분된다. 나아가 묘제를 시대적으로 배열할 경우 토광묘→석곽묘→석실묘의 순서로 시간차를 두고 조성되었음도 알 수 있다. 이들 고분과 관련된 의례시설인 대형 적석유구라든가 부수시설로 판단되는 각종의 수혈 유구 등도 인근에서 추가로 발굴되어 유적의 복합성이 크다는 것을 알 수 있다.

중심묘제는 토광묘로, 1호분처럼 금동관모를 비롯한 중국제 자기 등의 위세품이 출토되었다.

수촌리 백제 고분 중에서 가장 다수를 차지하는 것은 토광묘이다. 대부분의 토광묘들은 지하로 묘광을 굴착한 다음에 그 안에 목곽을 시설하고 다시 목관을 넣은 것으로 관곽토광묘로 분류될 수 있다. 1호와 2호 토광묘처럼 바닥이나 외변에 강자갈을 부석한 특이한 형상도 있는데, 규모 차이는 있으나 대체로 묘광이나 내부에 관과 곽을 시설한다거나 꺾쇠와 관못을 사용하여 목관을 결구하였다는 사실 등은 공통적이다. 다만 목곽은 묘광의 중앙에 시설하지만 목관의 경우는 목곽의 중앙에 위치한 것 외에 약간 치우친 것도 있다. 이것은 부장품을 넣기 위한 배려였던 것으로 추정된다.

금동관모가 출토된 1호 토광묘를 대표 사례로 볼 수 있다. 1호 토광묘는 노출 당시 상부에 잡석을 이용하여 적석한 시설이 확인된 것이다. 목곽은 묘광의 중앙에 시설하고 동북쪽에 치우쳐 목관이 놓여 있다. 특히 목곽은 곽의 형상을 구체적으로 남긴 것은 없으나 자갈돌로 부석된 범위에서 10㎝ 내외의 폭으로 2열의 석열을 일정하게 마련한 것이 확인되어 목곽의 존재를 추정하는 것이다. 목곽 규모는 길이 400㎝, 너비 240㎝이다. 목관은 길이 95㎝, 너비 15㎝ 내외의 세장한 목판을 상하 꺾쇠로 연결하여 제작한 것이다. 관못도 사용되었는데, 목관의 규모는 길이 240㎝, 너비 95㎝ 정도이다. 묘광의 바닥 전체는 잡석을 부석하였다.

출토유물은 목관 안에서 금동관모와 금동신발 그리고 금제 귀걸이를 비롯하여 금

1호분

2호분

수촌리유적의 토광묘

동의 허리띠인 과대와 환두대도 그리고 중국제 청자유개사이호 등이 확인되어 있다. 또한 목곽 안에 직구호와 대호 그리고 호형토기와 광구호를 비롯하여 발형토기 등 각 종 토기류와 함께 등자와 재갈, 교구, 살포라든가 삼지장 등의 철기류가 남아 있었다.

석곽묘중에는 횡구식도 있고, 금동신발을 비롯한 위세품이 부장되어 있기도 하다.

토광묘 다음으로 많은 숫자를 차지하는 것이 석곽묘이다. 그중에서 2003년도에 발굴조사된 3호분은 횡구식 석곽묘이고 나머지는 수혈식 석곽묘이다. 모두 백제 수혈식 석곽묘의 일반적 구조양식을 지니고 있다.

즉 지하로 묘광을 파고 그 안에 석축으로 장방형의 묘실을 조성한 것이다. 규모 차이가 있지만 2011년도에 조사된 8호 석곽묘가 가장 규모가 크다. 그리고 앞서 언급된 2003년의 석곽묘 중에 3호분은 좁은 벽체에 입구로 사용한 흔적이 있어 횡 구식 석곽묘로 구분한다.

3호분은 묘실의 상단부가 대부분 훼손되어 정확한 구조양식의 파악이 어렵다. 그러나 다듬지 않은 돌을 사용하였다는 점, 부위별로 사용된 석재의 크기가 일정 하지 않은 점 등으로 보아 형식적으로 발전된 것으로 보기는 어렵다. 나아가 묘실 평면이 크게 세장되지 않은 장방형이고, 벽체가 상단에서 약간 안으로 좁혀져 있 는 점으로 미루어 초기형으로 간주된다.

이 3호분은 바닥 전면에 강자갈이 부석되었다든가, 내부에 금속제 결구를 사용 한 목관을 안치하는 등의 묘제적 특징도 있다. 특히 한쪽의 좁은 벽체에 입구가 있는데, 벽체 전부를 개구하여 사용한 것이 아니라 바닥보다 한단 높여 벽체 중간 에 입구를 시설한 것이다. 나아가 폐쇄도 일렬 축석으로 실행한 특징이 있다. 묘 실내에 남겨진 유물의 갖춤새는 토광묘와 별반 차이가 없다.

목관내에 장착품으로 환두대도를 비롯하여 금동제신발 등이 있다. 그리고 목관 바깥에는 발치쪽에 토기라든가 마구 등의 여타 유물이 안치되어 있는데 토광묘의 유물 잔존정황과 흡사하다.

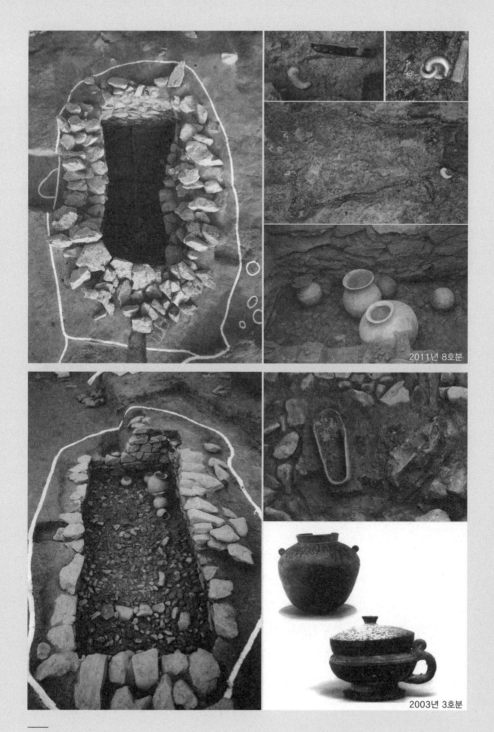

2011년 8호분

2003년 3호분

수촌리유적의 석곽묘

아류형 횡혈식 석실묘 2기는 금동관모 등 고품격 유물이 가장 풍부하게 출토되었다.

석실묘는 2003년에 발굴된 4호와 5호가 전부인데, 횡혈식 석실묘제의 본래 속성을 그대로 갖추고 있는 것이다. 이들은 동·서간으로 자리하는데 4호분이 보다 경사의 위쪽에 있다. 모두 지반을 굴광하여 묘광을 조성하고 할석형 석재를 대강 다듬어 구축한 것이다. 묘실의 평면은 방형에 가까운 장방형, 입구 및 연도는 중앙에 개구식으로 시설하였고, 바닥은 강자갈이 부석되었는데 금동관모와 금동제 신발 등의 화려한 유물이 출토되었다.

다량의 유물이 남겨져 있던 4호 석실묘의 경우 자연할석을 사용하여 단벽은 거의 수직에 가깝게 쌓아 올렸으나 장벽은 바닥부터 위로 갈수록 안으로 들여쌓았다. 묘광의 평면은 장방형인데 길이 540㎝, 너비 440㎝ 정도의 규모이다. 남쪽에 연도와 묘도를 위해 길이 120㎝, 너비 190㎝ 크기의 묘광이 덧붙여져 있다. 전체 묘광의 길이는 664㎝이다. 묘실 평면은 길이 300㎝, 너비 200㎝, 높이 150㎝ 정도의 규모이다. 바닥은 생토면을 수평으로 정지한 후, 크기 10㎝ 내외의 잡석을 전면에 부석하였다. 북쪽의 장벽과 동쪽의 단벽에 연접하여 길이 264㎝, 너비 116㎝의 규모의 관대가 시설되어 있다.

4호 석실묘의 출토유물은 귀금속류 외에 철기류와 토기류로 구분할 수 있는데, 관대위에 있는 것 외에 묘실의 북벽과 서벽에 밀집되어 남겨져 있었다. 관대에는 금동관모와 금동신발 그리고 환두대도와 허리띠인 요대 장식이 있었고, 금동제 신발의 주변으로 중국제 소형의 청자잔과 토기 뚜껑이 있었다. 이 외에도 유리구슬을 비롯하여 중국제 자기인 흑갈유양이부병과 광구장경호 등이 출토되었고, 관대와 벽면의 사이에 마찬가지 중국제 자기인 계수호나 흑갈유도기 그리고 살포라든가 등자와 재갈 그리고 교구와 기대를 비롯하여 꺾쇠와 관정 등이 있었다.

관옥이 반 조각만 출토되었는데, 나머지 반 조각은 곁에 있는 5호 석실묘에서 발견되어 두 고분의 피장자가 밀접한 관계가 있었음을 알려주기도 한다.

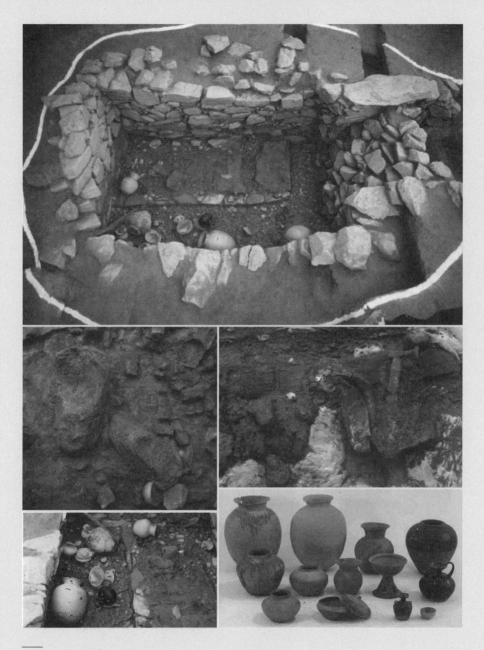

수촌리유적의 석실묘 1 〈2003년 4호분〉

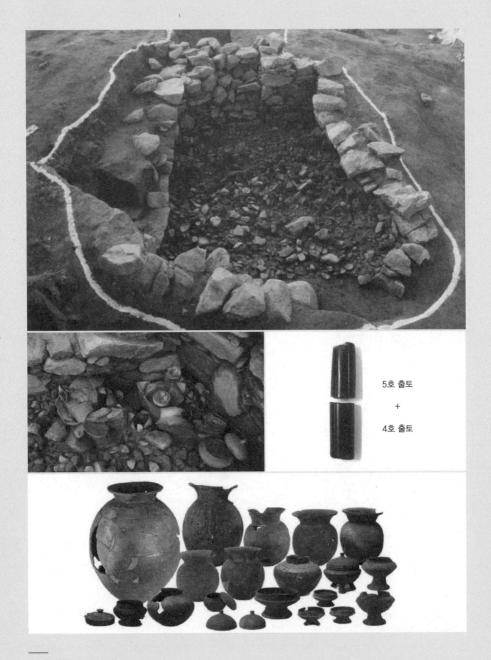

5호 출토

＋

4호 출토

수촌리유적의 석실묘 2 〈2003년 5호분〉

수촌리유적 〈백제 무덤의 배치 양상〉

고분의 배치상태나 제사시설인 적석유구를 통해 특정가계집단의 고분이란 것을 알 수 있다.

수촌리 백제 고분의 배치는 일정한 원칙이 있었던 것으로 여겨진다. 특히 2003년에 발굴된 6기는 중앙에 반경 약 15m의 공터가 있고 남북을 기준으로 경사의 아래쪽에 1호 토광묘, 이에서 약 3m의 거리를 두고 좌우로 5호 석실묘, 2호 토광묘가 있으며, 다시 경사의 위쪽인 공터의 상단에 4호 석실묘와 3호 석곽묘가 간격을 두고 있다. 반면에 6호로 구분된 석곽묘는 이들과는 거리를 두고 있다.

　6기의 고분은 가운데 공터를 두고 그 공터를 감싸듯이 규칙적으로 배치되어 있다. 그러나 고분의 장축이 각각 다른 방향으로 있으면서 간격도 정확하게 일치하는 것은 아니다. 다만 가운데 공터의 성격이 분명하지 않지만 고분들과 관련하여 조성된 것이라면 적어도 6기의 고분은 서로 간에 친연 관계에 있는 자들의 것이 아닌가의 추정도 가능할 것이다.

　수촌리 백제 고분유적에서 주목할 수 있는 또 다른 시설은 적석유구이다. 이는 고분들과 관련한 의례가 실행되었던 시설로 판단되기 때문이다. 적석유구는 2012년도 발굴조사에서 확인되었고, 지름 20m정도 이상의 규모로 돌을 무질서하게 쌓은 형태이다. 그런데 적석유구의 내부에는 적어도 10m 이상의 길이로 계측되는 석축 열이 확인되어 특정한 시설, 혹은 반복하여 축대를 조성한 것이 아닌가 판단할 수 있다. 아울러 내부에서 백제시대의 유물조각이 적지 않게 수습되었는데, 대체로 의례와 관련된 것으로 여겨지는 것들이다.

수촌리유적의 의미

수촌리유적은 백제의 두 번째 도읍지인 웅진의 인근에서 확인된 것으로 백제시대의 유적은 고분이 중심을 이루고 있다. 이들 고분은 백제가 한성에 도읍하던 시기인 4세기말에서 5세기말까지 만든 것으로, 당시 지방사회에서 유행한 관곽 토광묘를 비롯하여 석곽묘가 다수이고 석실묘도 포함되어 있다. 각각의 묘제는 토광묘가 가장 이르고 이어 석곽묘, 그리고 석실묘가 다음으로 등장하는데, 특히 석실묘는 백제 중앙사회에서 사용하는 것이 여기에 수용되어 그 흔적을 남긴 것이기도 하다.

수촌리 고분군은 한성도읍기 지방사회에서 발견된 것 중에 최상 · 최고의 유적이다.

수촌리 백제 고분군을 주목하는 또 다른 이유는 각각의 고분에 남겨진 부장 유물의 내용이 화려하면서도 풍부하다는 사실이다. 잘 알려져 있듯이 부장품은 묻힌자의 생존시 환경을 그대로 보여주는 것이기에, 그 자체가 해당 사회의 성격이나 묻힌자의 위상을 가늠케 한다.

　수촌리유적의 고분중에 2003년에 발굴된 토광묘 2기와 석곽묘 1기, 그리고 석실묘 2기의 부장품, 그리고 2011년도에 발굴된 석곽묘 2기에는 각종 위세품을 포

상단 수촌리유적 〈1호 토광묘 출토 금동관모·금동식리〉
하단 수촌리유적 〈4호 석실묘 출토 금동관모·금동식리〉

함한 다양한 유물이 남겨져 있다. 이들은 유적을 조성한 수촌리 세력집단은 물론
이고 당시 백제 지방사회의 존재양태를 살피는데 상당히 유익한 정보를 제공하는
것들이다. 특히 금동관모를 비롯하여 금동제 신발이나 금동제 귀걸이, 구슬 등의
장식류와 환두대도 등의 무기류, 각종 마구를 포함하여 살포 외에 중국제 자기도
여러 점이 출토된 사실은 매우 주목된다. 이들 유물은 백제의 한성도읍시기 지방
사회에서 발견된 고분 출토품으로는 최상·최고의 것들이 다량으로 매납된 특유의
사례라고 볼 수 있는 것이기 때문이다. 그중에서도 가장 주목되는 것은 아마도 금
동관모일 것이다.

　수촌리 백제 고분은 시기를 달리한 고분, 즉 토광묘와 석실묘에서 각각 금동관
모가 출토되는 특이성이 있다. 1호 토광묘에서 출토된 금동관모는 청동에 금을 도
금을 한 것이다. 관모의 중심인 내관과 전면 그리고 후면의 입식으로 구성되어 있
다. 내관은 반원형 금동판 2장을 맞대어 만든 것인데 외연에 윤곽선이 돌려져 있
고, 후면에 긴 대롱이 부착되어 있다. 또한 테두리의 상단에 수발을 세웠던 흔적
이 남아 있다. 내관에는 용문과 화염문과 운문 그리고 당초문으로 표현된 문양을
투조로 시문하였고, 눌러 만든 타출 점선문 등을 사용하여 세부적 문양을 내었다.
전·후의 입식도 용문과 당초문 등이 투조로 시문되어 내관에 사용한 기법과 동일
하고 영락도 상당정도 남아 있는 상태이다.

　4호 석실묘에서 출토된 금동관모도 1호 토광묘 출토의 금동관모와 크게 다르지
않은 것이다. 상단부가 둥근 고깔모양의 관모를 중심으로 전면과 후면에 입식을
갖추고 있으며, 후면에 수발을 세운 형식이다. 문양도 1호 토광묘 출토 금동관모
와 유사한 것인데, 보다 정교하고 화려한 감이 없지 않다.

　금동관모란 유물의 중요성은 그 소유자의 사회나 정치적 위계를 가늠할 수 있다
는 점에 있고, 따라서 그 역사적 의미도 상당하다. 최근 백제의 고지에서 유적의
발굴조사가 폭발적으로 증가하면서 기왕의 백제사 인식을 뒤바꿀 만큼의 다양한
자료가 산출되어 있다. 그중에서도 주목될 수 있는 것은 금동관모의 출토가 풍부

수촌리유적 출토 〈주요유물〉

하게 이루어진 것인데, 수촌리유적 이외에 나주 신촌리 9호분, 익산 입점리 1호분, 서산 부장리 5호분, 고흥 길두리 안동고분과 더불어 화성의 요리 외에 신라지역인 경상북도 의성 대리리에서 출토되어 그 사례가 적지 않음을 알 수 있다. 물론 유물은 모두 관모인데, 관장식만 출토된 무령왕릉이 6세기대의 유적인데 반해서 금동관모가 출토된 유적은 대체로 5세기 무렵을 벗어나지 않는다는 점도 주목된다.

수촌리 고분군은 누대에 걸쳐 지방세력으로 군림하였던 가계집단의 고분이다.

백제 금동관모는 도읍지인 중앙보다 대부분 지방사회에서 출토된 것이다. 특히 금동관모 출토유적이 백제의 전 지역에 광역으로 분포되어 있는데, 이는 금동관모의 기능이 도읍인 중앙보다는 지방사회의 정치적 환경과 관련 있는 것으로 볼 수 있게 한다.

금동관모가 출토된 고분들이 지방 고유전통을 간직한 토착묘제가 대부분이란 점도 주목할 수 있을 것이다. 이들은 지방사회에서 널리 사용된 토착의 전통묘제로서 지방 고유의 색깔을 갖추고 있는 것이다. 비록 중앙묘제인 석실묘가 사용되었다 할지라도 토착묘제의 전통 속에 새로운 묘제를 모방축조로 수용한 것에 불과하다. 이는 금동관모가 출토된 고분을 토대로 금동관모의 소유자들이 대부분 지방사회에 뿌리한 지방의 토착세력이란 사실을 대변하는 것으로 볼 수 있다.

따라서 수촌리에서 출토된 금동관모의 소유자도 이 지역에 뿌리를 둔 토착집단의 우두머리로 볼 수 있다. 그런데 부장품 수준이 당대 최고급이란 사실은 소유자의 위세가 최고급 즉 최고의 실력자라는 것을 알려주는 것이기도 하다. 특히 수촌리 백제 고분의 금동관모는 대를 이어 소유하였던 것으로 확인되는데, 이는 수촌리 고분군의 조영집단이 그만큼 오랫동안 세력을 키워 유지하였던 집단이란 사실을 알게한다.

수촌리 백제 고분군이 가족묘적 성격을 갖추고 있는 점도 주목된다. 특히 2003년도에 발굴조사된 6기의 고분중에 1, 2호 토광묘와 4, 5호 석실묘는 부부의 고분으로 볼 수 있는데, 유물의 갖춤새에서 남녀의 구분이 분명하게 드러나기 때문이다.

토광묘의 경우 유물은 관내에 장착품이 있고, 관의 바깥 발치 쪽의 목곽 안에 여타의 부장품이 있는데, 2호분보다 1호분의 위세품이 풍부하면서 환두대도 등의 무기와 마구류 등이 존재한다. 반면에, 2호분은 무기나 마구는 없고 장식품인 구슬이 다량으로 남겨져 있다. 따라서 유물에 나타난 이러한 차이, 즉 1호분은 남성의 것이고 2호분의 여성의 것으로 보아 각각의 피장자를 부부관계로 설정하는 것이다.

석실묘도 마찬가지이다. 4호분의 경우 금동관모를 비롯하여 중국제 자기라든가 환두대도 등의 다양한 위세품이 있고 토기도 풍부하게 남아 있다. 반면에 5호분은 대체로 토기가 집중적으로 남아 있을 뿐이다. 물론 토기의 종류가 다양하고 마구도 확인되지만 금동관모 등의 장식품, 그리고 무기류가 없다는 특징이 있다. 그러면서 각각의 석실묘에서는 곡옥 반조각이 남겨져 있었고, 그것이 서로 결합된다는 점에서 밀접한 관계 즉 부부관계로 인정하는 것이다.

더불어 묘제상으로 토광묘→석곽묘→석실묘의 발전 순을 고려하면 가족 간의 관계는 적어도 3대의 가계구성을 복원할 수 있으며, 모두 금동관모와 같은 위세품을 소유하고 있었다는 점에서 누대에 걸쳐 세력을 향유하였던 가계집단이었음을 알 수 있다.

수촌리고분군은 백제가 천도한 직후의 도읍지 웅진에 포함되지 않는 강력한 세력집단의 것이다.

수촌리유적의 입지와 관련하여 우선적으로 주목하여야 할 것은 백제 도읍지였던 웅진과의 관련문제일 것이다. 공주지역의 지리적 특성은 금강이 동에서 서로 중심부를 가로질러 남북으로 나뉘며 전체 지역이 평지보다는 산지가 우세하다는 점을 들 수 있다. 특히 남단부는 계룡산과 그에 연결되어 서쪽으로 전개된 산릉이, 북단은 동에서 차령산맥에 포함되는 높은 산지들이 공주 혹은 웅진의 경계를 이룬다. 금강을 기준으로 북쪽 지역은 북에서 정안천이 좌우의 작은 지류를 포괄하며

웅진지역의 수촌리유적

금강과 합류하는데, 그 주변에 하천분지를 비교적 넓게 형성하고 있다. 수촌리유적은 금강 북쪽 정안천변의 구릉지대에 위치하고 있다.

수촌리유적은 행정구역상, 충남 공주시 의당면 수촌리에 위치하는데, 백제시대의 웅진은 지금의 공주를 포괄하는 것이기에 수촌리도 백제의 웅진지역으로 볼 수 있는 것이기도 하다. 그러나 백제의 웅진천도 직후의 정황과 관련하여 수촌리유적을 볼 경우 그것이 도읍지인 웅진에 직접적으로 포함될 수 있을 것인가는 검토가 필요하다. 공주＝웅진이란 등식 속에서 보면 수촌리는 웅진속의 유적이고, 따라서 백제의 도읍지내 유적으로 인식될 수도 있다. 그런데 이러한 인식은 보다 광의적인 것으로 천도이후 안정을 토대로 도읍의 범위가 확대된 이후의 사실일 것이다. 협의적 즉 백제의 웅진천도 직후의 환경에서 보면 직접적으로 도읍에 포함되었다고 보기는 어렵다는 것이다.

수촌리 고분군은 금강의 북쪽에 자리한다. 금강을 기점으로 보면 정확하게 직선거리로 약 5.5km로 十五里에 가까운 거리이다. 나아가 금강 남쪽에 있는 웅진성 그리고 시가지를 기점으로 할 경우 그 거리는 보다 크겠지만, 보다 중요한 것은 대하천인 금강을 경계로 두면서 다시 일정한 거리를 두고 있다는 점이다. 이는 수촌리유적이 자연 지리적 환경이나 인문환경의 측면에서 백제의 웅진천도 직후에 도읍지에 포함되지 않는 범위로 보아도 문제가 없음을 알게 한다.

따라서 서기 475년 백제가 새로운 도읍지로 선정한 직후의 웅진 범위에 수촌리 유적은 포함되지 않는다. 이는 웅진도읍의 중심권과의 거리 외에 금강이란 대하천을 지리적 장애로 경계할 수 있기 때문이다. 수촌리유적은 대하천인 금강과는 일정한 거리를 두고 있지만 유적의 전면에는 북에서 남으로 정안천이 흐르고, 유적의 남쪽에는 동에서 서로 의당천이 정안천과 합류하고 있는 지역이다. 즉 수촌리유적은 금강 남쪽의 웅진성과는 별개의 독립된 지리환경 속에 있다고 볼 수 있다. 전면에 하천변의 저지대가 많고, 후면, 그리고 남쪽으로 낮은 야산 구릉지대가 비교적 넓게 전개되어 하나의 커다란 권역을 설정할 수 있기에 그러하다. 수촌리유적의 주인공들은 나름의 독립적이고 풍부한 입지환경을 갖춘 지역에 기반하고 있었다고 볼 수 있다.

수촌리유적의 주인공은 웅진천도의 주도세력

공주지역은 백제의 도읍지였던 관계로 관련 유적이 적지 않게 남아 있는데, 대부분이 금강을 경계로 그 남쪽에 잔존되어 있음은 앞서 지적한 바와 같다. 반면에 금강의 북쪽 즉 수촌리유적을 중심으로 수촌리 토성과 오인리 산성 그리고 장원리 유적 등이 서로 가깝게 자리한다. 그리고 기왕에 조사된 단지리 토성이나 고분 그리고 귀산리유적 등은 서쪽 방면으로, 봉안리 토광묘와 평기리 토성 등이 동쪽 방면에 자리하는데 지근거리에 있는 것들이다. 물론 이들 유적은 백제의 웅진천도 이전의 것과 이후의 것이 혼재되지만 유적의 내용으로 미루어 수촌리 고분군이 가장 중심적 위치에 있는 것이고, 나머지는 부수적 위치에 있는 것으로 전체가 커다란 세력집단으로 봄에 문제가 없다.

수촌리 고분군 축조세력은 당시 백제 지방사회에서는 최고의 세력집단이었다.

수촌리 백제 고분출토의 부장품 중에 금동관모나 금동식리 등의 각종 위세품의 존재는 수촌리 고분 주인공의 위상을 대변하는 것이다. 나아가 위세품은 백제의 중앙 즉 백제 왕실로부터 사여받은 것이다. 수촌리 고분의 부장품 중에는 금동관모나 금동제 신발과 같은 금은세공품 외에 중국제 자기도 다량이 포함되어 있는데, 이들로 미루어 위세품은 백제의 중앙인 왕실로부터 사여된 것으로 볼 수 있을 것이다.

예컨대 도자기는 중국에서 이미 후한 무렵에 생산되어 그것이 주변지역에 사여품으로 확산된다. 백제의 경우 지방사회에서 중국 도자기가 많이 발견되는데, 이들 도자기를 지방의 유력자가 직접 중국에서 받았다고 보기는 어려울 것이다. 4세기 무렵의 백제는 중국과 외교교섭을 활발하게 전개하였고, 그 과정에서 청자나 흑유자기가 다량으로 수입된다. 그것이 지방사회의 유력자에게 다시 사여된 것으로 보아야 한다. 이런 연유로 백제의 지방사회에서 출토되는 위세품 즉 권위의 상징물들은 백제의 왕실로부터 사여된 것으로 보는 것이다.

수촌리 고분의 묘제는 토광묘와 석곽묘가 중심을 이룬다. 이들은 당시 백제의 지방사회에서 성행한 토착적 고유의 전통묘제로서 횡혈식 석실묘로 대표되는 백제의 중앙묘제와 차이를 지닌 것이다. 물론 수촌리 고분군의 백제 고분 중에 2기의 석실묘가 있지만 이들은 중앙묘제를 모방 축조한 것, 즉 지방사회에서 중앙묘제를 수용한 결과 남겨진 것에 불과하다. 전통적으로 토광묘나 석곽묘를 사용하던 수촌리 집단들이 중앙에서 성행하던 횡혈식 석실묘를 모방하여 축조한 것이다. 이를 통해 수촌리 지역의 집단이 중앙과 긴밀한 교류가 있었음을 알 수 있기도 하다.

오히려 수촌리유적의 백제 고분은 백제의 한성시대 고분, 특히 동시기의 지방사회의 것으로 인정할 수 있는 고분으로는 가장 고품격인 것으로 볼 수 있다. 지금까지 발견된 백제 고분 중에서 가장 높은 품격의 유물이 다량으로 출토되었기 때문이다. 또한 수촌리 고분군은 하나의 가계집단이 적어도 3대에 걸쳐 조성한 고분군임이 분명하다. 그럼에도 중앙에서 사여된 위세품이 대부분의 고분에 남겨져 있어 반복하여 위세품이 사여된 것도 알 수 있다.

이처럼 위세품이 반복하여 사여된 사례는 수촌리유적 이외에는 아직 발견되지 않는다. 따라서 수촌리 고분군의 축조세력은 당시 백제 지방사회에서 최고의 세력집단으로 봄에 문제가 없을 듯하다. 즉 수촌리 고분군의 주인공들은 4세기말부터 5세기 무렵까지 백제 지방사회에서 가장 강력한 세력으로 봄에 문제가 없다는 것이다.

금동관모 소유자들은 고유의 독자성을 유지하면서 중앙과 정치적 상호관계를 유지하였다.

4세기 말에서 5세기 후반 무렵, 즉 백제의 한성도읍 후반의 지방사회 정황을 구체적으로 살필 수 있는 자료는 많지 않다. 때문에 중앙에서 지방을 어떻게 편제하고 통제하였는가의 지방통제 방식에 대해서는 다양한 의견이 제기되어 있다. 그런데 당시의 지방사회 존재양상은 고고학적 측면에서 나름의 이해가 추구될 수 있기도 하다. 그것은 앞서 수촌리 백제 고분 출토품에서 볼 수 있는 금동관모의 존재나 금동관모 출토유적의 성격을 통해 중앙과 지방과의 관계, 혹은 지방사회 자체의 정황을 이해할 수 있기 때문이다.

금동관모는 중앙이 아닌 지방사회에 위세품으로 존재하고, 출토유적도 각각 지방의 고유한 전통에 입각한 환경을 그대로 유지하고 있음을 보았다. 금동관모는 백제의 지방사회 거의 전역에 망라된 형태로 출토되고, 나아가 나름의 형태와 성격에 공통성을 갖추고 있다. 여기에 환두대도라든가 금동제 신발 같은 또 다른 위세품이 동반 출토된다. 그러나 이러한 동질성이나 공통성은 위세품적 성격의 유물에 국한될 뿐이다. 유적인 고분이나 여타의 유물은 각 유적이 자리한 지역의 고유 전통의 것이라는 사실은 수촌리 백제 고분뿐만 아니라 금동관모 등의 위세품

출토유적에서 공통적으로 확인된다.

결국 이러한 환경은 금동관모를 비롯한 위세품을 주는 자가 백제의 중앙정부이고, 받는 자가 지방사회의 우두머리들이라면, 적어도 지방사회의 우두머리들이 그들의 고유한 전통을 유지할 수 있는 정도의 독자성이 담보된 환경에서 상호간의 관계가 유지되었음을 보여주는 것이다.

의관제 이전의 지방통제 방식은 담로체제로 금동관모와 같은 위세품의 사여를 통해 이루어졌다.

위세품의 등장과 소멸시기가 특정 시기, 즉 백제가 한성에 도읍하던 시기의 후반 무렵, 빨라야 4세기 후반을 시작으로 5세기까지의 어간에 국한된다는 특징도 있다. 특히 6세기 무렵에 이르면 지방사회 고유문화의 소멸과 더불어 금동관모는 사라지고 새로운 은제관식이 통용된다. 즉 금동관모는 시기적으로 한성도읍기 후반 무렵에만 널리 유포되었을 뿐이다. 그럼에도 금동관모와 같은 위세품이 동시다발적으로 많은 사례가 존재한다면, 이를 매개로 이루어지는 행위는 단순한 의례적 차원의 것으로 보기는 어려울 것이다. 중앙과 지방의 상관관계 속에서 위세품을 주고받는 관계가 이루어졌기에, 그러한 행위 이면에는 일정한 정치적 상관관계가 매개되어 있다고 보아야 한다. 즉 금동관모의 수수관계는 항상적이고 규범적인 틀 속에서 이루어진 정치 행위로 보아야 한다는 것이다.

금동관모가 중앙에서 제작하여 지방에 사여된 것이며, 위세품으로 중앙과 지방 혹은 지방간의 위계를 상징한 것이라면, 고대국가 백제의 통치 질서체제를 확립하는 도구로 사용되었다고 봄에 문제가 없다. 다만 백제의 경우 관료제의 범주에서 의관제가 3세기말인 고이왕 무렵에 제정되었다는 기록이 있다. 특히 관모에 대한 규정도 있는데 왕은 오라관에 금제 관식을 착용하고 이외의 귀족관료는 은제관식을 착용한다는 규정이 그것이다. 이러한 기록을 신빙할 경우 금동관모는 제도로 시행된 의관제와 어떤 관련이 있는가의 문제가 제기될 수 있다.

그러나 금동관모는 출토위치나 유적내용, 그리고 형상이나 성격으로 미루어 제도로서 전하는 백제의 의관제 규정에는 전혀 부합되지 않는다. 반면에 앞서 잠시 언급된 6세기 이후에 출현하는 은제관식은 출토정황이나 유물의 속성상 의관제 기록과 완전 일치한다. 따라서 기록의 의관제 규정은 금동관모가 사라진 이후에 제정되거나 혹은 실행된 것으로 보아야 할 것이다.

금동관모가 백제의 중앙에서 지방에 하사된 것이 분명하기에, 그 정치적 의미는 중앙과 지방의 관련 속에서 추구될 수 있을 것이다. 실체는 백제 중앙의 지방 지배 형태로 이루어진 것으로 봄에 문제가 없을 것이나 구체적 모습은 의문으로 남는다. 그런데 동시기의 백제의 중앙과 지방의 관계 즉 지방지배 방식에 대해서 담로제 혹은 왕후제가 논급된다. 다만 왕·후는 관작적 의미로 담로란 의미에 용해시킬 수 있기에 일단 금동관모는 담로와 관련된 물질자료로 봄에 문제가 없을 것이다.

백제의 지방통제 방식으로 담로를 인정하고 금동관모의 수수관계를 통하여 이해를 진전 시킬 수 있다. 그런데 이 경우 담로제의 실시 시기에 대한 이견이 많다는 점은 문제로 남는다. 다만 다양한 이견은 사료의 해석방식이나 백제사 인식의 차이에서 비롯된 것임을 유념하면서, 금동관모의 존재로 미루어 볼 때 지방지배 방식으로 담로체제는 적어도 530년대 이전까지만 존재하였다고 볼 수 있다. 이후는 금동관모가 사라지고 은제관식이 출현하기에 새로운 지배체제가 구축되었다고 볼 수 있기 때문이다. 즉 금동관모의 존재현황으로 미루어 담로제는 4세기 후반 무렵에서 5세기까지의 백제의 지방 편제 및 통제방식이었고, 담로의 우두머리들은 중앙에서 금동관모 등의 위세품을 사여받아 위세를 떨치지만 여전히 고유전통에 입각한 환경에 머물면서 강인한 독자성을 유지하였다는 결론이 가능할 것이다.

수촌리 고분군의 주인공은 담로의 우두머리로, 구원군으로 한성전쟁에 참여한 후에 웅진천도를 주도하였다.

수촌리 고분군의 주인공을 이들 담로의 우두머리로 봄에 문제가 없다. 뿐만 아니라 백제의 지방사회에 군림하는 담로들 중에서 수촌리 고분군의 주인공들이 가장 강력한 세력으로 봄에도 문제가 없을 것이다. 세대를 거듭하여 가장 화려하고 풍부한 위세품을 사여받고 있기 때문이다. 이들은 위세품을 매개로 백제 중앙과 일정한 관계를 유지하였을 것이다. 다만 구체적 실상을 알기는 어렵다. 그러나 고분의 잔존 환경에서 알 수 있듯이 문화의 전통성을 유지하는 정도에서 나름의 독자성도 가졌을 것으로 보인다. 그러한 관계는 중앙과 지방의 상생적 상호관계 속에 머물렀을 것이란 추정도 가능할 것이다.

웅진천도 직전인 서기 475년 9월, 고구려 장수왕이 이끈 3만 기병의 기습공격을 받은 백제의 중앙정부는 일단 성문을 걸어 잠가 고구려의 예봉을 피하기 위한 방어 전략을 구사하면서, 다른 한편으로 문주 등을 파견하여 구원군을 모집하였던 것은 이미 주지된 사실이다. 기록에는 신라 구원군 1만명만 알려져 있지만 국가적 위급상황에 백제의 지방사회에서 군대 동원은 필연적이었을 것이다. 또한 동원된 군대의 규모도 지방세력의 우열에 따라 차이가 있었을 것인데, 당시 백제의 지방세력으로 가장 강력한 존재였던 수촌리 세력이 동원한 구원군의 규모가 가장 컸을 것으로 봄에 문제가 없을 것이다.

그러나 구원군으로 한성에 당도하였을 때에는 이미 한성의 함락, 개로왕의 패사와 함께 고구려군은 돌아간 후였다. 이에 구원군들은 폐허로 변한 한성에서 백제의 후일을 도모하기 위하여 문주의 왕위 등극과 웅진천도를 계획하였을 것인데 그중심에 가장 강력한 집단이었던 수촌리 세력이 있었을 것이다. 따라서 천도의 후보지도 그들의 영향 하에 둘 수 있는 웅진이 선택된 것으로 볼 수 있다.

두 번째 도읍지 웅진은 수촌리 고분군의 주인공들의 기반지역과 일정한 거리를 두고 있을 뿐만 아니라 금강이란 대하천이 커다란 경계를 이루고 있다. 더불어 웅진은 중심권에 공산이란 천혜의 요충지가 있어 일단 비상 도읍으로 최적의 환경을 갖추고 있음에도 금강으로 말미암아 수촌리 세력권을 침해하지 않는다. 때문에 그들은 웅진을 도읍으로 선정한 것이 아닌가 추정하는 것이다.

Part **III**

백제,
웅진에서 새로운 도약을
준비하다

천도후 정치적 혼란의 현장 웅진

　　도읍으로서 면모를 갖추면서 정치적 안정을 도모하고

　　　　갱위강국으로 우뚝 선 새로운 도약을 이룩하다.

- 웅진초기 정치세력들

- 신흥세력과 새로운 백제

- 백제 웅진 정도와 공산성

웅진초기 정치세력들

횡혈식 석실묘는 4세기 중후반 무렵 백제의 한성지역에 등장하여 지배세력의 묘제로 사용된 고분 유형이다. 지방사회의 모방축조로 간헐적 확산을 거치지만 사용주체나 지역적 성격이 분명한 묘제였다. 본래 백제 횡혈식 석실묘는 서북한지역에 연원을 둔 것으로 4세기 중후반 무렵에 백제의 한성 지배세력들이 채용한 묘제이다. 따라서 이 묘제의 확산이나 변천은 한성기 백제 지배세력의 동향과 연계하여 이해될 수 있다.

고대국가의 사회체제가 어떤지를 구체화할 수 없지만 왕실을 중심한 지배세력의 존재는 추정할 수 있다. 나아가 왕실과 더불어 국가운영을 주도하는 또 다른 지배세력도 추정할 수 있다. 백제의 경우 전통적 왕실세력인 부여씨 외에 해씨나 진씨 등의 이성 지배세력이 그것일진데, 실상에 대한 이견이 없지 않다. 특히 백제의 웅진천도 후 다양한 세력집단이 등장하면서 그 실상에 대한 이해는 미흡한 점이 많다.

475년의 백제 웅진천도를 기점으로 한성지역에서 사용되던 횡혈식 석실묘제가 금강유역에 다양하게 등장하는 특징을 보인다. 새로운 묘제가 갑자기 등장한 것은 그것을 사용하는 새로운 집단의 등장을 의미한다. 물론 그 배경은 웅진천도란 사건을 기회로 한성에 있었던 세력이 웅진으로 이주한 사실에서 찾을 수 있다. 즉 횡혈식 석실묘의 존재양상을 통해 한성에 기반을 두었던 기왕의 세력이 웅진천도와 더불어 이 지역에 정착하였음을 살필 수 있을 것이다.

금강유역 횡혈식 석실묘의 존재양상

불모지 웅진의 도읍지 전환에 대한 정황을 가장 적나라하게 반영하는 것이 횡혈식 석실묘이다.

고분과 같은 고고학 자료는 전통성이 강하기 때문에 사회·문화적 환경의 차이에 따라 서로 내용을 달리함이 보통이다. 동일한 사회·문화의 환경에서는 같은 묘제가 사용되는데, 그렇지 않을 경우 묘제와 같은 전통성이 강한 자료는 대체로 차이를 드러낸다.

웅진은 서기 475년 백제의 도읍지로 선정된다. 불모지에 가깝던 웅진이 도읍으로 전환되는 사건은 고고학적 환경에서도 그대로 드러난다. 바로 웅진천도를 기점으로 도읍지역 웅진에 새로운 문화양상이 폭넓게 나타나는 것이 그것이다. 웅진지역의 고고학 자료가 대체로 5세기 후반, 즉 천도 이후에 조성된 것이 대부분이란 점에서 변화의 단초가 마련되었다는 것을 알 수 있다. 이러한 정황을 가장 극명하게 보여주는 것이 고분자료이다.

웅진지역의 백제 고분자료는 우선 분포양상에 있어 지역 간 차이가 있음을 앞서 언급하였다. 웅진은 금강을 경계로 남과 북으로 구분되는데, 남천 후 백제 도읍의 중심권은 남쪽 지역으로 볼 수 있다. 여기에는 서기 475년 즉 한성에서 이곳으로 천도한 이후의 유적이 주로 남아 있다. 반면에 금강의 북쪽에는 천도 이전의 유적이 남아 있어 분포의 차이를 보인다.

보령 명천동 / 청원 갈산리

청원 주성리

공주 분강 · 저석리

상단 금강유역의 횡혈식 석실묘
하단 웅진천도 이전 웅진지역의 횡혈식 석실묘

각 지역에 남겨진 고분유적은 나름의 묘제적 특성도 갖추고 있다. 남쪽은 중앙
묘제로 분류할 수 있는 횡혈식 석실묘가 분포하며, 북쪽에는 그와 더불어 이전에
사용되던 전통묘제가 중심을 이루고 있음이 그것이다. 특히 북쪽은 토착적 전통
의 고유 묘제인 토광묘나 석곽묘가 집중적으로 남아 있으면서, 한성도읍시기에 지
방사회에서 중앙묘제로 사용되던 석실묘를 모방 축조한 아류형의 석실묘가 부분

적으로 남아 있다. 반면에 남쪽은 횡혈식 석실묘의 경우 아류형이 아닌 정형화된 구조형식의 석실묘가 폭넓게 자리하고 있다.

천도와 더불어 웅진지역에 등장한 횡혈식 석실묘는 한성지역에서 충분히 발전된 것들이다.

5세기 중후반 무렵으로 편년되는 횡혈식 석실묘 유적은 웅진만이 아니라, 금강유역에서 넓게 발견되고 있다. 금강유역권의 횡혈식 석실묘 유적으로는 익산 입점리유적과 서천의 장선리유적, 보령의 명천동유적을 비롯한 청주의 신봉동유적, 청원의 부강리와 갈산리유적, 천안의 용원리유적 등을 사례로 꼽을 수 있다. 그런데 금강유역권에 넓게 산포된 이들 석실묘는 지방사회가 중앙묘제인 석실묘를 모방·축조한 것으로 아류형의 묘제적 특징을 지니고 있다. 이러한 아류형의 횡혈식 석실묘는 공주의 수촌리유적이나 분강·저석리유적에서 확인되는 것이기도 하다.

반면에 도읍지 웅진지역에는 5세기 후반 무렵에 아류형이 아닌 구조형식상 정형화된 횡혈식 석실묘가 갑자기 등장한다. 공주의 송산리 고분군을 비롯하여 웅진동과 금학동 그리고 보통골, 신기동 등의 고분군에 잔존된 횡혈식 석실묘가 그사례이다. 여기에 거리를 두고 있긴 하지만 세종시의 송원리유적도 이 범주에 속하는 것이다. 따라서 도읍지 웅진지역에는 중심권에서 비교적 가까운 지역에 아류형으로 수촌리유적의 횡혈식 석실묘가 잔존하는가 하면, 중심권에는 정형화된 횡혈식 석실묘가 존재하는 것을 알 수 있다.

웅진천도와 더불어 도읍지역에 나타난 석실묘는 나름의 묘제 구분이 이루어진다. 송산리와 웅진동 그리고 보통골유적에서 산견되는 궁륭식 유형의 것, 그리고 금학동 등지에서 산견되는 아치형의 것, 송원리유적에서 확인된 중앙 연도의 정형화된 석실묘 등이 그것이다. 여기에 웅진천도 이전에 지방사회에서 모방 축조된 아류형으로는 수촌리유적의 석실묘를 대표 사례로 들 수 있는데 이를 종합하여 5세기 후반 무렵의 금강유역 횡혈식 석실묘는 편의상 웅진동 유형, 금학동 유형, 송원리 유형, 그리고 수촌리 유형으로 구분할 수 있다.

서울 가락동 고분군이나 창곡동 고분군과 동일한 석실묘가 공주 웅진동의 고분군과 송산리 고분군에 있다.

웅진동 유형의 석실묘는 횡혈식 석실묘의 형식 중에서 궁륭식으로 볼 수 있을 것이다. 반지하식으로 묘광을 파고, 그 안에 석축으로 묘실을 갖추며 입구는 경사의 아래쪽으로 긴 연도를 한쪽으로 치우쳐 시설한다. 대체로 벽돌 형태의 할석을 사용하는데 묘실은 비교적 규모가 있으면서 거의 방형에 가깝다. 바닥에는 배수시설을 갖추거나 대체로 강자갈을 깐다는 특징을 보인다. 이 형식의 대표유적은 송산리 고분군의 1-5호분으로 구분된 것들이다.

주지되듯이 송산리 고분군은 백제 왕릉군으로 유명한 유적이다. 무령왕릉과 6

성남 창곡동   서울 우면동

횡혈식 석실묘: 궁륭식 (좌), (우)〉

웅진동 1호   송산리 5호분

횡혈식 석실묘: 궁륭식

호분이 벽돌로 조성한 것이긴 하나, 이외에는 횡혈식 석실묘로 모두 궁륭식이란 통일된 형식을 갖추고 있다. 동형의 고분은 도읍지내에 넓게 산포하고 있는데, 동쪽의 보통골 고분군을 비롯하여 서쪽의 웅진동 고분군까지 주로 웅진도읍지역 내에 위치하고 있다. 이 형식의 석실묘는 백제 한성도읍기의 도읍지역에서 확인된 가락동 3호 석실묘와 창곡동유적의 석실묘를 사례로 꼽을 수 있다.

서울의 판교와 광암동 고분군과 동일한 석실묘들이 공주 금학동이나 신기동 고분군에 있다.

금학동 유형으로 구분한 것은 앞의 웅진동 유형과는 달리 고분의 천장 구성이 궁

금학동6호분   신가동1호분

상단 횡혈식 석실묘 〈성남 판교동유적 7호분〉
하단 횡혈식 석실묘: 아치형

룡식이 아닌 아치식의 구조를 갖추고 있는 것이다. 웅진지역에서는 남쪽인 현재
공주 금학동·신기동 일원의 한정된 범위에서 발견된다. 반지하식으로 묘광을 파
고 그 안에 석축으로 묘실을 조성하며, 묘실의 전면에는 비교적 긴 연도를 한쪽으
로 치우쳐 시설하여 입구로 사용한다.

횡혈식 석실묘 〈하남 광암동유적 1·2호분〉

　　이 유형의 고분은 할석을 재료로 사용하는 점, 배수로를 갖추는 등의 일정한 형
식적 통일성을 보인다. 특히 묘실의 평면이 궁륭식보다 장방형의 모습을 갖추고
있으며, 좌·우 벽체는 수직으로, 그리고 전·후의 벽체를 안으로 좁혀 아치형 구
조의 천정을 갖추고 있음이 가장 큰 특징이다. 나아가 이 고분은 궁륭식 석실묘와
섞이지 않는 분포특성도 있는데, 특정지역, 특정시기에만 사용되는 모습도 확인
된다.

　　이 형식과 같은 유형의 석실묘는 백제가 한성에 머물던 5세기 전·중반 무렵에
널리 사용되었던 서울의 판교·광암동유적을 사례로 들 수 있다.

**송원리 석실묘의 구조형식적 통일성에서 금강유역에 사용주체의 갑작스런 등장을
알 수 있다.**

송원리 유형으로 구분한 것은 횡혈식 구조를 갖춘 석실묘로 세종시 송원리유적에

세종 송원리유적 횡혈식 석실묘

서 확인된 것이다. 유적 내 다수의 석실묘가 형식적 통일성을 갖추고 있어, 정형화된 석실묘의 형식으로 볼 수 있다.

송원리유적에서 발견된 석실묘는 약 20여기에 이르는데 모두가 형식적 통일성을 갖추고 있다. 즉 지하로 묘광을 조성한다거나 묘광 내에 입구를 갖춘 묘실을 조성하는데, 모두 벽돌 형태의 할석을 사용하였다는 점, 그리고 묘실의 한쪽에 입구로서 긴 연도를 시설하는데 그것이 모두 중앙식이라는 사실, 입구 시설로 문틀 형태의 문주석을 세웠다는 점 등이 그것이다. 물론 규모의 차이라던가 벽체의 축조에서 고분 간의 차이가 있기도 하다. 또한 천정의 형태를 구체적으로 확인할 수 있는 자료도 거의 없다.

송원리유적의 석실묘는 유적 내 확인된 석실묘의 전체가 형식적 통일성을 갖추고 있다는 점에서 동형의 석실묘를 사용하던 집단의 존재를 추정함에 문제가 없을 것이다.

수촌리 석실묘와 같은 아류형은 지방사회가 중앙과의 교류과정에 모방 축조한 것들이다.

금강유역에 산견되는 횡혈식 석실묘 중, 형식적 통일성을 갖춘 유형 외에도 아류형으로 볼 수 있는 것들도 많음을 살펴보았다. 이들은 수촌리 유형으로 구분할 수 있는 것으로, 고유의 토착적 묘제 속에서 석실묘가 간헐적으로 포함된 것인데 구조형식에서 통일성은 확인되지 않는다. 예로 수촌리유적의 4·5호 석실묘의 경우, 고분의 장축을 모두 등고선 방향으로 두면서 입구를 형식적으로 개설하고 있는데, 이는 앞의 전형적 석실묘와 차이가 있는 것이다. 뿐만 아니라 4호와 5호의 평면이나 축조 방식에 있어서도 서로 차이가 있다.

더불어 횡혈식 석실묘는 부부를 합장하거나 가족 여럿이 함께 하는 다장이 기본임에도 4호 석실묘의 경우 1개의 관대만 마련하여 한사람만 매장한 단장으로 사용되었으며, 또 다른 5호분을 만들어 합장이 아닌 부부가 서로 다른 고분을 사용하고 있어 횡혈식 석실묘의 본래적 환경과는 차이를 드러낸다. 이러한 정황은 모방 축조로 지방사회에 유입된 석실묘에서 공통적으로 발견되는 특징이다.

4-5세기 묘제환경은 지방 고유의 묘제가 독자성을 유지한 채 고총고분 등으로 발전을 거듭한다.

4세기대 후반부터 5세기 후반 무렵까지의 백제사회 토착 묘제는 토광묘제인 주구토광묘와 분구토광묘 그리고 관곽토광묘, 다양한 옹관묘제를 비롯한 석축묘제 등이 지역 간 차별적으로 존재한다. 이는 서로 다른 사회 환경으로 말미암아 각각 다른 묘제를 사용하고 있음에서 비롯되는 것이다.

그러한 와중에 서북한지역에서 유입된 횡혈식 석실묘제가 도읍지에 유입되고, 이후 점진적으로 지방에 확산되었다. 물론 도읍지인 한성의 지배층 묘제로 기단식 적석총이 상정되기도 하나, 이 묘제는 검토가 필요하기에 논외로 한다. 따라서 백제의 한성도읍기 후반 무렵의 묘제환경은 횡혈식 석실묘가 유입되어 중앙묘제로 정착되고, 각각의 지방사회는 그들의 고유 토착묘제를 사용한다는 환경설정이 가능하다.

당시 지방사회의 묘제환경은 그들의 고유한 문화전통을 유지하면서 나름의 독자적 묘제를 사용하였으나, 중앙과 교류하는 과정에서 중앙에 유입되어 있는 신식 묘제인 횡혈식 석실묘를 모방하여 축조하기도 한다. 이로써 횡혈식 석실묘가 지방사회로 점진적이면서 간헐적으로 확산되는 정황을 유추할 수 있으며, 이러한 묘제환경이 당시의 정치·사회 환경에 갈음되는 것임을 알 수 있다.

웅진천도와 함께 석실묘의 등장은 사용주체의 갑작스런 등장과 정착을 의미한다.

백제묘제로서 횡혈식 석실묘는 4세기 중후반 무렵 서북한지역에서 한성지역으로 유입된 신식의 묘제이다. 종전에는 단장에 직접장이 전제된 묘제였다면 횡혈식 석실묘는 출입을 위한 입구를 갖춘 것으로 다장에 추가장이 전제된 묘제이다. 특히 이 묘제는 고분을 미리 만드는 수릉으로 조성되는 것이기에 수용배경에는 상장의례의 상당한 변화가 수반되며, 그에 따른 정치와 사회 환경의 변화도 추론할 수 있는 것이다.

본래 백제 고분은 시·공간적 분포와 존재의 특성을 적나라하게 드러낸다. 백제의 지방사회는 토광묘와 석곽묘, 옹관묘 등의 다양한 고유묘제가 유지되다가 새롭게 횡혈식 석실묘가 유입된다. 그것이 6세기 전반 무렵에 이르면 백제 유일 묘제로 자리매김 되는데, 이러한 양상은 백제묘제의 변화·변천상에서 커다란 특징으로 볼 수 있다. 특히 묘제의 변화는 사회변화가 전제된 것이기에, 당시의 정치적 의미도 크게 부각될 수 있다. 그 중에서도 횡혈식 석실묘의 등장과 전개과정이 더욱 그러하다. 이로 보면 백제 웅진천도와 더불어 정형화되고 발전된 형식의 횡혈식 석실묘가 갑자기 등장하는 것은 묘제 사용주체의 갑작스런 등장과 정착을 보여주는 것에 다름 아닐 것이다.

한성도읍기 백제 지배세력의 동향

웅진지역에 새롭게 등장한 횡혈식 석실묘는 한성도읍기에 이 묘제를 사용하던 세력집단이 이주하였음을 보여주는 것이다. 고구려의 갑작스런 공격으로 왕의 패사와 한성이 함락되었다는 사실에서 알 수 있듯이, 한성도읍기의 중심 지배세력이었던 중앙세력은 거의 괴멸에 가깝게 붕괴되었다고 볼 수 있다. 이를 통해 웅진으로의 천도가 기왕에 중앙세력으로 군림하던 특정집단이 아닌 구원군의 주도로 이루어질 수밖에 없었음을 알 수 있다.

천도 이후 웅진지역에 한성도읍시기의 도읍지역에 성행하였던 횡혈식 석실묘가 새롭게 등장한다. 더불어 기록상에서 웅진천도 후 초반 무렵까지는 한성도읍기의 지배세력이었다고 볼 수 있는 집단들이 여전히 정쟁의 중심에서 활동하는 내용이 남아있어, 이들 자료를 토대로 석실묘를 사용하는 집단의 남하를 추정할 수 있을 것이다.

한성도읍기의 백제사회는 도읍과 지방에 나름의 세력집단이 존재한다.

한성도읍기 백제의 사회구성은 고대국가에 합당한 모습을 갖추었을 것으로 생각되나 그 실상은 명쾌하지가 않다. 다만 관련기록과 고고학적 자료에서 백제사회의 구성원 간 다양한 위계차가 있었을 것이란 추정은 가능하다. 지역적으로는 중앙인 한성은 물론이고 지방사회까지 나름의 세력집단이 존재할 것이란 추정도 가능할 것이다.

백제의 고대국가 정립은 북에서 남하한 지배집단이 한강유역에 정착하여 토착 선주민을 아우르면서 이루어진 것으로 봄이 일반적이다. 고대국가 백제를 건국이라는 관점에서 바라볼 경우, 백제라는 정치체가 한강유역에 갑자기 등장하였기에 그 사회구성도 북에서 남하한 지배 집단과 한강유역의 선주민인 피지배 집단으로 선명하게 구분될 수 있을 것이다.

그러나 고대국가의 정립이 그처럼 드라마틱하게 연출될 수 있을까하는 의문이 든다. 백제는 갑자기 건국된 것이 아니라 삼한사회의 마한 소국에서 출발하여 점진적 성장을 거쳐 그 결과 고대국가로 발전하였다고 보는 것이 타당하기 때문이다. 이에 따라 백제사회의 구성도 소국에서 고대국가로 발전하는 과정에 대응되면서 나름의 특징적 면모를 갖추었다고 보아야 할 것이다.

한성도읍기의 고대국가 백제의 체제가 어떠한가에 따라 사회구성도 특성이 있겠지만 그 실상을 구체적으로 설명하기는 어렵다. 물론 백제의 사회상 모두를 고대국가라는 포괄적 개념으로 설명할 수는 있겠으나, 실상 고대국가란 개념은 물론이고 그에 따른 통치체제나 운용원리마저 아직은 분명하지 않다. 다만 중앙과 지방의 관계라든가 사회실상에 대한 간헐적 언급을 통해 백제가 4세기 즈음에 왕조국가로서 위치를 확립하고, 나름의 체제를 갖추어 지방사회를 통제한다는 정도의 인식은 이루어져 있다.

백제는 소국시절의 부체제에서 한성도읍기의 담로체제 그리고 웅진천도 이후의 방군성체제로 국가체제가 변천된다.

백제가 4세기 중후반인 근초고왕 무렵에 고대국가로 정립되었다는 결론에 이견은 없다. 다만 어떻게 고대국가로 정립이 이루어졌는가의 배경 검토는 필요할 것이다. 이에 대해서는 백제가 대중국 교류 독점권을 바탕으로 마한 전역의 군소세력은 물론, 멀리 가야나 왜까지 영향 하에 둘 수 있게 되었고, 이를 기회로 정치적 통제를 실시함으로써 고대국가 체제가 정립된 것이 아닌가 여겨진다.

백제가 고대국가로 정립되기 이전의 시기는 마한의 소국으로 오랫동안 머물렀다고 볼 수밖에 없다. 소국 단계의 백제는 그 사회체제가 삼한 소국에 걸맞은 형태였을 것이다. 그러다가 4세기대 무렵인 근초고왕대에 명실상부한 고대국가 체제가 갖추어졌는데, 당시의 사회체제는 고대국가에 상응된 보다 발전된 체제였을 것임은 물론이다. 특히 고대국가로의 성장은 삼한 소국시절의 범위를 넘어 광범하게 확보된 지방사회를 통제할 체제가 마련되었을 것이고, 그 주축은 아무래도 이전의 소국 구성원이 중심이 되어 지방사회를 통제하였을 것이다.

『삼국사기』 등의 기록에는 백제의 초기환경, 즉 소국시절의 국가 운영 시스템으로 볼 수 있는 동·서·남·북부의 명칭이 남아 있다. 따라서 소국단계의 백제는 그 자체를 부체제로 운영하였음도 알 수 있다. 이후 4세기 무렵에 이르러 고대국가로의 정립이 이루어진 다음의 국가체제는 이전의 부체제를 넘어 새롭게 확보된 지방사회를 통제할 새로운 체제를 갖추게 된다.

부체제 시기는 백제가 아직은 삼한의 소국체제에 머물던 시기였다. 부체제는 소국인 백제를 동·서·남·북·중의 5부로 구분하여 통치하는 방식이다. 이 방식은 소국의 범위 안에서 이루어진 것으로 그 내부를 사방으로 분할하여 다스렸던 것이다. 반면에 고대국가 백제의 통치 방식은 마한이나 가야, 왜지역까지 새로이 장악한 범위의 통치를 위하여 새로운 통제방식이 필요하였을 것인데, 그것이 바로 담로체제이다.

담로체제는 소국시절의 부체제 구성원이 중앙세력이 되고, 새롭게 확보된 다른 소국을 지방세력인 담로로 편제하여 통제하는 방식이다. 앞서 언급된 것처럼 지방사회의 유력자를 통한 간접지배 방식으로 위세품을 매개로 한다. 이러한 통치체제는 웅진천도 즈음까지 유지된 것으로 보는데, 웅진천도를 기회로 국가체제의 완전한 변화 속에서 한층 강화된 방군성제라는 통제책이 마련된다. 이로써 백제의 통치체제를 부체제→담로체제→방군성체제로 단계화할 수 있기도 하다.

담로체제 시기의 백제는 중앙에 왕족인 부여씨와 함께 해씨와 진씨 등의 세력집단이 있다.

부체제이든 방군성 체제이든 백제사회의 최정상에 있는 지배세력은 왕족인 부여씨라는 것에 의문을 둘 필요는 없다. 물론 이들도 왕과의 원근에 따라 어느 정도 위계 차이가 있었을 것이다. 나아가 오랜 역사를 거치면서 그들 자체에서도 혈연 분기를 통해 위계상의 차별이 심하게 이루어졌을 것이다. 여기에 권력 응집의 수단으로 성씨의 사여도 이루어졌을 것으로 여겨지는데, 그에 따른 부여 씨족단의 확대와 함께 차별화도 예상된다. 그러나 백제사회의 핵심 주체세력으로 부여씨가 권력의 정점에 있었다고 봄에 문제가 없을 것이다.

백제의 지배세력은 부여씨와의 이해관계에 따라, 또는 국가체제의 변화에 상응하여 나름의 부침이 있었을 것인데, 그중에서 주목되는 것은 아마도 해씨와 진씨일 것이다. 이들은 소국시절인 부체제기부터 담로체제기까지 오랫동안 백제의 지배세력으로 자리매김하였다. 여기에 해씨나 진씨처럼 성씨가 분명하게 전하지 않는 세력의 존재도 전혀 부정하기는 어렵다. 또한 백제의 또 다른 지배세력으로 담로체제기에 이르러 새롭게 등장한 지방세력 즉 담로인 지방의 수장층도 꼽아야 할 것이다.

우선 주목될 것은 해씨와 진씨 집단이다. 해씨는 『삼국사기』의 기록에서 이미 온조왕대에 그 존재를 드러낸다. 온조왕 41년 해수가 우보라는 중요 직책에 임명되어 국가 중대사를 담당하였음을 알려주는데, 이후 비류왕 9년에는 해구가 병관좌평에 임명되기도 한다. 그리고 진씨도 일찍부터 중요 관등에 임명되어 백제의 지배층으로 군림하였던 것을 알 수 있다. 특히 고이왕 무렵에 두각을 나타내는데, 근초고왕 무렵에는 왕비족으로써 그 위치를 강화하기도 한다. 진씨와 해씨는 한성도읍기에 부여씨의 동반세력으로 등장한다. 이들은 교대로 왕비를 배출하며 왕비족의 지위까지 갖추어 명실상부한 백제 중앙 지배세력으로 자리한다.

앞서 한성도읍기 고대국가 백제의 국가체제는 이전의 부체제와는 달리 확대된 영역을 통제하기 위하여 담로체제를 갖추었고, 그 즈음에 왕족인 부여씨와 함께 해씨와 진씨가 핵심세력으로 존재한다는 것을 살펴보았다. 그렇다면 이들 해씨와 진씨는 어떤 성격의 집단인가의 문제가 남는다. 이는 백제의 국가체제가 어떻게 발전하였는가에 대한 이해방식에 따라 다를 수밖에 없는데, 지배세력으로 해씨와 진씨의 등장 배경을 어떻게 볼 것인가의 문제와 관련된 것이기도 하다. 두 집단의 등장배경에 대해서는 소국시절 한성의 외곽지역, 특히 북부 쪽에 자리한 변방의 지방세력으로 존재하였고 백제가 국가체제를 갖추면서 중앙에 진출, 국정에 참여한 것으로 보는 경우도 있다. 다만 이러한 이해에는 소국시절 백제의 위상을 구체화할 수 없다는 점과 그들이 백제가 소국에서 고대국가로 전환되는 4세기 무렵, 이후의 5세기 무렵까지의 파란만장한 격동의 역사 속에서 어떻게 온존할 수 있었을까하는 점에서 동의하기가 어렵다.

3세기의 어느 무렵까지 백제는 여전히 삼한의 소국의 범주에 머물렀고 국가체제도 소국체제였다는 점을 유념하여야 한다. 따라서 백제의 중앙 지배세력인 왕족 부여씨와 함께 해씨와 진씨 등은 소국 내에 기반을 두었던 세력으로 보아야 할 것이다. 특히 해씨와 진씨는 백제가 고대국가로 성장하면서 왕족인 부여씨와 함께 중앙의 지배세력으로 군림하게 되며, 이후 백제의 국가체제가 일신되어 방군성제란 지방통제책이 마련되는 웅진도읍기 초반 무렵까지 지배세력으로 온존한 것이 아닌가 생각된다.

백제의 지방사회는 담로로 분류될 수 있는 세력집단도 있다.

그런데 백제의 사회구성 세력중에 중앙 지배세력의 상대세력, 즉 지방사회에 존재하는 집단들을 어떻게 이해할 것인가라는 문제가 있다. 앞서 언급한 것처럼 백제의 지방사회에는 담로체제의 범주에서 이해될 수 있는 세력집단의 존재를 상정할 수 있는데 문제는 이들의 존재 양태가 어떠한가이다.

사실, 백제가 4세기 무렵에 고대국가체제를 갖추었다고 해서 중앙정부가 지방을 직접적으로 통치하였다고 볼 만한 근거는 거의 확인되지 않는다. 다만 4세기 후반 무렵인 근초고왕대에 고대국가체제를 갖춘 백제가 지방관을 파견하여 지방을 통치하였다는 이해가 있기는 하다. 그러나 관련 기록의 비판적 검토 여하는 차치하더라도 고고학 자료로 보면 4세기대는 물론이고 5세기후반까지 지방사회를 중앙에서 직접 통제하였다고 볼 만한 적극적 증거는 발견되지 않는다. 백제 지방사회는 5세기 후반 혹은 6세기 초반 무렵까지 각 지역마다 중앙과 전혀 다른 독자성이 강한 고유의 문화를 보유하고 있는데, 이러한 정황이 정치·사회 환경으로 갈음될 수 있기 때문이다.

아무튼 백제의 지방사회가 6세기 초반 무렵까지 고유의 독자문화를 영위하고 있다는 것은 정치와 사회적인 측면에서도 나름의 독자성을 유지하고 있었다고 보아야 한다. 이는 백제가 웅진천도 이후 이룩된 통치력의 강화로 지방을 직접 통제하자, 그처럼 강인하게 독자성을 유지하던 지방문화가 위축되어 중앙문화로 일원화된 사실에서 참고 될 수 있다.

지방사회에서 독자적 문화를 향유하던 집단들은 지방세력으로 분류될 수 있으며, 이들을 담로의 주체로 볼 수 있을 것이다. 그리고 그 수장은 지방사회의 지배세력으로 존재했다고 여겨진다. 중국의 양직공도에 따르면 백제는 담로라 불리는 지방 체제를 갖추고 있다가 6세기 전반 무렵에 자제종족을 분거하여 지방을 통할토록 하였다는 사실이 전한다. 이는 백제가 지방 통제방식으로 담로제를 시행하였고, 6세기 전반 무렵 담로에 자제종족을 분거함으로써 기왕의 통제방식이 변화되었음을 알 수 있다.

이로써 백제의 지방사회는 4세기 후반부터 6세기 전반까지 어느 정도 독자성이 인정되었던 담로제가 유지되었다는 사실과 520년대 즈음인 웅진도읍기 후반 무렵에 담로에 자제종족을 분거함으로써 지방을 직접 통제하는 방군성제로 재편되었다고 이해를 확대할 수 있다. 이러한 사실은 한성도읍 후반 무렵의 백제 지방사회가 담로제로 편제되면서 지방의 수장층, 담로의 우두머리가 지배세력으로 존재하였다는 결론도 가능할 것이다.

중앙정부는 지방의 수장을 통해 지방사회를, 지방 수장은 중앙의 권위를 빌어 지방사회를 통치하는 것이 담로체제의 특징이다.

중국의 양직공도에 남겨진 기록 외에 백제 담로제의 실상을 구체적으로 알려주는 자료는 전혀 없다. 특히 사료의 정황상 백제의 지방 통치체제로 담로제가 시행된 것이 분명함에도 그 구체적 사안을 알기가 어렵다. 때문에 담로제가 지방의 통제방식이라면 그 성격의 이해를 위해 고고학적 물질자료 중에 중앙과 지방과의 관계를 보여주는 자료들에 대해 주목할 필요가 있을 것이다. 이와 같은 자료로는 백제의 지방사회에서 발굴된 4세기 무렵부터 6세기 전반으로 편년되는 고분과 그 중에서도 특이하게 위세품을 다량으로 부장하고 있는 것들이 있다.

주지되듯이 4~5세기 무렵의 백제묘제 전개양상은 다양한 묘제가 시간이나 공간 차이를 보이면서 발전을 거듭한다는 것을 주목할 수 있다. 특히 지역마다 나름의 고유 묘제가 존재하는데 거기에는 중앙에서 사여된 금동관모나 금동신발, 환두대도와 같은 위세품적 성격의 부장품이 존재하는 것도 하나의 특징이기도 하다. 이들 위세품은 백제 중앙정부로부터 지방의 수장들에게 사여된 것인데, 이를 통해 중앙정부와 지방 수장 사이에 상생관계가 형성되었던 것을 알 수 있다. 즉 중앙정부는 지방 수장층을 통해 지방통제를 실시하였을 것이며, 지방사회의 수장들은 위세품이 상징하는 중앙의 권위를 빌어 지방사회를 통제하며 지방사회의 지배세력으로 군림하였을 것이다.

금동관모나 금동제 신발 등과 같은 중앙에서 하사된 위세품은 도읍지와 매우 가까운 거리인 경기도의 화성지역과 가장 남쪽에 위치하는 전남 고흥에서도 출토되었다. 이로 미루어 백제의 지방사회 전역에 금동관모 등과 같은 위세품이 분포된 것으로 봄에 문제가 없으며, 나아가 이는 담로체제가 백제 지방사회 전체를 아우르는 지방통제 방식이었다는 것을 알려주는 것이기도 하다.

결국 한성도읍기 백제의 지배세력은 중앙세력과 지방세력으로 구분이 가능하다. 중앙세력은 삼한 소국시절의 백제가 한성에 기반 할 즈음부터 성장하였던 집단이고, 그 핵심세력은 왕족인 부여씨 집단이다. 이들은 국왕을 정점으로 국가 운영의 중심적 역할을 담당하였을 것인데 5-6세기대 기록에 나타난 백제의 중요인물 대부분이 부여씨라는 점에서 알 수 있다. 한편 해씨와 진씨의 경우도 정도 차이는 있겠지만 왕비족으로 기능하는 것으로 미루어 부여씨에 비견될 정도의 위세를 떨쳤음을 알 수 있다. 이들도 부여씨처럼 소국시절의 백제 즉 한성지역에 기반한 세력으로 백제의 고대국가 성장에 따라 중앙의 귀족 특히 관료적 성격의 세력집단으로 성장한 것이 아닌가 추정된다. 지방사회에는 수장층 즉 담로로 편제될 수 있는 세력집단도 존재하였다. 담로의 주체들은 중앙의 정치적 통제 하에 있지만 일정한 부분에서는 상당한 독자성을 향유하던 세력이었을 것으로 추정된다.

웅진도읍기 남래 지배세력의 동향

고구려의 군사적 침략으로 인한 한성 함락과 왕의 패사란 결과는 비단 도읍지 한성의 폐허만이 아니라 한성도읍기간에 구축된 백제의 사회질서 붕괴를 의미한다. 4세기 무렵부터 한성에 자리한 중앙 지배세력은 국왕의 권위와 대외 교류의 독점권을 바탕으로 지방의 담로사회를 장악하며 백제 특유의 통치체제를 구축하였으나, 고구려의 한성침공은 그러한 통치체제의 붕괴를 가져온 것이다.

웅진천도 전야의 긴박한 정국은 남래 귀족의 전횡이나, 신구세력의 조화와 같은 단순한 논리만으로 이해하기 어렵다.

웅진천도 직후, 백제의 정치와 사회 환경은 신흥세력의 등장과 잦은 왕의 피살, 귀족의 전횡 등으로 설명된다. 이후 동성왕대 혹은 무령왕대 즈음에 이르러서는 신·구세력의 균형이나 어느 세력의 견제, 중용을 통해서 왕권의 안정이 이룩되었다는 설명이 이루어지기도 한다. 천도 직후에 나타난 백제의 정치 환경에 대한 이러한 이해는 산발적으로 남겨진 기록에 근거한 것이다.

웅진천도 직후의 백제 정세에 대한 『삼국사기』의 기록 중에 주목할 것은 문주의 왕위 등극과 천도가 이루어진 다음부터 동성왕이 등극하기 이전까지인 4년여의 기간에 대한 내용이다. 그러나 이에 대한 사료상의 행위 언급은 매우 소략하다. 우선 천도 다음해인 476년에 대두성 주민의 이주 정책, 송에 사신을 보내지만 고구려의 방해로 실패하였다는 사실, 탐라국의 조공 사실, 그리고 해구의 병관좌평 임명 기사가 있다. 477년은 궁실 수리와 함께 왕의 동생인 곤지를 내신좌평에 임명하였다는 사실과 함께 삼근을 태자에 임명한 내용, 이어서 곤지의 사망 기사가 전한다. 478년은 해구의 횡포와 왕의 시해 기록도 남아 있다. 이후 삼근왕이 왕위에 올랐는데 해구가 정사를 좌지우지하였다는 것과 이어 해구가 연신과 대두성에서 반란을 일으킴에 진남과 진로로 하여금 진압토록 하였다는 사실이 적혀 있다. 그리고 다음해는 대두성을 두곡을 옮긴 후에 왕이 죽었다는 기록이 전부이다.

이상의 내용만으로 웅진천도 전야의 긴박한 정국을 충분히 설명할 수 있을까라는 나름의 의문이 있다. 물론 단편적으로 남겨진 기사지만 전체 맥락보다는 행간의 의미를 재음미하면 당시의 정국 실상을 살필 수 있는 것도 없지 않다. 예컨대 한북의 민호를 대두성으로 이주시킨 것은 한북지역의 포기에 따른 주민을 재배치하는 조치가 이루어진 것으로 볼 수 있을 것이다. 또한 국가적 위기 속에서 중국에 사신을 파견하는 것도 급박한 필요성을 인지할 수 있게 하는 것이며, 이외의 좌평 임명이나 궁실 수리 등도 나름의 체제 정비를 위한 긴요한 사실로 볼 수는 있을 것이다. 나아가 짧고 단편적 기사지만 단기간에 등장하는 인물들도 주목할 필요가 있다.

그러나 웅진을 도읍으로 정한 후에 무엇보다 필요하였을 국가체제의 정비라던가 조직의 재건과 같은 새로운 지배체제 구축을 위한 시도나 실행을 적극적으로 추정할 만한 언급은 거의 발견되지 않는다. 특히 웅진천도 직후의 정황을 적은 소략한 기사는 전체 맥락을 종합할 경우 의미의 연결이 매끄럽지 않다는 사실이 발견된다. 예컨대 해구의 문주왕 살해와 연이어 나타나는 삼근의 왕위 계승, 이후 해구가 연신과 더불어 대두성에서 반란을 일으켰다는 내용의 전개는 어딘가 어색함이 많다. 문주왕 시해 후에 삼근왕을 등극시키고 정국을 좌우하던 해구가 곧바로 반란을 일으키는 정황을 어떻게 이해할 수 있을까, 반란의 원인과 그 객체는 누구일까 하는 점 등은 의문으로 남는다.

물론 백제의 웅진천도 직후의 정세를 전하는 것이 『삼국사기』라는 단일 사서뿐이라는 한계가 있고, 이와 함께 『삼국사기』의 역사인식 문제도 고려할 필요가 있다. 즉 『삼국사기』의 역사인식은 삼국이 고려왕조와 같이 왕조적 국가체제였다는 전제하에 기록되었을 뿐만 아니라, 삼국의 체제가 국왕 중심의 통치체제라는 인식이 전제되어 있다는 점이다. 이를 고려할 경우 기록의 소략함이나 내용에 나타나는 한계를 인정하기 어렵지 않은 것이다. 이는 웅진천도 직후의 백제 정국의 운영 주체를 국왕인 문주왕으로 본 것이라든가, 웅진천도라는 특수상황을 고려하지 않고 단순히 왕실의 주도하에 모든 것이 이루어졌다고 보는 것도 그러한 역사인식과 무관치 않다고 여겨진다.

왕실이외에 남하세력인 해씨나 진씨를 중심으로 국가재건을 도모하나 성공하지 못한다.

천도 후 초기 정국의 이해에 있어 나름 의미 있는 내용은 등장인물과 그들의 행적, 출신 성분에 대한 것들이다. 특히 표면상의 정국 주도가 국왕인 문주왕에 의해 이루어지듯이 묘사되어 있지만, 실상은 해구라는 특정 인물 즉 천도와 더불어 남하한 옛 지배세력을 중심으로 주도되고 있다는 점이 눈에 띈다.

문헌기록의 진위 판단은 어렵지만, 초기 정국을 주도한 인물로 문주왕 이외의 왕족인 곤지 그리고 태자 삼근 외에는 해씨인 해구와 진씨인 진남 등이 등장하며 해씨의 조력자로 연씨가 언급되어 있다. 해구는 출자를 구체화하기는 어려우나 한성도읍기부터 해씨가 전통적 중앙 지배세력으로 존재하였기에 이와 관련된 인물로 봄에 문제가 없을 것이다. 이러한 인물들의 존재는 웅진천도 직후에 필연적일 수밖에 없는 국가재건 작업이 왕실과 더불어 구 귀족 즉 남래한 세력집단을 중심으로 이루어진 것으로 볼 수 있게 한다.

사실, 한성 함락과 왕의 패사에 이은 웅진천도는 비상정국의 연속이었을 것이다. 왕의 패사와 더불어 고구려가 왕족과 한성민을 포로로 잡아 평양으로 돌아갔다는 것은 백제 국가운영의 중추에 있던 지배집단의 위축을 의미하는 것으로 볼 수 있다. 구원군을 얻으러 남행한 문주가 왕위에 올랐다는 사실로 미루어 볼 때, 웅진천도 직후의 지배세력도 문주왕처럼 요행히 전란을 피할 수 있었던 왕족과 해씨·진씨의 일부 지배세력에 불과하였을 것이다. 그들은 웅진천도 후 급박한 정국의 수습과정에 참여한 것으로 여겨진다. 따라서 웅진천도 직후에 정치 전면에 등장하는 이들 해씨나 진씨 등을 구세력으로 분류하듯이, 해구도 한성도읍기부터 왕족과 더불어 중앙 지배세력이었던 인물이었을 것이다.

해씨와 진씨는 백제의 가장 전통적 귀족세력이고, 삼한 소국시절의 백제시대부터 한성지역에 기반을 둔 집단이다. 또한 백제가 고대국가로 성장함과 함께 자연스럽게 중앙 귀족, 즉 중앙의 지배세력으로 자리하였던 집단이기도 하다. 한성의 함락은 이들 세력기반의 상실을 가져왔을 것인데 그럼에도 해씨나 진씨 등의 백제의 전통적 중앙 지배세력은 웅진천도 후에 나름의 두각을 드러낸다. 앞서 본 바와 같이 좌평 등의 요직에 임명되어 정사를 돌보면서 때로는 반란을 일으키고, 때로는 반란을 진압하는 주체가 되기도 한다.

그러나 웅진천도후 등장한 다양한 세력집단의 존재를 고려하면 이들 진씨나 해씨 등 전통적 중앙지배세력의 활약상에 나름의 의문도 없지 않다. 빈약한 세력기반에도 불구하고 정사의 전면에 나서는 것이 그것인데, 이는 아무래도 웅진천도라는 특수한 정황에서 비롯된 것이 아닌가 여겨진다. 웅진천도후의 백제는 한성함락에서 비롯된 지배체제의 붕괴를 새롭게 구축할 필요가 있었고, 이를 위해서는 한성지역의 전통적 관료 귀족이었던 그들의 경험이 필요하였던 것과 관련 있지 않은가 생각되는 것이다.

동성왕이 등극한 이후에 전통적으로 해씨나 진씨가 차지하던 관등과 관직이 신흥세력으로 교체되어 임명되는 모습이 나타난다. 물론 동성왕대의 신흥세력에 대한 관등 임명 사실을 신·구세력의 조화를 통한 정국의 안정을 도모하기 위한 수단이었다고 보기도 한다. 그러나 이후에 해씨나 진씨가 이유 없이 자취를 감추는 것은 그들이 국정의 전면에서 배제되었음을 의미하는 것이다. 또한 천도 후, 정국의 주도권이 동성왕을 비롯한 새로운 신흥세력에 의해 장악된 결과로 보아야 할 것이다. 이는 상대적으로 세력기반을 갖추지 못하였던 구세력 즉 해씨나 진씨와 같은 남래 귀족의 몰락을 의미하는 것이기도 하다.

백제의 웅진천도 후 초기 정국은 그야말로 혼란의 연속이었다. 천도 후 무엇보다 국가질서의 회복이 절실하였을 것인데, 문주왕은 기왕의 지배세력이었던 해씨·진씨와 같은 남래 귀족을 중심으로 국가재건을 도모한다. 그러나 한성의 함락과 더불어 세력기반을 상실한 남래 귀족을 통한 정국 전환의 뜻은 이루지 못한다. 결국 문주왕은 내분으로 살해되는 비운을 맞게 되는데 그 배경은 미약한 왕권에서 비롯되었다고 볼 수도 있으나 근본적으로 세력기반을 상실한 남래 귀족을 중심으로 한 국가운영의 한계에서 비롯된 것이기도 하다. 더불어 그 배경에는 새로이 등장한 신흥세력이 자리하고 있던 것과 무관치 않을 것이다.

해씨와 진씨 등의 전통적 중앙세력의 위축과 신흥세력의 득세가 나타난다.

웅진으로 천도한 직후 백제사회의 정치환경은 그야말로 투쟁과 혼란의 연속이라고 봄에 문제가 없다. 이처럼 혼란된 정국 전개는 한성도읍기에 정립되었던 지배체제가 와해되고 새로운 체제의 정립을 위한 진통의 과정으로 볼 수 있다. 천도후 백제사회의 주체는 왕실세력은 물론이고 기왕의 중앙 지배세력이었던 해씨나진씨, 더불어 남천 후에 대거 등장한 연씨 등의 새로운 신흥세력이라 할 수 있다. 이들 신·구 귀족세력간의 다툼으로 나타나는 웅진천도 직후의 혼란된 정국은 『삼국사기』등의 기록에서 어느 정도 간취할 수 있는데, 국왕의 살해를 비롯하여 연이은 반란과 진압이 짧은 시간에 반복되고 있음이 그것이다.

한성함락과 폐허화는 신성성에 기반한 왕족과는 달리 이전부터 한성지역을 기반으로 성장하였던 지배세력에게는 큰 위축을 가져왔다고 봄에 문제가 없다. 반면에 긴급한 군사적 환경에서 동원된 구원군은 웅진천도를 주도하였고, 이후 새로운 신흥세력으로 부상하여 정치의 전면에 나서게 된다. 이러한 과정을 통해 백제의 지배체제는 새로운 국면을 맞이하게 된다. 즉 전통적 중앙 지배세력의 와해 속에서 지방세력이었던 신흥세력이 새로운 지배세력으로 부상한 것이다.

이처럼 웅진천도 후에 나타나는 정치적 혼란 즉 전통적 중앙의 지배세력과 새롭게 등장한 신흥세력들 간의 정치적 항쟁은 나름의 특징적 모습을 엿보인다. 가장 주목되는 것은 웅진천도 직후에 해씨와 진씨와 같은 한성도읍기 중앙 지배세력이 정치의 전면에 그것도 새로운 신흥세력과 결탁하여 존재감을 드러낸다는 것이다. 예컨대 웅진천도 직후 발생한 해구의 반란사건에는 그 배후에 구원군이 있었는데, 그것이 바로 여전히 지방에 단단한 세력기반을 보유하고 있던 연씨라는 사실이다. 연씨의 존재에서 알 수 있듯이 초기 정국의 배후에는 막강한 신흥세력 즉 지방사회에 거점을 둔 세력들이 포진하고 있었고, 그들의 이해관계 속에 정국이 운영된 것이 아닌가라는 추정도 가능케 한다.

신흥세력과 새로운 백제

5세기 후반 무렵 고구려의 백제 한성침공으로 야기된 정치·사회적 파장은 지역 고고학 환경에도 커다란 변화를 일으킨다. 특히 웅진천도와 함께 변화된 금강유역의 고고학 환경이 그중의 하나이다. 이외에 또 다른 주목거리는 영산강유역인 호남지역과 도읍지 웅진 인근에 등장하는 왜계 고분이다. 영산강유역의 전방후원형 고분과 도읍지 웅진 주변에 남겨진 횡혈묘가 그것이다.

백제 웅진도읍기 정치사의 특징은 신흥세력의 대거 등장에서 찾을 수 있다. 이들은 웅진천도 과정에서 중앙에 진출한 세력으로 한성을 침공한 고구려군과 싸우기 위하여 백제의 지방에서 동원된 구원군들이었다. 기록상에는 신라 구원군 1만명이 알려졌지만, 백제의 통할하에 있던 지방, 즉 마한지역은 물론이고 가야지역, 일본열도의 왜 집단까지도 구원군으로 동원되었을 것으로 추정된다. 백제와 왜는 오랫동안 밀접한 관계를 유지하였고 특히 백제의 군사적 위기 시에 왜의 구원군이 자주 등장함에서 알 수 있다.

전방후원분이나 횡혈묘는 왜계 고분으로 특정지역에 특정시기에만 존재한다. 이러한 존재특성은 고분 축조주체의 역동성을 보여주는 것이기도 하다. 사실, 고구려 침략으로 한성의 함락은 한성기에 이룩된 백제의 국가체제 붕괴를 의미한다. 나아가 웅진천도는 신흥세력의 등장에 따른 국가체제의 변화를 가져왔고, 새로운 사비시대의 발판을 마련하는 것으로 이어진다. 그 배경은 천도과정에 새로운 정치세력이 형성되면서 중앙과 지방으로 이원화되었던 정치세력이 일원화되어 집권적 통치체제를 마련할 수 있었기 때문으로 여겨진다. 그 중심에는 구원군이었던 다양한 신흥세력 즉 왜계 고분을 축조한 주체와 같은 세력이 존재한다.

❀ ✿

5세기대 백제묘제 환경과 전방후원형 고분

5세기대 백제 묘제환경은 다양성으로 집약될 수 있다. 4세기부터 한반도 전역에서 비롯된 고총고분 조성환경은 새로운 묘제의 유입과 전통적 토착묘제의 변화·변천을 촉발시킨다. 특히 5세기대에 이르면 지역적으로 차별화된 형태로 나름의특성을 갖추면서 발전을 거듭하게 되는데, 이러한 묘제의 다양성은 정치 환경과무관할 수 없다.

5세기대 백제묘제는 지역간 차별화된 형태로 발전을 거듭한다.

옛 마한지역인 백제지역의 묘제 전개상은 독창성이 엿보인다. 예컨대 3세기말경까지는 목관이나 옹관을 매장주체로 삼아 그 위에 흙이나 돌을 덮는 봉토·봉석묘가 사용되다가, 서북한지역의 토광묘제가 유입되면서 각 지역에 새로운 묘제환경이 형성됨이 그것이다.

5세기대 백제의 묘제환경에서 가장 특징적인 면모는 아무래도 지역 간에 서로다른 고분이 사용되고 있는 것을 지적할 수 있을 것이다. 백제의 중앙인 한성지역의 경우 이전의 삼한시기부터 사용되던 봉토·봉석묘의 잔재가 어느 정도 남아 있지만, 4세기 중반 무렵에 이르러 서북한지역에서 횡혈식 석실묘가 유입되고 5세기 무렵에 이르면 횡혈식 묘제가 거의 보편적 묘제로 정착되기에 이른다. 물론 백제가 한성에 도읍하던 시기의 도읍지 묘제로 기단식 적석총이 간주된 바 있지만,

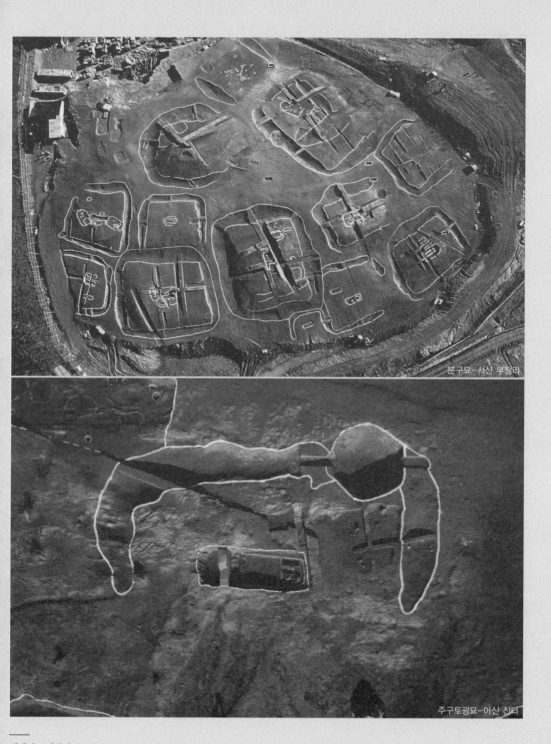

분구묘-서산 부장리

주구토광묘-아산 진터

백제의 묘제환경

주구토광묘(연기 석삼리)

관곽묘(천안 용원리72호)

관곽묘(연기응암리 8 1호)

석곽묘(논산 모촌리 5호)

석곽묘(논산 표정리 1호)

백제의 묘제환경

실물로 복원된 유적이나 발굴자료에서 고분으로 볼만한 증거가 거의 발견되지 않고 오히려 의례시설로 비교될 사례가 증가하기에 이는 보다 심층적 재검토가 필요하다.

한편 지방사회의 경우 도읍지 주변인 경기지역은 토광묘제인 주구토광묘와 관곽토광묘가 널리 사용되고, 부분적으로 석곽묘나 석실묘가 사용되었다. 충청지역의 경우 북부는 관곽토광묘, 서부는 분구토광묘, 그리고 동남부는 석곽묘가 사용되는데 부분적으로 혼용이 있긴 하나 5세기 후반까지 각각의 묘제는 지역적 고유성을 유지하면서 분포권을 이루고 있다. 호남지역은 영산강 중류에 해당되는 나주나 영암 등지에서 특유의 전용옹관을 사용한 분구옹관묘가 사용되었다. 전북 서해안지역은 충청의 서해안지역처럼 분구토광묘가 넓은 분포권을 형성하고 있으며, 이외의 전남 남부지역은 분구형 토광묘와 석곽묘가 사용되는가 하면 옹관묘도 비교적 넓은 분포권을 형성하고 있다.

경기지역과 충청일원에 넓게 산포된 토광묘 중에서 주구토광묘는 3세기 무렵 서북한지역에서 남하한 묘제로 볼 수 있다. 고총고분으로 큰 봉분을 조성하면서 외변에 주구가 남겨지는 특징이 있는데, 매장시설이나 부장유물에서도 특징적 면모를 갖추고 있다. 이 묘제는 기존의 마한지역에서 널리 성행한 봉토묘에도 영향을 주어 분구묘를 발생시킨다. 경기 남부지역이나 충청 서해안 그리고 전북 서해안지역에 넓게 분포된 분구묘가 그것이다. 분구묘는 매장부를 지상에 안치하고 외변에 주구를 남기면서 봉분을 올리는 것이 특징이며, 매장시설은 삼한시대의 봉토묘적 전통을 따른다. 이러한 특징은 영산강유역에서 널리 성행하였던 옹관묘에서도 확인되는데, 매장시설로 옹관을 지상에 안치하고 흙을 덮어 높은 봉분을 조성하는 것이 그것이다. 더불어 관곽토광묘와 석곽묘의 경우도 4세기 중반 무렵에 북에서 남하한 묘제로 볼 수 있는데 대체로 경기 동부지역이나 충청의 내륙지역에서 널리 사용되었다.

이처럼 4세기 무렵에 정립된 각 지역의 고유묘제는 5세기 무렵까지 사용되면

서 고유한 전통을 유지하는데, 이것을 백제묘제 전개양상의 또 다른 특징으로 볼수 있다. 물론 부분적으로는 새로운 묘제의 도입이 확인되기도 한다. 횡혈식 석실묘가 그 대표적 사례이다. 횡혈식 묘제는 본래 기원 전후 무렵의 중국 전축묘에서 비롯된 것이다. 그것이 2세기 무렵에 한반도의 서북한지역에 유입되었고, 다시금 석실묘로 변환된 것이기도 하다. 백제묘제로서 횡혈식 석실묘는 4세기 중후반 무렵에 도읍지인 한성에 유입되어 지배층 묘제로 정착되었다. 이후에는 백제 지방사회에서 간헐적으로 그 모습이 나타나는데, 5세기 후반까지의 지방사회 횡혈식 석실묘는 중앙에서 사용되는 것을 모방하여 축조한 것이다. 때문에 고분의 잔존정황에 토착적이고 고유한 묘제의 속성이 많이 포함되어 있다. 이러한 묘제환경은 웅진도읍 초반 무렵까지 그대로 지속되는데 이는 정치와 사회 환경에 갈음되는 것이기도 하다.

전방후원형 고분의 갑작스런 출현 배경은 5세기말의 정세변화에서 찾을 수 있다.

고분은 그 전통성으로 말미암아 축조주체의 사회와 문화의 배경에 따라 묘제를 달리하는 경우가 많다. 특히 고대사회는 정치와 사회의 통일이 더디게 진행되어 각각의 지역마다 고유의 독자적 문화가 유지되는 경우가 많은데 이는 묘제도 마찬가지이다.

앞서 살핀 것처럼 백제사회의 묘제는 5세기 후반까지 고유의 독자성을 유지하면서 지역 간에 차별화된 형태로 존재하다가, 6세기 전반에 이르면 백제의 전체 묘제가 횡혈식 석실묘로 통일되는 변화가 연출된다. 이러한 묘제의 통일은 당시에 나타난 백제의 정치·사회적 통일에 상응하여 나타난 현상이기에, 묘제의 변화에 정치·사회의 변천양상이 그대로 반영된다는 것을 알 수 있다. 따라서 특정시기에 특정의 묘제가 나타난다는 것은 그에 상응하는 정치·사회 환경의 변화가 있었다고 추정하는데 문제가 없을 것이다.

그런데 5세기 말경, 영산강유역에는 전방후원형 고분이 갑자기 등장한다. 전방후원형 고분은 당시 묘제환경에서 전혀 이질적인 것으로 갑자기 출현한 것이다. 이와 같은 돌발적 묘제환경의 변화는 그 묘제 자체뿐만 아니라, 그러한 변화를 잉태한 당시의 사회·정치환경이 무엇인가에 대한 의문이 들게 한다.

본래 영산강유역은 3세기말까지 마한지역에 속하였고, 마한적 전통이 풍부하게 남아 있는 지역이기도 하다. 물론 영산강유역도 4세기 중후반 무렵부터 백제의 통치범위에 포함되지만, 중앙의 직접 지배보다는 수장층을 통한 간접통제가 유지되었기에 나름의 사회·문화적 독자성이 비교적 강인하게 유지된 지역이라 할 수 있다. 그와 관련된 때문인지 묘제도 특유의 옹관묘나 토광묘가 5세기 말엽까지 사용되었으며, 특히 옹관묘의 경우 전용옹관을 제작하여 매장시설로 사용하는 특수한 묘제환경을 유지하였다. 물론 고분의 독자성에도 불구하고 부장된 유물에는 백제의 중앙과 관련된 것으로 볼 수 있는 다양한 위세품이 포함되어, 정치적으로는 백제의 중앙정부와 밀접한 관련을 맺고 있었다는 사실도 알 수 있다. 그런데 이러한

영산강유역 〈나주 복암리유적〉

묘제환경 속에서 5세기 후반 무렵, 이들 지역에 전혀 이질적인 것으로 판단되는 전방후원형의 고분이 갑자기 등장한 것이다. 그것도 한 지역이 아니라 여러지역에 동시다발적으로 등장하는 모습을 보인다.

13기의 전방후원형 고분은 고총의 외형, 횡혈식 석실의 매장구조, 특유의 분주형 토기를 갖춘 정형화된 것이다.

영산강 유역의 전방후원형 고분 자료는 12개 유적에서 13기가 알려져 있다. 이 중에서 광주 월계동의 1호분과 2호분 그리고 명화동 고분과 함평의 신덕 고분, 영암 자라봉 고분과 해남 장고봉 고분, 용두리 고분과 함평 장고산 고분 등의 8기는 이미 발굴조사가 이루어진 것이다. 반면에 고창 칠암리 고분이나 영광 월계 1호분 그리고 담양 월전 고분이나 담양 월성산 고분은 표면만으로 전방후원형 고분으로 인지되는 것들이기도 하다.

이들 전방후원형 고분은 낮은 분지형 구릉지에 입지하는데, 평면은 한쪽이 방형이고 다른 한쪽은 원형의 것이 결합된 형태이다. 고분의 장축은 대체로 원형부가 동쪽을 향하고 있다. 대형의 분구는 매장시설이 지상에 안치되도록 성토하여 조성하였는데 방형부나 원형부를 동시에 축조하였다. 그리고 원형부에 매장시설이 안치됨이 보통이고, 고분의 규모는 차이는 있지만 적은 것이 25m내외 큰 것은 76m의 규모로 계측되듯이 고총형 대형고분으로 조성하는 것이 보통이다.

매장시설은 횡혈식 석실묘라는 공통점이 있다. 물론 일부에서 석곽 구조가 언급되지만 보다 검토가 필요한 것이고, 전방후원형 고분의 매장시설은 횡혈식 구조로 봄에 문제가 없을 듯하다. 물론 발굴조사 된 자료 중에 매장부 구조가 정확하게 파악된 것은 광주 월계동 1·2호분과 신덕고분, 장고봉 고분과 용두리 고분에 불과하다는 한계는 있다. 하지만 잔존 정황에 공통성이 있어 횡혈식 석실묘가 매장주체라는 결론에 큰 문제가 없을 것이다. 이로써 전방후원형 고분의 매장시설은 지상식으로 석실을 조성하는데, 석실은 연도와 문틀식 입구를 갖춘 것으로 정리할 수 있다. 여기에 세장한 장방형 평면을 가진 묘실은 천정을 조임식으로 만드는 것이 공통적이고, 벽체의 구성에서 하단에 대형의 요석을 두고 그 위에 작은 할석을 쌓아 올려 묘실을 만드는 축조기법상의 유사성도 있다.

전방후원형 고분의 부장품도 나름의 특성이 있다. 그중에서 가장 주목되는 것은 고분 주변에서 수습되는 분주형 토기인데, 일본의 전방후원형 고분에서는 보편적으로 사용된 것이기에 그 자체를 왜계로 분류하기도 한다. 다만 영산강 유역에서 출토되는 분주형 토기는 일본열도의 것과 정확히 대비되지 않는다는 점에서 현지 생산을 추정할 수 있는 것이기도 하다. 아무튼 분주형토기 자체만으로도 사용된 고분의 특수성을 입증할 수 있다. 이외의 부장품으로는 토기류를 비롯하여 각종 철기류와 함께 무기나 마구 등의 특수 유물도 적지 않게 확인된다. 이들의 계통에 대하여 백제계나 왜계 그리고 가야계까지 언급되지만, 주목되는 것은 위세품과 같은 특수한 유물 외에 토기류와 같은 생필품 성격의 유물은 백제계 즉 현지 생산품이라는 사실이다.

해남 용두리

광주 명화동

영산강유역 전방후원분1

나주 지선고분

해남 방산리고분

영산강유역 전방후원분2

전방후원형 고분은 넓은 지역에 산발적으로 1-2기만 있으면서 묘제적 통일성을 갖추었고, 5세기말에서 6세기 초반의 시간범위에만 존재한다는 공통성도 있다.

영산강유역의 전방후원형 고분은 존재현황에 특성이 있다. 우선 5세기 말까지 분구 옹관묘가 전통적으로 사용되어 온 영산강유역의 일원에 지역적으로 중복되어 분포한다는 점을 지적할 수 있을 것이다. 또한 이들 전방후원형 고분은 한 지역에 밀집되어 분포하는 것이 아니라, 매우 넓은 지역에 산발적으로 분포하며 대부분 1기 또는 많아야 2기정도만이 인접하여 존재한다는 것이 또 다른 특징이다. 넓게 산포된 전방후원형 고분들은 묘제적으로 분명한 공통성를 갖추고 있다. 규모나 외형이 완전히 일치하는 것은 아니지만 전방후원형 고분으로써 기본적 형식은 거의 대동소이하다.

축조환경도 성토하여 매장부와 봉분을 지상식으로 조성한다는 점에서 모두가 공통적이다. 여기에 매장시설인 석실도 모두가 동일한 모습으로 발견된다. 평면

광주 월계동 2호분

광주 명화동 고분

영산강유역 전방후원분 〈매장부〉

광주 월계동 2호분

광주 월계동 2호분

광주 월계동 2호분

광주 월계동 2호분

영산강유역 전방후원분 〈출토유물〉

이나 규모상의 차이는 있지만 횡혈식 석실묘로 축조함에 있어 하단에 요석을 배치
하고 그 위에 할석을 쌓아 벽체를 구성한다거나, 천장을 조임식으로 마무리하는
것 외에도 연도나 입구의 갖춤새가 매우 흡사하다. 그러한 정황은 부장 유물에서
도 마찬가지이다.

　다만 부분적으로 구조속성이나 유물의 갖춤새에 나름의 차이가 있기는 하다.
그러나 이들 차이는 고분의 축조환경에서 나타날 수 있는 불가피한 차이로 보인
다. 고분구조나 규모 등에 나타나는 일부의 차이는 서로 먼 거리에 입지하면서 축
조된 환경에서 기인된 것으로 볼 수 있다. 특히 전방후원형 고분의 특징적 요소인

분주형 토기의 경우 기본적 모습은 일본열도의 것과 상통하면서도 그것이 현지에서 제작되었기에 나타날 수밖에 없는 차이를 보이기도 한다. 이러한 정황은 대부분의 유물에도 적용될 수 있을 것이다.

전방후원형 고분의 존재 특성 가운데 가장 주목되는 것은 아마도 존재시기일 것이다. 이들의 등장 시기는 아무리 빨라야 5세기 후반을 벗어나지 않고, 소멸되는 시기는 아무리 늦어도 6세기 초반을 내려오지 않는다. 즉 이 묘제는 백제가 웅진으로 천도하는 시점에 등장하였다가 국가적 안정이 도모되는 무령왕대 즈음에 사라진다는 것이다.

전방후원형 고분의 축조주체는 일본 북구주 세력이고 이들이 한반도에 등장하였다가 퇴장하였음을 보여주는 것이다.

영산강 유역에 잔존하는 전방후원형 고분의 존재특성이 앞서 언급한 것과 같이 인지됨에도 불구하고, 그 연원이나 소멸의 문제를 해당지역의 묘제환경에서 찾기는 어렵다. 반면 영산강유역에 성행하였던 대부분의 묘제는 그 연원이나 전개상에 대한 체계적 이해가 마련되어 있다. 이로 보면 전방후원형 고분의 연원이나 소멸 이유를 해당지역의 묘제환경 속에서는 설명될 수 없다는 것을 알 수 있다.

5세기 후반 무렵, 영산강 유역에 전방후원형이란 새로운 고분이 갑자기 나타났다는 것은 이를 사용하는 주체가 갑자기 등장하였다는 것을 의미한다. 물론 전방후원형 고분의 축조주체가 누구인가에 대해서는 다양한 견해가 제기되어 있고, 그에 대해 대체로 영산강 유역 토착집단의 움직임 또는 백제 중앙정부와의 관련 속에서 새로운 축조주체가 등장하였다고 이해함이 일반적이다. 여기서 고분의 가장 큰 속성인 전통성, 즉 고분의 사용은 강제하기 어려운 전통적 문화자산이란 점을 유념해야할 필요가 있다. 전방후원형의 고분과 같은 새로운 묘제의 사용은 강제할 수도 없고, 강제되지도 않는다는 것이다. 특히 영산강 유역의 경우, 삼한시대이래 발전을 거듭한 고유의 전통적 묘제환경이 강인하게 유지된 지역인데 전방후원형 고분이란 새로운 묘제가 어떻게 그처럼 갑작스럽게 수용될 수 있었을까하는 상당한 의문도 있다. 이와 같이 완성된 정형의 전방후원형 고분들이 여러지역에 동시에 나타났다가 갑자기 사라진 것은, 이 묘제를 사용하는 집단이 갑자기 등장하였다가 사라진 것으로 볼 수 밖에 없다.

영산강유역의 전방후원형 고분은 구조적으로 일본 북구주에 산재된 동형의 묘제와 상통한다. 따라서 이들 고분은 일본 북구주에서 널리 사용되던 것이 영산강유역에 새롭게 축조된 것으로 볼 수 있고, 그 배경은 전방후원형 고분을 사용하던 일본 북구주의 세력이 5세기 후반 무렵 영산강유역에 갑자기 등장한 것과 관련 있을 것이다. 더불어 이 고분이 6세기 초반 무렵에 갑자기 소멸되는 것도 축조주체가 갑자기 사라진 것을 방증하는 것이기도 하다.

본래 영산강 유역에는 옹관을 매장주체로 하는 분구옹관묘가 널리 사용되었고 전방후원형 고분이 존재하던 시기에도 여전히 사용되고 있었다. 이는 분구옹관묘의 사용주체인 토착세력이 여전히 온존하고 있음을 보여주는 것이기도 하다. 그럼에도 새로운 묘제가 등장하여 함께 남아 있다는 것은 새롭게 등장한 세력이 일정기간 함께 머물렀던 사실을 보여주는 것으로 보아야 할 것이다.

구원군으로 동원되었던 다양한 묘제의 사용주체들은 이후 신흥세력으로 부상한다.

영산강유역에 등장한 전방후원형 고분은 5세기 후반 무렵, 백제지역에 나타난 다양한 신흥세력들 가운데 하나임을 보여주는 것으로 이해할 수 있다. 전방후원형 고분과 공존하였던 분구옹관묘의 축조주체도 나름의 규모 있는 세력집단이었을 것이다. 뿐만 아니라 당시에는 이들 외에도 다양한 묘제를 사용하였던 주체들도 존재한다. 중서부 서해안지역의 분구묘, 경기·충남북부의 주구토광묘, 내륙지역에 분포하는 석곽묘를 사용하는 주체가 그들이다. 이들은 전방후원형 고분의 사용주체와 비슷한 성격의 집단으로 구원군이었고 신흥세력인 것이다.

문제는 전방후원형 고분의 사용주체, 즉 북구주에 기반한 세력이 왜 한반도에 등장하여 고분을 남기게 되었는가라는 배경에 대한 의문이다. 이는 5세기 후반의 특수 환경 즉 백제의 웅진천도 전야의 정세와 무관치 않을 것으로 여겨진다. 전방후원형 고분이 5세기 후반 무렵에 백제지역에 출현한 것은 서기 475년의 한성 함락과 웅진천도 전야에 등장하는 신라의 구원군 1만에 대한 기록과 동일한 범주에서 이해될 수 있다는 것이다.

475년 고구려와의 전쟁을 위한 구원군의 동원은 정치적으로 백제와 관련된 모든 세력들이 대상이 되었을 것이다. 대고구려와의 전쟁을 위해 동원된 구원군은 비록 고구려군은 철수하였으나 도읍지 한성의 파괴와 함께 중앙지배세력이 철저하게 붕괴되자 그들이 중심이 되어 웅진천도를 실행한다. 이들은 천도 이후 정권 장악을 위한 투쟁에 본격적으로 참여하는데, 그 중심에 구원군이었던 신흥세력이 자리하고 있는 것이다. 따라서 북구주에서 구원군으로 동원된 세력도 웅진천도 이후 일시적이나마 신흥세력으로써 한반도에 머문 결과, 전방후원형 고분을 남기게 된 것이 아닌가 여겨진다.

따라서 영산강유역에 남겨진 특유의 전방후원형 고분은 일본 북구주를 기반으로 한 세력집단의 것으로, 그 존재의 의미는 백제의 웅진도읍기의 신흥세력 등장이나 정치활동과 관련하여 이해될 수 있다. 더불어 전방후원형 고분의 축조 주체인 북구주 세력의 움직임은 영산강유역에 기반을 둔 세력을 비롯하여 각 지역 세력집단의 움직임을 그대로 보여주는 사례로 봄에 문제가 없을 것이다. 고고학 물적자료의 상징인 고분의 존재현황으로 미루어 5세기대 후반 무렵 백제묘제의 다양성을 유추할 수 있고, 그것이 다양한 세력집단의 존재를 의미하는 것이기에 웅진천도 전야에 이들이 신흥세력으로 군림하게 되었음을 추정하기 어렵지 않다.

웅진기 횡혈묘와 왜

백제의 두 번째 도읍지인 웅진지역의 고고학적 특징은 천도가 이루어지는 475년을 기점으로 유적의 성격이나 분포양상에 차이가 있다는 것이었다. 이는 앞서 본 전방후원형의 고분도 동일한 범주에서 이해될 수 있을 것이다. 그런데 도읍지인 웅진지역에도 영산강유역의 전방 후원형 고분과 동일한 성격의 고분이 남아 있다. 공주 단지리 횡혈묘가 그것이다.

공주 단지리 횡혈묘는 5세기말에서 6세기 초반 무렵에 산 경사면에 횡으로 굴을 파서 만든 것으로, 시공간적으로 한정된 분포상을 보인다.

단지리 횡혈묘는 웅진의 중심지에서 북서쪽 약 5km정도 거리에 있지만, 입지한 지역은 금강이 남쪽을 가로막고 있어 도읍지와 격리된 지역으로 볼 수 있다. 고분은 금강의 지류인 유구천 하류지역의 북단에 자리한 성재산, 단지리 토성이 있는 산의 남동쪽 경사면에 남아 있다. 고분군은 백제시대의 석실묘 18기, 옹관묘 2기와 함께 24기의 횡혈묘가 군집을 이루고 있다. 특히 횡혈묘는 어느 정도 경사가 있는 산릉 돌출 부위에 3-4기씩 군집되어 4개의 그룹으로 구분되기도 한다.

단지리 횡혈묘는 산 경사면에 횡으로 굴을 파서 매장시설을 갖추는 묘제로, 묘도부와 묘실의 입구 그리고 묘실로 구성된다. 묘도부는 묘실의 입구에 이르는 길로 경사면을 절개하듯이 잘라 만드는 것이 기본인데 바닥은 내리막 경사를 이루는 것이 보통이다. 묘실내부로 통하는 입구는 묘도를 조성하기 위하여 산 경사면을 수직으로 절개한 면에 만들고, 대체로 말각 장방형이나 타원형의 형상으로 기다란 판석이나 할석을 기대어 폐쇄한다. 입구의 안쪽에 조성된 묘실은 평면이 방형이나 장방형이 기본이나 말각 방형도 있다. 입구에서 본 장방형의 평면은 종장식이나 횡장식도 있어 규칙적이지는 않다. 더불어 묘실의 벽체는 일정한 범위까지는 수직으로 올리지만 상단의 천장부분은 둥그렇게 마무리하는 것이 보통이다. 묘실

공주 단지리유적

9호 횡혈묘

6호 횡혈묘

3호 횡혈묘

3호 횡혈묘 현실

공주 단지리 횡혈묘

공주 산의리 유적-4호 횡혈옹관묘

공주 웅진동 고분-3호 횡혈옹관묘

상단 공주 단지리 횡혈묘 〈출토유물〉
하단 백제의 횡혈묘 〈공주 산의리유적과 웅진동 고분군〉

의 규모는 지름 3m내외로서 백제 고분으로서 보통의 규모로 추정할 수 있다.

단지리 횡혈묘에서는 비교적 다양한 유물이 확인되었으나, 대부분 토기류이고 이외는 철제품이나 금동제 귀걸이가 있을 뿐이다. 토기의 경우 심발형 토기를 비롯하여 각종 항아리와 백제 특유의 삼족토기, 개배와 고배, 병형토기와 대부완 등의 기종이 확인된다. 철제품은 도끼 외에 낫과 손칼 등이 있는데, 대체로 농공구로 분류될 수 있는 것일 뿐으로 무기류는 거의 부장되지 않았다. 이들 유물은 특히 토기류의 기종이나 기형으로 미루어 5세기 후반에서 6세기 전반 즉 웅진도읍기의 것으로 편년되기도 한다.

백제묘제로서 횡혈묘는 이질적인 것으로, 동시기 일본열도의 횡혈묘와 서로 흡사하다.

백제묘제로서 횡혈묘는 다소 이질적인 것이다. 물론 비슷한 유형의 고분도 없지 않다. 대체로 도읍지인 웅진의 주변지역에서 발견된 것들인데, 웅진동 횡혈 옹관묘라던가 안영리, 그리고 산의리유적에 남겨진 횡혈묘 혹은 횡혈 옹관묘가 그것이다. 이중에서 안영리 새터유적의 횡혈묘만이 단지리 횡혈묘와 유사하다. 나머지는 산 경사면에 매장부를 횡혈로 조성한 것인데 대부분 그 안에 옹관을 안치한 것들이다. 웅진동 횡혈 옹관묘의 경우 어느 정도 규모를 갖추고 있으면서 여러 개의 옹관을 안치한 특징도 있다. 이들의 잔존현황을 종합하더라도 단지리 횡혈묘를 백제묘제의 범주에서 이해할 경우 매우 이질적 존재라는 것을 알 수 있다. 이는 백제묘제로서 횡혈묘의 변화·변천뿐만 아니라 그 존재현황마저도 짐작키 어렵기 때문이다.

반면에 바다 건너 일본열도에는 왜 세력의 고분으로 횡혈묘가 다수 존재한다. 일본의 횡혈묘는 횡혈식 묘제의 영향으로 5세기 무렵 규수 북동지역에서 출현하였고, 지역적 편재를 보이긴 하지만 일본열도 각지로 전파되어 성행하는데, 나라시대를 넘어 헤이안시대까지 성행한 묘제로 인식된다. 고분의 형태는 시기에 따

자총원 1호분

市ノ瀬 1호분

일본의 횡혈묘

라 차이는 있지만 단지리 횡혈묘처럼 묘도부와 묘실의 입구, 묘실로 구분할 수 있다. 초기의 모습은 단장묘의 형태로 조성되지만, 시간이 지나면서 하나의 묘도에 여러 개의 묘실이 이어진다. 부장품 또한 시기나 지역에 따라 차이가 있는데, 토기 등의 보편적 유물만 출토되어 단지리의 유물 부장환경과 크게 다르지 않다. 단지리 횡혈묘의 축조주체는 전방후원분과 같은 수장급과는 차이를 드러내 보다 낮은 계층의 고분으로 보고 있다.

단지리 횡혈묘의 축조주체는 일본열도에 기반을 둔 왜인 집단일 것이다.

단지리 횡혈묘의 존재 의미도 앞서 본 전방후원형 고분과 크게 다르지 않다. 그것이 도읍지와 매우 가까운 지역에 20여기가 하나의 단위군을 이루면서 분포하고 있다는 사실은 나름의 존재 특성을 보여준다. 그러나 이 묘제를 백제의 고유묘제로 볼 만한 근거는 많지 않으며, 오히려 5세기 무렵에 북구주에서 비롯된 이후 일본 전역으로 확산된 지하 횡혈묘와 대동소이하다. 물론 구조속성이라든가 유물의 갖춤새에서 부분적인 차이는 있지만, 그것은 축조환경의 차이에서 기인하는 것일 뿐 축조주체의 성격을 달리하는 속성으로 보기는 어렵다.

한편 단지리 횡혈묘를 근거로 일본의 지하 횡혈묘가 백제에 연원을 두었다고 볼 수 있는 근거자료도 빈약하다. 여기에 백제 묘제로써 횡혈묘가 발생 혹은 연원하여 전개되었음을 알려주는 자료도 아직은 발견되지 않는다. 공주의 안영리나 산의리, 웅진동유적 등에서 또 다른 횡혈묘가 확인되지만, 웅진동이나 산의리 횡혈묘처럼 옹관을 매장주체로 사용한 차이가 있고 안영리 사례처럼 하나만 산발적으로 발견될 따름이다.

따라서 단지리 횡혈묘는 백제묘제로써 이질적인 존재라는 사실 외에, 이들이 짧은 기간에만 존속하였다는 정황을 토대로 횡혈묘를 사용하는 집단들이 일시적으로 웅진지역에 거주한 결과 남겨진 것으로 보아야 할 것이다. 또한 단지리 횡혈묘가 일본의 횡혈묘와 묘제적으로 대동소이한 것이기에 잠정적이지만 그 축조주체를 일본열도에 기반을 둔 왜인 집단으로 보아야 할 것이나, 문제는 이 고분이 왜 웅진지역에 있는가이다.

단지리 횡혈묘는 웅진천도 전야에 백제가 동원한 군사집단이 머물렀음을 보여주는 것이다.

단지리 횡혈묘는 5~6세기대 일본 열도의 묘제환경으로 미루어 고품격으로 보기 어렵고 하층민의 것으로 봄이 일반적이다. 동시기의 것인 영산강유역의 전방후 원형 고분과 같은 수장급 고분에 견주어 볼 때도 그러하다. 따라서 단지리 횡혈묘의 주인공을 그러한 범주에서 찾을 수 있을 것이나, 웅진천도 전야는 물론이고 도읍기간에 왜인집단의 동향을 가늠할 수 있는 기록은 전혀 확인되지 않는다.

사실 백제와 왜와의 긴밀한 관계에도 불구하고 『삼국사기』 등의 국내 문헌자료에서 그 정황을 발견하기는 매우 어렵다. 반면에 광개토대왕비와 같은 금석문에서 왜에 대한 풍부한 기록과 함께 백제와 밀접한 관련을 보여주는 기록이 확인되며, 『일본서기』 등의 일본 쪽 문헌기록에서는 백제와 관련된 기사가 매우 풍부하게 전한다. 특히 백제 웅진도읍기를 전후하여 곤지를 비롯한 동성왕, 무령왕에 대한 기록이 적지 않게 발견된다. 이는 국내의 『삼국사기』 기록과는 대조를 이루는 것인데, 문헌기록상 왜의 관련기록 부재에도 불구하고 금석문 자료나 『일본서기』 등을 통한 언급에서 백제와 왜는 오랜 기간 밀접한 관계를 유지하고 있었던 사실을 추정하기 어렵지 않다.

다만 문헌기록의 경우 역사인식이나 편찬방침에 따라 기록 유무나 내용이 결정되는 것이기에, 특정 내용의 취사선택은 물론이고 기록된 내용에 대해서도 철저한 비판이 전제되어야 한다. 이러한 전제 하에 백제 웅진천도 전야의 정황에서 도읍지와 연계하여 왜 집단의 거주를 추정할 수 있는 직접적 기록은 『일본서기』에 남겨진 것으로, 말다왕과 함께 웅진에 이르렀다는 5백여명의 군대를 주목할 수 있을 것이다. 이 경우 말다왕을 동성왕으로 보아 동성왕의 출자를 왜와 관련시킨 점은 의문이 없지 않지만, 백제의 웅진천도 전야에 왜의 군사집단이 웅진에 이르렀음을 단지리 횡혈묘를 통해서 알 수 있다.

신흥세력과 백제의 새로운 도약

주지되었듯이 백제 웅진도읍기의 정치사적 의미는 남쪽으로 천도 과정에서 야기된 혼란이 수습되고, 백제 후기의 성장 초석이 마련된 것에서 찾을 수 있다. 나아가 한성 후기 혹은 웅진 초반기와는 전혀 다른, 보다 안정되고 강력한 왕권이 구축된 것에서 찾을 수 있을 것이다. 한편 강력하고 안정된 왕권이 구축되었음은 상대적으로 왕권을 약화시키거나 제약하였던 장애요소 또는 환경이 완전히 제거되었음을 의미한다. 여기서 장애요소란 외부압력에 의해 붕괴된 통치체제의 복구능력 부족을 꼽을 수 있겠지만, 다른 한편으로는 통치체제 확립과정에서 권력 장악을 위한 여러 세력 간에 상존하는 갈등의 해소가 미흡하였던 것도 큰 요인일 것이다.

　한성 말기에서 웅진도읍 초반부의 백제사회에서 왕권을 제약할 수 있는 요소는 무엇보다도 신흥귀족으로 표현되었던 구원군, 즉 웅진천도의 주체들일 것이다. 따라서 왕권의 확립이나 강화는 이들 천도 주체세력을 제압하거나 타협하면서 이룩되었을 것으로 봄에 문제가 없을 것이다. 다만 그 과정을 구체적으로 입증하여 설명할 수 있는 근거가 많지 않다는 한계는 있다. 이는 백제의 웅진천도 전야의 정황과 이후에 전개되는 정치사적 파동에 대해 유념하면 그 대강이 추정될 수 있을 것으로 본다.

웅진천도 초기의 세력이나 정치동향을 구체적으로 기록한 자료는 거의 없다.

앞서 살핀 것처럼 웅진천도 초반 무렵의 문주왕과 삼근왕대의 관련기록에서 천도 초기의 긴박한 정세를 짐작할 내용은 거의 발견되지 않는다. 다만 어린 삼근왕이 왕위에 올라 1년여 만에 사망하고 다시 동성왕이 등극한다는 사실이 전한다. 그러나 짧은 기간에 이루어진 왕위 교체의 배경적 설명은 전혀 확인되지 않는다. 더불어 동성왕이 23년간 재위함에도 동성왕 자신의 인물평과 관직임명기사, 전쟁기사와 교빙기사, 일부 의례기사 외에는 대부분의 내용들이 축성과 전렵에 대한 기사가 중심을 이룬다.

먼저 관직임명 기사는 병관좌평 진로와 내법좌평 사약사 그리고 위사좌평 백가와 연돌을 달솔과 병관좌평으로 보임하는 내용이 그것이다. 그리고 482년에 말갈과 488년에는 위나라, 494년과 495년에는 고구려와의 전쟁기사가 있다. 대외 교섭기사로는 484년에 북제로 조공을 시작하였다는 것과 이듬해 신라에 사신을 파견, 486년의 남제 조공과 493년에 신라 비지의 딸과 혼인한 내용이 있다. 또한 축성기사는 486년의 우두성, 490년의 사현성과 이산성, 498년의 사정성, 501년 탄현의 목책 설치에 대한 사실이 전한다.

이외의 토목관련 기사로 486년의 궁실수리, 498년의 웅진교 가설, 500년에 임류각을 건설한 내용도 전한다. 한편 483년 한산성 전렵과 웅진 북쪽 뜰에서 사냥을 시작으로 490년 사비, 492년 우명곡, 500년의 사비동원과 웅천 북쪽의 뜰에서, 그리고 사비 서쪽의 뜰에서 전렵 혹은 사냥하였다는 기사가 있다. 나아가 486년 궁의 남쪽에서 군대를 사열한 기사가 있고, 489년에 풍년이 들었고 따라서 해촌인이 벼를 바쳤다는 사실과 함께 천지신께 제사한 사실을 전하는데 더불어 남단에서 연회를 베풀었다는 기록도 있다. 491년 웅천이 범람하여 왕도의 민가 200여 채가 떠내려갔다거나 굶주린 백성 600여호가 신라로 탈출하였다는 내용, 499년에는 흉년으로 도적이 들끓는데 구제를 거부하는 동성왕의 행위와 함께 한산인이 고구려로 달아난 사실도 적고 있다. 말미에는 사냥기사와 함께 동성왕이 백가에 의해 살해된 정황을 적고 있다.

이상의 내용은 동성왕 재위 23년간에 대한 기록으로 재위기간에 일어날 수 있는 지극히 평범한 사실들이 골격을 이루고 있다. 비교적 23년이라는 재위기간에 상응하는 많은 기록을 남기고 있지만, 국가적 위기 속에 감행된 웅진천도 등 긴박한 정황을 수습하면서 나타날 수 있는 당시의 정치 환경을 가늠할 만한 내용은 거의 발견되지 않는다. 물론 『삼국사기』란 역사서가 당대의 역사를 어떻게 인식하고 정리하였는가에 대한 문제와 관련될 수 있겠지만, 동성왕 재위기간에 대한 기록은 전제 왕권적 군주가 일상적으로 진행하는 지극히 평범한 통치 행위로 볼 수 있는 것들만이 전한다. 당시의 긴박한 정황을 가늠할 수 있는 기사를 꼽자면, 498년의 탐라 정벌기사가 주목되는 정도이다. 그러나 웅진천도 초기에 반복하여 나타나는 구세력이나 신흥세력의 동향을 가늠할 수 있는 기사내용은 거의 간취되지 않는다.

구원군인 지방세력은 천도의 주도와 함께 붕괴 해체된 중앙세력을 대신하여 신흥세력으로 자리잡는다.

기록상의 백제 지배세력은 부여씨인 왕실세력 외에 해씨와 진씨가 중심을 이루고 있는데, 이들은 웅진천도 후에도 흔적을 드러내지만 정치적 입지에 상당한 변화가 있었던 것으로 볼 수 있다. 그 배경에는 한성 함락이 개로왕의 피살만이 아닌 왕족의 괴멸과 중앙 지배세력의 붕괴를 가져온 것으로 볼 수밖에 없는 웅진천도 전야의 상황을 들 수 있다.

고구려의 한성침공과 함락 과정에 중앙 지배세력의 붕괴를 가져왔고, 연이어 등장한 지방세력, 즉 지방에서 구원군으로 참여한 세력의 주도하에 웅진천도가 이루어진다. 그 결과 이들은 자연스럽게 붕괴·해체된 중앙 지배세력을 대신하여 새로운 신흥세력을 형성하게 되었다. 이들 신흥세력은 중앙으로부터 위세품을 하사받던 수장층으로 담로로 대표될 수 있는 각 지역의 토착세력들이었다. 백제 지방사회에서 발견되는 4-5세기대의 수장층 고분유적이 토착적 고유묘제라는 점에서 이들이 중앙사회와는 거리가 있는 전통적 지방세력이라는 것을 알 수 있다. 또한 토착 고분들은 일정한 혈연적 관계 속 가족적 범주 안에서 조성되었음을 보여주는 것으로, 이들은 혈연을 기반으로 형성된 권력을 향유하였을 것으로 추정되나 그 내용을 구체적으로 확인하기는 어렵다. 다만 지방사회를 완전하게 장악하여 통제하였던 세력으로 봄에 문제가 없을 것이다.

지방세력이 신흥세력으로 부상하는 것은 웅진천도라는 급박한 정세에 편승한 것이기도 하다. 주지되듯이 고구려의 침략에 대처하기 위해 백제는 각지의 구원군 동원에 나섰다. 물론 『삼국사기』에 기록된 구원군은 신라병 1만명 만이 알려져 있으나, 이에 대해서는 고구려의 한성침공 당시 개로왕이 문주를 남쪽으로 보내 구원군을 얻어오도록 한 사실과 웅진천도 이후에 특징적으로 나타나는 각 지역의 묘제 등 고고학적 환경을 염두에 둘 필요가 있다.

백제가 군사적 위협에 대처하기 위하여 주변에서 구원군을 동원한 것은 상비군 운영이 어려운 고대국가의 군사적 환경으로 미루어 쉽게 납득될 수 있다. 다만 구원군으로 참여하는 대상이 누구인가라는 문제가 있는데, 이는 한성도읍기 백제와의 관계 안에서 백제의 위기 시에 군사력을 제공할 의무를 가진 지역이나 집단이었을 것으로 추정된다. 당시 동아시아에서 백제가 차지한 위상은 대중국 교류독점권을 매개로 한반도 남부지역만이 아니라 일본 열도까지 그 세력을 떨쳤음을 고려하면 구원군의 동원범위를 폭넓게 설정할 수 있을 것이다. 우선 담로로써 위세품을 통해 백제와 상호관계를 맺던 세력 집단들이 그 대상이 되었을 것인데, 구원군을 보낸 신라는 물론이고 당시 동아시아 정세 속 백제의 위상으로 볼 때 가야나 왜까지 구원군의 범위에 해당된다고 보아야 한다.

결국 한성도읍기의 지방세력들이 구원군으로써 전쟁에 참여한 것을 기회로 신흥세력으로 부상하였음을 알 수 있다. 이들 신흥세력은 웅진으로 천도한 이후에 등장하는 다양한 성씨가 그들일 것으로, 문헌기록에는 사씨와 목씨, 연씨와 백씨 등이 나타나지만 이보다 더 많고 다양한 주체세력이 존재하였을 것이다.

천도의 주도세력인 신흥세력은 웅진도읍 초기 국가운영을 주도하면서 상호간 권력투쟁을 전개한다.

앞서 살핀 것처럼 영산강유역의 전방후원형 고분이나 웅진 인근의 횡혈묘의 존재는 백제 웅진천도 전야에 나타난 왜 집단의 움직임을 보여주는 증거들이다. 이를 통해 백제의 구원군으로 왜 세력도 동원되었음을 알게 한다. 웅진도읍기의 왜와 관련하여 주목되는 인물은 곤지이다. 곤지는 문주왕 3년에 내신좌평으로 임명되었지만 얼마 후에 사망한 인물이다. 특히 곤지의 행적으로 개로왕이 북위에 보낸 국서에 좌현왕에 책봉된 여곤이란 사람을 곤지로 추정하기에 상당한 실력자였음을 알 수 있다. 또한 삼국사기에는 곤지가 개로왕의 아들로서 문주왕의 동생일 뿐만 아니라 동성왕의 부친으로 기록되어 있다.

한편 『일본서기』등 왜와 관련된 사서에도 곤지가 자주 등장할 뿐만 아니라 무령왕의 부친임을 암시하듯이 기술되며, 상당히 중요한 인물로 묘사되고 있다. 특히 곤지가 서기 461년에 왜에 사절로 파견되는 기사가 있는데, 이를 통해 곤지는 백제 왕실의 2인자 위치에 있으면서 왜와 밀접한 관계를 맺은 인물로 볼 수 있다. 사실 백제에게 왜는 매우 중요한 교섭상대였기에 백제에서 제2인자에 해당되는 곤지가 외교의 전면에서 왜와의 관계를 유지하였다고 봄에 문제가 없을 것이다.

백제의 웅진천도 직후에 나타난 곤지의 동향도 주목될 수 있는 내용이다. 사실 백제는 475년 고구려의 한성침공으로 개로왕의 피살과 함께 왕족의 대다수가 죽거나 포로가 되었다고 보아야 한다. 문주의 경우도 지방으로 구원군 모집에 나섰기에 화를 모면하였다고 볼 수 있다. 당시 문주는 태자로 표현되었듯이 개로왕의 정국에서 중요한 인물이었는데, 그가 구원군 모집에 나선 것으로 보면 곤지처럼 중요인물, 그것도 왜와 밀접한 관계를 유지하고 있던 인물을 구원군의 동원을 위해 왜에 보낸 것은 당연할 것이다. 그러나 그들이 구원군과 함께 돌아왔을 때는 한성이 이미 함락되었을 뿐만 아니라 왕실도 웅진으로 천도한 후였을 것이다. 이후 혼란된 정국을 수습하기 위해 문주왕은 가장 측근인 곤지를 내신좌평에 임명하였을 것인데, 한성 지배세력 중심의 정국운영 한계로 결국 곤지가 사망에 이른 것으로 볼 수 있다.

결국 천도의 주도세력인 지방세력들이 신흥세력으로 분류되는 것처럼 중앙 정계에 진출하여 중앙세력이 되었고, 이들은 웅진도읍 초반부의 정권에 참여하면서 서로 자웅을 겨루었던 것으로 봄에 문제가 없다. 물론 이즈음 중앙세력으로 편제된 지방세력들은 구원군으로 참여한 여러 세력이 망라되었을 것이다. 그들은 이해관계에 따라 서로 간에 이합집산이 계속되면서 권력투쟁이 전개되는데, 이러한 사실은 웅진도읍 전반기의 연 이은 왕의 피살, 혹은 반란 등을 통해서 알 수 있다.

무령왕의 등장으로 권력투쟁은 종결되고 왕권의 확립과 강화를 통해 정치적 안정을 이룩하게 된다.

무령왕이 등장할 즈음에 백제는 동성왕 및 백가세력 등의 제거를 통해 권력투쟁이 일단락되고 국왕중심의 정권 창출을 통해 정치적 안정이 이룩된다. 이를 기회로 무령왕의 재위기간이 왕권확립 혹은 강화, 국력 증진의 과정에 접어든 것이 아닌가 여겨진다. 이는 웅진천도를 기회로 새롭게 백제의 지배세력으로 등장하였던 신흥세력, 즉 구원군 세력의 통합 혹은 소멸을 가져오면서 자연스럽게 무령왕을 중심한 유일 권력체제가 자리 잡은 것으로 결론할 수 있을 것이다.

결국 고구려의 한성침공과 그에 따른 웅진천도라는 역사적 사건을 기회로 백제사회는 신흥세력으로 지칭되는 지방의 구원군이 대거 중앙에 진출하고, 그에 따른 정정의 불안이 계속되지만 지방사회는 여전히 한성 말기에 조성된 환경, 즉 신흥세력인 구원군 중심의 정치·사회적 독자성이 유지되었던 것으로 보아야 한다. 그러다가 무령왕 등장을 즈음하여 이루어진 국왕중심의 권력통일은 결국 신흥세력의 붕괴 혹은 소멸을 가져왔고, 이는 자연스럽게 독자성을 유지하던 지방사회와 중앙간의 이원성이 소멸되면서 백제가 국왕 중심으로 일원화되었음을 추정할 수 있다. 웅진 말기 혹은 사비시대 초기에 나타나는 통치제도로서 22부사제의 마련이나 5부 5방제와 같은 제도정비가 이를 반영하는 것으로 볼 수 있다.

백제 웅진정도와 공산성

백제의 웅진천도는 국가적 위기 속에 이루어진 것이다. 천도자체가 준비된 것이 아니기에 웅진도 사전에 도읍의 면모가 갖추어진 것은 아니었다. 때문에 도읍의 면모는 점진적으로 갖추어졌다고 볼 수밖에 없다. 그러한 정황은 도읍지에 남겨진 백제시대 유적의 대부분이 천도 이후에 마련된 것에서 알 수 있다. 그 대표적 사례가 웅진성인 공산성일 것이다.

공산성은 백제의 도읍지 웅진에 자리한 중심 거성이다. 백제시대에는 웅진성이라 불렸지만 신라시대는 웅천성, 고려시대는 공주산성, 조선시대에는 쌍수산성이란 별칭으로 불리었듯이 각 시대마다 중심 거성으로 기능한다. 특히 백제의 웅진천도 이후에는 하나의 산성임에도 도성은 물론이고 왕성으로 기능한다. 따라서 공산성 즉 백제의 웅진성은 도읍지내 거성으로서 드러난 위상을 통하여 웅진도읍기 역사를 가늠할 수 있다.

공산성내에는 다양한 유적이 잔존한다. 1980년도 이후부터 진행된 일련의 발굴조사는 이 산성이 백제의 웅진성으로, 나아가 도읍지내 거성이면서 왕성의 면모를 구체화할 수 있었다. 성내의 다양한 유적은 백제문화의 실상을 적나라하게 보여줄 뿐만 아니라 웅진시대 백제의 긴박한 정황이 그대로 함축되어 있다.

도읍 웅진과 웅진도성

서기 475년 백제는 웅진으로 천도를 단행하였고 이로써 웅진은 백제의 왕도로 부상된다. 고구려의 군사적 침략으로 첫 번째 도읍지 한성은 철저하게 파괴되어 더 이상 도읍으로서 역할을 기대하기 어려웠다. 이에 웅진으로 천도를 단행함에 따라 웅진이 일약 한나라의 중심 도읍으로 자리하게 된 것이다.

도읍의 면모를 전혀 갖추지 못했던 웅진은 천도 후에 왕도로서 면모가 점진적으로 갖추어졌을 것이다.

새로운 도읍지 웅진이 본래부터 도읍의 면모를 갖추고 있었던 것은 아니다. 웅진 천도는 한성함락이라는 긴박한 상황에서 구원군과 함께 한성으로 돌아온 문주에 의해 이루어졌다. 비록 문주는 한성에서 왕위에 등극하였으나, 한성이 더 이상 도읍으로 기능하기 어렵다는 판단 하에 남쪽으로 천도할 수밖에 없었다. 물론 천도의 주도세력은 구원군으로 동원된 지방세력으로 그들의 이해관계 속에서 황급하게 웅진이 도읍으로 선정된 것이다. 따라서 새로운 도읍 웅진은 준비된 도읍이었다고 보기는 어려우며, 오히려 천도 후에 도읍의 면모를 점진적으로 갖추어 나갔을 것으로 보아야 한다.

　백제가 웅진에 도읍한 기간은 64년간으로 역사적으로 보면 그리 긴 시간은 아니다. 그러나 이곳에 도읍하던 시기에 다양한 정치적 사건을 겪으며 혼란된 정국을

공주와 공산성

수습하고 이를 바탕으로 국력부흥과 찬란한 발전을 이룩하는 등, 국가의 흥망성쇠가 전개되기에 충분한 시간이기도 하다. 따라서 비록 도읍의 선정이 황급하게 이루어졌다 하더라도 점차적으로 왕도로서 면모를 갖추었다고 봄에 문제가 없다.

한편 도읍에 대한 일반적인 인식은 왕궁을 비롯한 각종 시설이 마련될 뿐만 아니라 완벽한 방어시설을 갖추어 하나의 도성체제를 갖춘다는 것이다. 하지만 백제의 웅진도읍기의 도읍 현황이 어떠했는지는 그것을 구체적으로 알려주는 자료가 거의 없기 때문에, 도읍으로서 웅진에 대한 인식은 웅진성인 공산성을 비롯한 무령왕릉과 같은 물질자료로 진행할 수밖에 없다.

웅진이 임기응변식으로 마련된 도읍이라 하더라도 60여년의 세월동안 점진적으로 왕도로서 면모를 갖추었을 것으로 보았다. 문제는 그 현황이 어떠하였을까라는 점이다. 도읍지 웅진의 범위가 어떠하고 도읍지는 어떤 형상을 갖추었으며, 어떻게 운영되었는가의 의문이 그것이다. 다만 이러한 의문은 관련기록이 거의 전무하기에 유적·유물이나 자연 환경을 통해 그 부분적 모습만을 살펴볼 수 있다.

도읍지 웅진은 유적과 유물의 분포정황을 토대로 현재의 공주 시가지 일원이 그 중심권이었다고 판단한다.

웅진은 지금의 공주지역 특히 시가지를 위요한 중심지에 해당한다고 볼 수 있다. 이 지역은 금강유역의 분지에 해당되며 사방이 산으로 둘러싸여 있다. 특히 북쪽은 금강이 가로 막고 있으며 중간지역은 작은 하천인 제민천이 남에서 북으로 관통한다. 때문에 분지 내 지역은 제민천 일원만이 평지로 남겨져 있을 뿐, 이외는 비교적 험준한 산지나 구릉지로 이루어져 있다. 더불어 제민천 주변의 평지 또한 금강이란 큰 하천과 지나치게 인접하고 있어, 천변의 늪지대 혹은 낮은 저지대이면서 좁은 범위에 불과하다. 이 범위는 19세기 말경부터 도시가 확대 조성되면서 평지로 인식되어 개발된 범위이기도 하다.

결국 웅진의 자연·지리적 환경은 도읍지의 범위를 금강변 분지내, 그것도 금강

공산성

1
5
2
4 3, 6
8 7
12, 13
10 14
11 9 15 16
17
18

1. 송산리 고분군	11. 남산 고분군
2. 교촌리 고분군	12. 금학동 고분군 1.2
3. 박산소 고분군	13. 금학동 고분군 3
4. 웅진동 고분군1	14. 월성산 고분군
5. 웅진동 고분군2	15. 신기동 고분군
6. 웅진동 고분군3	16. 능치 고분군
7. 보통골 고분군	17. 취리산 고분군
8. 봉정동 고분군	18. 시목동 고분군
9. 우금치 고분군	
10.오곡동 고분군	

공주시내 유적 〈공산성과 분묘〉

남쪽의 현재 시가지 내로 한정시킬 수밖에 없어 지나치게 협소하다는 것을 알 수 있다. 특히 제민천변의 가용 면적이 아주 협소하기에 이를 포함한 도읍지의 구조를 구체화하기 어렵게 한다.

웅진이란 도읍에 대한 대강의 범위는 유적과 유물을 통해서 어느 정도 구체화할 수는 있다. 그리고 그동안 왕도의 범위를 탐색하기 위하여 고고학적인 검토가 진행된 바가 있기도 하다. 예컨대 나성의 존재를 추정하여 도성의 현황을 이해한다거나, 주변에 넓게 산포되어 있는 산성을 근거로 왕도의 범위를 추정하였던 것이 그것이다. 그러나 나성의 존재는 단지 추정적인 것으로 그 실체를 확인할 수가 없지만, 주변 산성의 분포상을 토대로 왕도의 범위 추정한 것은 나름의 타당성을 갖춘 것으로 본다. 이러한 방법은 20여개의 산성이 웅진성인 공산성을 중심으로 일정한 간격으로 사방에 배치되어 있음을 근거로 한 것이며, 배치된 주변산성의 내부를 도읍지로 추정한 것이다. 그러나 이러한 추론도 주변 산성이 모두 백제시대의 것인가라는 의문과, 산성이 대체로 교통로에 이중으로 설치되는 경향이 있기에 산성의 배치형상으로 도읍의 범위를 획정할 수 있는 절대적 증거로 삼기가 어렵다는 한계가 있다.

한편 백제의 웅진도읍기에 조성된 유적의 대부분이 금강을 경계로 그 남쪽에 밀집된 특징을 보인다. 물론 북쪽에 위치하는 취리산유적이나 시목동 고분군, 수촌리 고분군 등과 일부 산성도 있다. 그러나 상대적으로 수적 열세가 두드러질 뿐만 아니라 조성시기도 백제가 웅진으로 천도하기 이전의 것들로 남쪽에 위치하는 유적들과 차이가 있다. 반면에 강의 남쪽에 있는 유적들은 비교적 밀집상을 보이면서 대부분 웅진천도 이후로 편년되는 것들만이 집중되어 있다. 결국 이러한 정황은 금강을 경계로 남쪽이 천도 후의 도읍지 중심이란 사실을 알 수 있게 한다.

황급한 천도로 마련된 도읍지 웅진은 정연한 도성구조를 갖추었을까의 의문도 있다.

웅진은 백제의 두 번째 도읍지로서 도성으로 구분되기도 한다. 『삼국사기』에는 한 나라의 중심인 수도와 유사한 의미를 나타내는 표현들이 보이는데, 고구려에는 경도와 왕도가 있으며 신라는 경성이라든가 경도와 경사, 도성이나 왕도, 왕경의 표현이 있고, 백제는 왕도와 도성 그리고 왕성 등의 용어가 사용된다. 다만 이러한 용어가 기록된 『삼국사기』의 찬자가 용어의 사용에 대한 엄격한 기준을 갖고 있었는지, 아니면 실제 도성제 원리에 대한 객관적 개념이 있었는지에 대해서는 알 수가 없다. 그러므로 도성에 대한 정의를 왕이 거주하는 왕성을 직접적으로 가리키거나 혹은 왕의 거처를 포함한 정치·경제, 사회·문화의 중심지 전체를 가리키는 의미로 받아들여도 문제가 없을 것이라 여겨진다.

사실 도성이란 문자 그대로를 놓고 보면 도都를 둘러싼 성城이란 뜻으로 이해된다. 이러한 점에서 우리나라를 포함한 한자 문화권에서는 '국國'이라는 글자 자체가 상형하는 것 역시 내외 2개의 성으로 이루어진 특수한 취락 유형을 의미하는 것이다. 바깥의 '국口'은 국가를 보호하는 시설이고, 내부의 작은 '국(口)'은 왕이나 최고 귀족 계층이 거주하는 왕궁을 나타낸다.

성벽으로 둘러싸인 도시 가운데 왕이 거주하는 왕궁이 있고, 왕의 조상들에 대한 제사를 드리는 신전인 종묘, 국가의 경제적·사상적 기초를 이루는 토지와 곡식의 신을 제사하는 사직을 가진 도시를 도성이라 부르는 것이 일반적이다. 또한 도성은 왕이 상시 거주하는 왕궁과 왕궁을 포함한 지배 공동체의 생활공간, 뿐만 아니라 정치·경제·문화의 중심지인 실제 수도의 공간을 나타내는 말이기도 하다. 문제는 웅진이 이러한 도성의 조건을 갖추었는가라는 점이다.

백제의 마지막 도읍지 사비는 나름의 정연한 도성구조를 갖추었을 것으로 추정한다.

백제가 한강유역에 머무를 즈음의 도성은 처음 하북 위례성에서 하남 위례성으로 옮겼으며, 서기 5년에 위례성에서 한성으로 옮긴 사실, 또한 근초고왕 대에는 다시 한산으로 옮겼다는 기록이 있다. 그러나 하북과 하남의 위례성, 한성과 한산의 상호관계나 그 위치와 범위, 성격에 대한 구체성이 결여된 상태이다.

그럼에도 위례성 혹은 한성과 한산은 백제의 도성으로 보아야 한다. 온조왕이 처음 백제의 도읍으로 정한 위례성은 동명왕묘가 세워진 기록이 있고, 성문을 닫고 적을 방어할 수 있는 정도의 시설이 있었다. 한강의 남쪽에 목책을 세우고 맨 먼저 백성들을 이주시킨 후 궁성과 대궐을 세웠으며 이후 새로운 궁실의 건축, 왕실 조상의 사당 짓기, 천지에 제사하는 제단 만들기 등이 차례로 이루어진 것으로 전한다. 이어 인구가 늘어나자 도성의 규모가 점차 커져 남북과 동서의 4부를 나누어 구획하였음도 알 수 있기 때문이다.

그러나 한성도읍기 백제의 도성구조가 구체적으로 어떠하였는가에 대한 의문은 여전히 남아 있다. 왕궁이나 각종 제사시설 및 관청 등의 존재는 추정할 수 있지만 왕성을 중심으로 외변에 곽을 설치한 형태, 즉 도성제로 분류할 수 있을 만큼 정연한 도시 시설이 갖추어졌는가에 대해서는 확인이 어렵다. 한성도읍기 왕성으

사비도성 항공사진(1967年)

로 볼 수 있는 풍납토성이나 몽촌토성의 존재 외에 나성과 같은 외곽시설이 없는 것으로 보아 나름의 백제적 도성구조를 갖추고 있었던 것이 아닌가라는 추정에 머물 수밖에 없다. 한성도읍시기의 정치·군사적 사건 전개과정에서 나타나는 남성과 북성의 존재에 착안하여 이 시기에 도성이 있고, 이들 남성과 북성이 왕성으로 존재한다고 보는 견해도 있지만, 아직까지 백제 도성의 형상을 선명하게 이해하기는 어려운 형편이다.

본래 도성은 내부에 별도의 왕성을 마련하고, 도읍지 전체를 에워싼 성곽을 의미하는 것이다. 이러한 구분은 중국과 같이 성과 곽의 구분, 도성과 왕성의 구분이 분명한 도성제가 실시된 경우에 한해서 적용함에 무리가 없을 것이다. 그러나 백제에서 그와 같은 도성제가 실시되었음을 구체적으로 입증할 자료는 아직 발견되지 않는다. 다만 사비도읍기에는 이전과는 달리 나성을 중심한 도성체제를 갖춘 것으로 보고 있어, 백제에서 도성제의 실현은 적어도 사비도읍기에나 이루어졌을 것으로 추정한다. 사비도성은 현재의 부소산성과 나성, 그 외곽으로 능산리의 고분군과 청마산성을 비롯한 주변 방어시설이 위치하고 있어 새로운 도성형식으로 구분하고 있기 때문이다.

웅진은 정연한 도시구조를 갖춘 도성으로 보기는 어렵다.

도성은 그 자체가 상징하듯이 최고 지배자의 거성, 즉 왕이 머무는 왕궁을 포함하여 일정한 기능을 지닌 공간을 갖추고 있는 국가의 정치·경제, 사회·문화의 중심지라 할 수 있다. 도성이 이처럼 규모가 크고 웅장한 시설을 갖춘 것으로 볼 경우 웅진도읍기의 도성모습을 구체적으로 검증하기는 사실상 어려울 것이다.

백제의 도성과 관련하여 한강유역에 도읍하던 즈음의 도성으로 위례성을 언급하고, 나아가 이를 한성 혹은 대성이라 표현한 것을 우리말로 큰 성이라 불리는 도성이었다고 판단하지만 구체적 내용에 대해서는 알기가 어렵다. 다만 사비도읍기의 도성과 관련하여 현존하는 나성을 도시구획 시설로 봄에 따라 사비시대에는 정연한 도성이 갖추어졌던 것으로 보지만 이것도 현재의 사비도성유적이 천도가 이루어지는 서기 538년이 아닌, 멸망하던 서기 660년에 완비된 모습이란 점을 고려하면 제도로서 백제 도성의 모습을 구체화하기는 어렵다.

따라서 웅진도읍기의 도성, 도읍으로서 웅진의 모습은 웅진시대 백제사회의 정황에 따라 이전·이후 시기와는 차별화된 형태로 조성되었을 것으로 보아야 할 것이다. 이에 대한 내용은 현재까지의 고고학적 환경으로 미루어 볼 때 웅진성인 공산성을 중심으로 살펴볼 수 있을 것이다.

그런데 웅진이 왕도였다는 사실을 입증할 수 있는 유적은 산견되지만, 왕도나 도성으로 개념을 정리할 정도의 정연한 도시구조를 갖추었다고 보기는 어렵다. 이는 그 정황을 살필 기록도 전혀 없지만, 고고학적 환경에서도 도성을 추론할 적극적 증거가 거의 발견되지 않기 때문이다. 즉 웅진이 왕도인 것은 분명하나, 도성에 비견할 수 있는 도시적 면모를 갖추었다는 증거자료가 사실상 발견되지 않기 때문이다. 앞서 언급한 것처럼 자연환경과 고고학적 환경에 따라 도읍 범위가 설정될 수 있지만 그 자체를 정연한 도시 형태로 복원하기는 어렵기도 하다. 자연지형에 따라 토지의 가용범위를 극대화하였을 것으로 추정되긴 하지만 협소함이 지나치기 때문이다.

웅진도성에 대해서는 현재 공주 시가지의 외곽에 위치하는 구릉의 경사 하단지역에 산포된 형태로 주거가 이루어졌을 것이란 짐작은 가능하다. 왕도의 중요시설은 웅진성인 공산성 안에 조영되었을 것이고 규모가 크지 않은 일부의 시설은 바깥에 시설하였을 것인데 정지산유적이 그것이다. 즉 웅진이란 도읍의 구조는 공산성을 거점으로 주변에 보다 규모가 작은 시설을 구축하면서 거주 공간이 조성되었다고 보아진다.

공산성은 백제 웅진성

공산성은 백제 웅진성이다. 그리고 웅진도읍기 백제도성을 웅진성이라 부를 경우 공산성은 도성이 된다. 웅진성은 백제의 도읍 웅진에 있던 거성으로 현재 공주시가의 중심에 있는 공산성이 그것으로 알려져 있다.

공산성은 백제시대부터 통일신라, 조선시대까지 중심 거성으로 기능하였던 유적이다.

공산성이 백제시대의 웅진성임을 알려주는 자료는 조선중기 지리서인『신증동국여지승람』으로, 주의 북 2리에 있고, 백제시대의 고성이었으며, 신라시대의 김헌창이 웅거하던 곳으로 전한다는 점에서 추정하는 것이다. 물론 기록에서 지목된 백제시대의 고성이 웅진성이라고 사실적으로 분명하게 적은 것은 아니고, 나아가 기록내용 자체에서 이를 확인할 근거도 없는 형편이다. 그러나 신라의 김헌창이 웅천주에서 난을 일으켰고, 그가 웅진성에 웅거하였음을『삼국사기』등의 여타 기록에도 전하고 있어, 공산성을 웅진성으로 비정하는 것은 의문의 여지가 없다.

이 공산성은 성의 이름 변화에서 알 수 있듯이 오랜 기간 그 기능을 유지하였고, 그로 말미암아 성내에는 각 시기별 유적이 적지 않게 중복되어 있다. 특히 조선시대에는 성곽에 대한 반복적 증축과 개축이 있고, 더불어 성내에도 각종 시설이 마련되어 있었다. 예컨대『여지도서』에 의하면 타와 포루를 갖춘 석축 성곽으로 4개의 문루를 갖추고 있으며, 성내에는 중군 처소로 진남관이 있다고 기록하였다. 나아가 그 앞에 연못이 있는 것 외에 후에 다시금 연못을 만들었고 나아가 수구문과 암문을 갖추고 연못의 주변에 만하루를 건축하면서 인접하여 익성을 구비한 성체가 마련되었다는 사실도 알려 준다.

그러나 현재의 잔존유적은 조선후기의 것조차 구체적이지 않다. 현재 지상 유적으로 남겨진 것은 성곽시설로 성문 등의 부대시설이 있다. 이외에 조선후기의

공산성 발굴조사 광경

『여지도서』등에서 확인할 수 없는 비각이나 누각도 있는데 이들은 조영시기가 오래되지 않은 것들이다. 대부분 유적은 인멸된 상태로 지하에 매몰되어 있었을 뿐이며, 이들은 발굴조사를 통해서 드러나게 되었다.

공산성내의 유적조사는 그것이 초보적인 형태지만 이미 일제강점기 초기부터 있었다. 그러면서 이것이 백제의 웅진성 특히 왕성으로 인정되고, 그에 따른 조사가 이루어진 바가 있다. 본격적인 조사는 아무래도 1980년대에 이르러 이루어진다. 즉 1980년에 임류각지를 비롯한 장대지와 만아루지가 조사되고, 북쪽 금강변에서 지당이 확인되었다. 백제유적은 임류각지가 유일한 것이었는데 현재 그 성격에 의문이 있지만 아무튼 존재를 확인하였다는 점에 커다란 의미가 부여되었다.

이어 1982년에 지당의 조사가 이루어졌고, 이것이 백제시대의 것으로 알려지면서 많은 반향이 있었지만, 조선시대의 것이 잘못 알려진 것이다. 때문에 이후의 조사는 백제의 지당을 확인하겠다는 의도에서 1983년과 1984년 영은사앞 지역에 대한 조사가 진행되었다. 그러나 조사결과는 지당보다는 통일신라시대의 불상 출토 유적과 조선시대의 암문지 및 수구만이 확인되었을 뿐이다.

이후의 조사는 백제문화권 개발사업이 본격적으로 진행되면서 성내의 지형 중에 유적이 존재할 것으로 여겨지는 지형을 망라하면서 이루어졌다. 그 첫 번째 대상이 1985-86년에 실시된 쌍수정 광장이다. 일제 강점기 마장으로 활용되면서 일차적 정지가 이루어지고, 조사전에 이미 운동장으로 사용되던 곳이다. 그러나 시굴조사와 발굴조사를 통해서 백제시대 다량의 건물지를 비롯한 연못 그리고 저장시설 등이 확인되면서 추정왕궁지로 분류되기도 하였다. 결국 이 조사는 웅진도읍기 왕궁이 성내에 있다는 논거를 마련하는 계기가 되었을 뿐만 아니라 공산성이 웅진성으로서의 구체성을 입증하는 계기가 되었다.

백제유적의 확인조사는 이후에도 지속된다. 1987년은 성내 마을지역을 조사하면서 백제 유적보다는 조선시대의 중군영지 및 연못이 조사되었다. 1988년에는 동쪽의 토성지에 대한 조사, 그리고 1989년에는 통일신라시기의 건물지를 비롯한

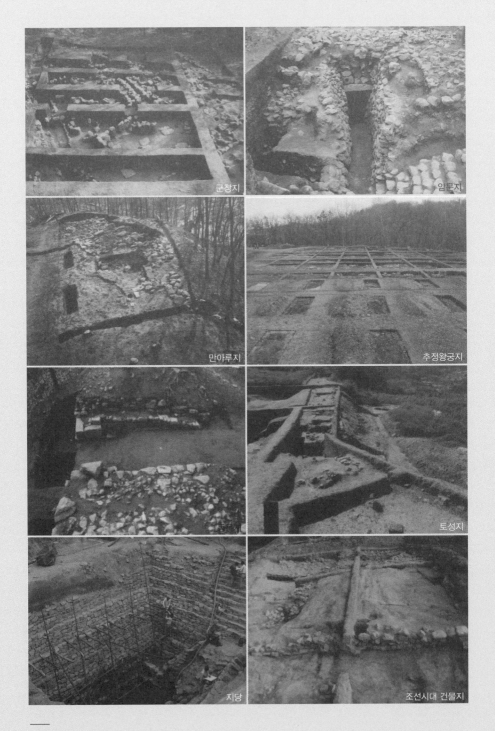

군창지

암문지

만아루지

추정왕궁지

토성지

지당

조선시대 건물지

공산성 내 유적

쌍수정 광장 북쪽사면에서 백제시대의 건물지가 확인되었다. 이후 1990년의 조사는 서문지 부근에서 백제시대의 건물지를 비롯하여 북변에서 저장시설 등이 확인된다. 이러한 일련의 조사는 성내의 유적이 입지할 수 있는 구역에 대한 대체적 조사를 마무리할 수 있게 되었다.

조사는 1993년에 영은사앞지역의 연못유적을 마지막으로 확인하면서 약 15년여의 기간에 걸쳐 10차의 조사가 일차적으로 마무리되었다. 그리고 공산성내 백제시대 유적은 조사된 전체 유적현황에서 보면 많지 않으나 성내 모든 지역에 비교적 골고루 분포되었으면서 규모나 내용에서 주목될 수 있는 것이 많다. 더불어 조사된 유적은 추정왕궁지의 사례에서 알 수 있듯이 시간 축에 따라 일단의 변화상도 확인할 수 있다. 이는 공산성이 백제의 웅진천도 후 거점으로 중요한 역할이 지속되었음을 보여주는 것이다.

한편 공산성내 유적 조사는 2005년도에 이르러 재개된다. 대상은 공산성 성안마을로 불리던 지역으로 공산성의 전체 면적이 약 6만여평인데 성안마을은 약 1만여평으로 성안에서 가장 넓은 면적을 차지한다. 약 70%가 평지로 있어 가용 범위도 충분하다고 볼 수 있는 지역이다. 일제강점기 초반부터 성안에 민가가 자리하였는데 이들은 2천년대까지 철거되면서 유적조사가 실시된 것이다. 2005년의 시굴조사를 바탕으로 2008년부터 3년에 걸쳐 상층에 있는 조선시대 중군영 관련시설의 발굴이 진행된 다음에 2011년부터 보다 아래층에 있는 백제시대 유적의 발굴이 진행되고 있다.

백제의 왕궁시설로 추정하였던 추정왕궁지가 가장 주목된 유적이기도 하다.

공산성이 백제의 웅진성임은 분명하지만 누대에 걸쳐 사용되었기에 지상의 유적은 조선시대의 것이 대부분이다. 때문에 초기의 백제시대 유적은 발굴조사로 확인할 수밖에 없는데, 기왕의 조사로 인지된 백제유적은 성곽 외에 왕궁 관련시설과 각종의 부대시설로 구분할 수 있다.

———
상단 추정왕궁지 전경
하단 추정왕궁지 근경

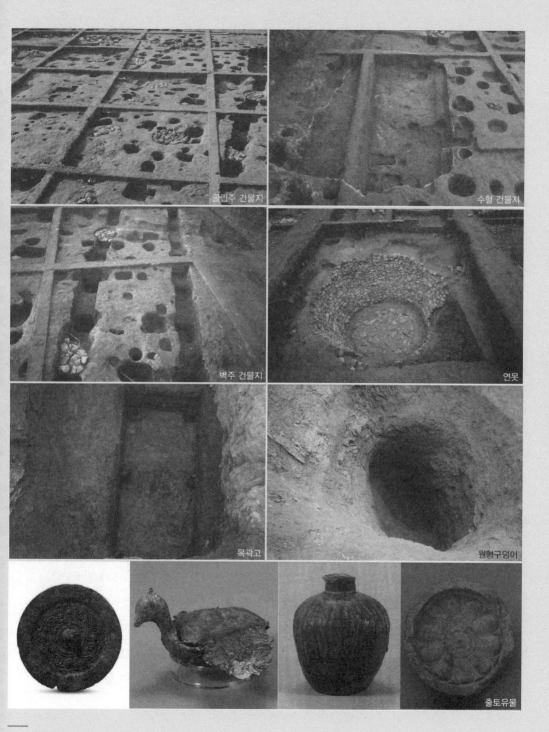

굴립주 건물지

수혈 건물지

벽주 건물지

연못

목곽고

원형구덩이

출토유물

추정왕궁지 유구 및 출토유물

추정왕궁지유적의 경우 서쪽 봉우리 정상의 쌍수정 광장으로 불리는 지역에 위치하며, 약 2천여평의 면적으로 다양한 건축시설과 유물이 발견되어 있다. 유적은 다양한 건물지와 저수시설, 저장시설 등으로 구분할 수 있다. 건물지의 경우 굴립주 사용 건물지와 벽주 건물지, 수혈 건물지 그리고 적심석을 사용한 건물지로 구분된다. 이중에서 적심석을 사용한 건물지는 백제 이후의 것으로, 이는 예외로 하더라도 백제시대의 건물지 유구로 굴립주와 벽주 그리고 수혈건물지 등의 다양한 형태가 있다.

건물지는 유적의 범위에 매우 조밀하게 들이찬 것으로 추정되나 표면의 훼손이 심하게 이루어져 건물의 모습을 복원하기가 어렵다. 더불어 건물이 자리한 정면의 남쪽에 원형의 용수 저장시설이 위치한다든가 중간지점에 목곽고가 발견되고, 이외에 주변에 각종 수혈 등의 시설도 함께 남겨져 있다.

한편 추정왕궁지에서 비교적 적은 유물만이 수습되어 있는데 그것도 대체로 건축물과 관련된 것들이 대부분이라는 특징이 있다. 즉 수습유물의 대부분은 기와류이고 이어 토기 등의 유물이 있을 뿐이다. 다만 유물 중에 청동거울의 존재, 금동제 봉황모양의 향합형 유물은 특이성과 함께 고급품으로 매우 주목된다. 기와도 수막새기와가 다양하고 풍부하게 수습되었는데, 기와의 규모나 형상으로 미루어 최고급 품격의 것이란 점에서 해당 유적의 성격이 범상치 않음을 알 수 있다.

성안마을 유적은 최대 규모이며, 작은 도시로 볼 수 있을 만큼 풍부한 내용을 갖추고 있다.

다음으로 주목할 유적은 성안마을 유적이다. 성안마을은 약 1만여평의 가용면적을 가졌는데, 70%의 범위에 백제시대 유적이 잔존함에 기왕에 발굴된 백제시대 유적으로는 최대 규모에 해당되는 것이다. 유적은 현재의 지표면에서 4~6m의 깊이에 위치하는데, 거의 작은 도시에 가까운 유적 내용을 갖추고 있다. 2011년부터 2015년까지 발굴된 내용만을 종합할 경우 지역의 한가운데에 70m이상 길이의 너

공산성 성안마을 유적 전경 〈2011년~2014년 조사〉

비 6m인 남북 간의 대로가 있다. 그리고 북단에서 동서로 갈라지는 3m 너비의 길을 경계로 그 북쪽은 성벽이, 남쪽은 도시로 볼 수 있는 각종 시설이 자리한다.

시설은 대부분 건물지인데, 기와 건물로 규모는 차이가 있다. 특히 구역의 서쪽 기슭에 커다란 마당의 후면에 대형의 건물 2채가 자리하여 그것이 유적의 핵심시설로 판단되기도 한다. 이외에 목곽고를 비롯하여 석축의 용수저장시설이라든가 철체품 생산의 공방 그리고 특수 기능을 담당하였을 것으로 판단되는 6각형의 건물지도 있다.

성안마을의 백제유적은 갖추어진 유구 외에 출토된 유물도 주목되는 것이 많다. 구역 내의 건물지는 모두 기와 건물로 판단되고 그에 해당되는 다량의 기와가 수습된다, 보다 주목되는 것은 다양한 생활유물이 출토되는 것이다. 웅진시대의 것만 아니라 사비시대의 것까지 망라되고 종류도 토기나 벽돌 그리고 철제품이 주류를 이룬

상단 공산성 성안마을 유적 〈2011년 4차조사-백제 건물지〉
하단 공산성 성안마을 유적 〈2012년 5차조사-백제 건물지〉

상단 공산성 성안마을 유적 〈2013년 6차조사—백제 건물지 축대 전경〉
하단 공산성 성안마을 유적 〈2014년 7차조사—백제 건물지〉

공산성 성안마을 유적 〈2015년 8차조사-백제 육각형 건물지〉

다. 특히 연못에 남겨져 있던 옻칠 갑옷과 철제 찰갑, 그리고 옻칠 마갑을 비롯한 마구와 무기류는 백제 공예산업의 수준이 범상치 않았음을 살펴볼 수 있는 것들이다.

그밖에 공산성의 백제시대 유적으로 저장시설이나 건물지 그리고 용수 저장시설 등이 있다. 건물지의 경우 추정왕궁지나 성안마을에서 확인된 것과 동일한 성격의 것이 많다. 산성내의 평탄지에는 넓든 좁든 간에 어김없이 건축되어 있는데 규모도 차이가 있다. 더불어 북단의 구릉지 위에 저장시설로 구덩이도 주목될 수 있을 뿐만 아니라 영은사 앞지역의 지하 6m 깊이에는 성벽에 붙여서 시설된 용수 저장시설도 있다.

요컨대 공산성은 그동안의 발굴조사결과 성내에 백제시대의 다양한 유적이 남아 있음이 확인되었고 이를 기회로 이 산성이 백제시대의 웅진성이 분명하다는 사실도 알 수 있다. 나아가 성내에서 발견된 유적 중에 추정왕궁지라든가 성안마을의 백제유적은 도읍지내에서는 유례가 없는 규모와 내용을 갖추고 있어 공산성이 백제의 웅진도읍기의 중심적 거성이었음도 알 수 있다.

웅진성은 왕성

웅진은 백제의 왕도이다. 왕도로서의 선정은 국가 비상시에 구원군으로 동원되었던 지방세력, 즉 충청 일원의 세력의 상관속에서 수촌리 고분군의 조영세력의 주도로 이루어진 것이다. 따라서 웅진은 처음부터 도읍으로서 면모를 갖춘 것이 아니고 도읍과정에 점진적으로 도성의 면모를 갖추었다고 볼 수 있다.

백제가 웅진에 도읍한 기간은 64년간으로 긴 시간이 아니지만, 이 기간에 재도약의 발판이 마련되었고, 나아가 웅진은 다시 강국이 되었다고 선언하는 현장이기에 도읍으로서 면모만이 아니라 관련시설도 어느 정도 갖추었다고 봄에 문제가 없다. 다만 웅진천도가 황급한 상황에서 이루어진 것이고 천도하기 전에 도읍지로서의 조건, 즉 도성체제라던가 도읍의 전반이 이미 마련된 것은 아니라는 사실을 지적한 바가 있다. 이는 왕궁도 마찬가지일 것이다.

웅진천도 전야의 정황을 고려하면 왕궁은 웅진성인 공산성 내에 있을 수밖에 없다.

주지되듯이 왕궁은 왕이 상주하는 공간이다. 이 왕궁의 중요성은 자체의 내용 외에 도성이나 왕성의 문제, 그리고 고대국가의 통치행위의 단면 등을 이해할 수 있는 단서를 제공하는데 있다. 그러나 백제는 3지역에 도읍하였음에도 불구하고 왕이 거주하던 왕궁의 문제는 전혀 가닥이 잡히지 않는다. 이로 말미암아 왕궁을 위요하여 이해될 수 있는 왕성이라든가 도성의 문제도 이론만 분분할 따름이다.

천도가 국가 중심의 이동이기에 천도지에는 국가 최고 권부인 왕궁이 마련되었다고 보아야 한다. 나아가 백제의 웅진천도는 부지불식간에 이루어진 것이기에 왕궁도 황급하게 조성되었을 것이다. 특히 천도 즈음의 정황에서 공주의 공산성은 성곽 등이 제대로 축조되지 않은 상태에서도 지형적 조건에 의한 방어적 기능을 충분히 수행할 수 있는 천연의 요새로 봄에 문제가 없다. 이로서 황급한 천도 후에 공산성이 중심 거점인 웅진성으로 선정되었다고 여겨지며 그러한 환경에서 왕이 거주하는 공간도 성내에 마련되었다고 봄에 문제가 없을 것이다. 다만 왕궁의 위치와 대혜서는 이견도 없지 않다.

웅진천도 후 백제 왕궁의 문제는 일찍부터 언급되었는데, 일제강점기에 공산성내 유적을 조사하거나 검토하면서 이 문제가 언급된 것이 처음이다. 공산성의 동쪽 지역의 구릉면에 왕궁지가 있다고 본 것이 그것이다. 구체적 근거를 제시하지 않은 채 성내의 건물지 등의 유구를 언급하면서 『삼국사기』에 나타난 임류각지 등도 아울러 비정한다. 그러나 결론 자체는 추정적 의미가 상당히 강한 것으로 실증할 수 없는 것이었다.

이후 왕궁 문제는 다시 공산성을 중심으로 검토되면서 성내의 쌍수정앞 광장이란 추정과 공산성 남쪽의 산기슭 하단을 그 대상으로 검토되었다. 전자는 쌍수정 앞 광장의 입지 조건에 근거한 것이고, 후자는 해당지역에서 방형의 초석 즉 백제시대의 것으로 판단할 수 있는 초석의 존재에 주목한 것이다. 이후 웅진도읍기 왕궁의 위치는 대체로 성내에 있는가 아니면 성 밖에 있는가에 초점되어 논의되었고, 그 배경은 사비시대의 도성체제와 맞물려 논급되고 있었다. 이 경우 가장 크게 부닥치는 문제는 왕궁이 공산성과 같은 산성내에 위치할 수 있을까라는 의문이다.

백제의 도읍지였던 웅진 즉 지금의 공주지역은 분지지역으로 분류되듯이 사방이 산으로 둘러싸인 지역이다. 거기에 북으로 금강이 가로막고 있으면서 분지의 중간지역을 제민천이란 하천이 관통하고 있다. 때문에 제민천을 중심한 시가지 일원은 평지로 남았지만 이외의 지역은 대체로 산지 혹은 구릉지로 있고, 평지는 강북 쪽에만 넓게 발달되어 있을 뿐이다. 그런데 시가지 일원도 20세기 이전은 금강 쪽의 제방이 없어 강으로 개구된 상태이고, 제민천의 좌우가 늪지대 혹은 저지대의 농경지로 활용되었던 것이 확인된다. 즉 평지로 있는 시가지 일원에서 적어도 추정 왕궁지와 같은 규모의 유적이 존재할 수 있는 입지를 찾기가 어렵다. 나아가 유물이 산견되는 지역도 거의 발견되지 않는다.

한편 웅진도읍기 백제 왕궁의 위치에 대한 처음의 이해는 유적의 발굴조사 결과를 통해 이루어진 것이 아니라 도성체제라든가 역사·지리적 측면에서 이루어진 추정적 논급에 불과하였다. 그러다가 공산성은 물론이고 공주지역에서 지속적으로 전개된 고고학 조사를 통해 왕궁의 위치에 대한 기왕의 이해의 가부에 대한 검증과 새로운 이해가 마련된다. 즉 일제 강점기에 왕궁이 있었다고 본 지역은 2012년의 조사를 통해 유적이 전혀 없는 지역으로 판단되었다. 여기에 공산성 남쪽 기슭 즉 공산성 밖의 구역도 조사결과 매우 협소한 지형지세가 확인될 뿐만 아니라 상당한 범위가 늪지로 남아 있고, 그 위에 복토하여 후대에 지형확대가 있지만 왕궁이 입지할 조건은 전혀 아니고, 흔적도 없는 것으로 확인되었다.

왕궁으로 쌍수정앞 광장이 주목되었고, 웅진도읍기 왕궁으로 인정된다는 추정도 있었다.

공산성내 쌍수정앞 광장은 1985년부터 발굴조사가 진행되었다. 백제시대의 유적이 조밀하게 입지하고 있음에서 그것이 백제의 웅진도읍기 왕궁이지 않은가라는 추정 속에, 일단 추정왕궁지로 분류한 바가 있었다. 그것을 왕궁으로 추정에 그친 것은 보다 아래 지역의 성안마을이 보다 큰 규모의 면적이면서 아직은 발굴조사가 이루어지지 않은 미확인 상태로 있었기 때문이었다. 즉 웅진도읍기의 백제 최고 관부로서 왕궁은 공산성이란 산성 내에 있을 것은 분명하기에, 당시까지 발굴된 유적 중에 쌍수정앞 광장의 유적이 큰 규모에 품격있는 내용을 갖추고 있기에 일단 왕궁으로 추정한 것이다.

공산성내 추정왕궁지의 유구내용이 왕궁으로서 갖춤새에 큰 문제는 없었다. 따라서 잠정적이지만 이에 비견될 규모의 유적이 확인되지 않는다면 일단 추정왕궁지를 백제의 웅진도읍기의 왕궁으로 보았던 것이다. 다만 추정왕궁지의 유적 규모가 약 2천여평의 면적이기에 왕궁으로서 충분한 규모로 보기는 어렵다는 인식도 없지 않았다. 물론 규모의 문제는 상대적인 것일 수 있다. 현재까지 백제의 왕궁은 이전의 도읍지인 한성, 그리고 이후의 도읍지인 사비지역에서도 아직 확인되지 않기에 상대적 비교가 어렵기 때문이기도 하다. 더욱이 규모의 추정에 있어 당시 백제 왕실의 구성원의 정도나 내용을 추정하기 어렵다는 한계가 있었기 때문이다. 나아가 보다 주목된 것은 웅진지역 즉 지금의 공주지역에서 추정왕궁지를 능가하는 유적을 찾기는 어렵다는 현실도 있었다. 이를 고려하면서 추정왕궁지를 왕궁으로 보는데 나름의 타당성도 있을 것으로 여겼던 것이다.

성안마을 유적은 백제유적 중에 가장 큰 규모의 도시유적으로 이를 왕궁으로 볼 수 있다.

앞서 언급된 것처럼 추정왕궁지유적은 왕궁지로서 확정이 아닌 추정에 머물 수밖에 없는 이유가 공산성내에서 보다 큰 면적으로 갖추고 있는 성안 마을이 존재하였고, 아직 발굴되지 않은 상황에서 그 정황을 알 수 없었기 때문이다. 성안 마을은 규모면에서 추정왕궁지보다 3~4배 큰 규모의 면적이다. 나아가 부분적 조사결과 지하 깊숙이 백제시대의 유적이 잔존되어 있음을 이미 확인한 바가 있었다. 그러다가 성안마을의 발굴조사가 2008년부터 진행되었고 지하 깊숙하게 남았던 백제시대 유적이 노출되었는데, 그 결과는 앞의 추정왕궁지를 왕이 거주하는 왕궁으로 추정하였던 것에 나름의 의문을 제기하기에 충분한 내용이었다.

성안마을 백제유적은 규모면에서 공산성만이 아니라 그동안 발굴된 백제유적으로서 규모가 매우 큰 것이다. 그 자체만으로도 하나의 단일 취락유적으로 볼 수 있는 것이기도 하다. 약 60여동의 건물이 남북 간으로 구획된 도로를 기준삼아 좌우로 정연하게 배치되어 있고 각 건물들은 군집된 형태에서 나름의 기능분류도 가능하다. 더불어 모두 기와집이면서 건물 형태도 차이가 있는 것으로 미루어 각각의 건물들은 그만큼 다양한 기능을 갖추었던 것으로 여겨진다. 특히 유적 중심부

2016년
발굴 中

2016년
발굴 中

웅진성 왕궁 복원도

에서 서쪽으로 치우쳐 중정을 끼고 있는 2동의 건물지는 형태나 배치상태에서 정청으로 볼 수도 있다. 나아가 그 남쪽에 있는 육각형 건물지는 다른 방형이나 장방형 건물과는 차별화될 특수한 기능을 추정할 수 있다. 여기에 보다 남쪽에 철제품 공방시설, 그 서쪽에 대규모 취사 공간의 존재는 유적내의 각종 시설이 기능별로 분산 배치된 모습을 알 수 있게 한다.

수습된 유물중에 일상생활과 관련된 유물이 많다. 특히 유물에는 중국제 자기 등의 고품격 유물이 포함되어 있고, 나아가 연못에서 출토된 칠 갑옷 등의 유물은 왕만이 소유할 수 있는 백제 최고급품도 포함되어 있다는 점은 크게 주목되는 것이다. 나아가 거주 공간이었음에도 모두 기와를 사용한 건물이 있는데 이들 건물은 궁궐이나 사찰 혹은 관부에 해당되는 것으로 볼 수 있다. 따라서 발굴된 유적은 의식주의 생활이 영위되는 최고의 품격을 갖춘 공간으로 볼 수 있는 것이다.

왕궁은 웅진성 안에 있었고, 그것은 공산성 안의 성안마을 유적이며, 이전의 추정왕궁지는 보다 상급의 국가시설로 여겨진다.

공산성 성안마을 유적도 왕궁에 버금가는 시설내용을 갖추고 있음을 알 수 있다. 그렇다면 기왕에 추정왕궁지로 분류된 쌍수정앞 광장의 유적은 어떤 기능이었는가라는 문제가 남는다. 추정왕궁지유적과 성안마을의 백제유적을 비교할 경우 건물지 등의 유구내용은 대동소이하다. 다만 출토유물에서 추정왕궁지는 생활관련 유물이 매우 빈약한 반면에 건축유구와 관련된 수막새기와가 많다는 특징이 있다. 특히 이들 막새기와는 고품격의 것으로 판단되는 것이 많다는 특징도 있다. 때문에 추정왕궁지의 유적은 의식주의 생활시설로는 보기 어렵지 않은가라는 의문을 제기하면서, 성안마을 백제유적보다 품격이 높은 시설로 보아야 하지 않은가라는 또 다른 문제의식을 가질 수밖에 없게 되었다.

현재까지의 왕궁에 대한 이해나 고고학적 환경을 종합할 경우 웅진도읍기의 왕의 거주 공간은 아무래도 공산성인 웅진성 내부에서 찾을 수밖에 없다. 즉 공산성은 백제 웅진성이고 나아가 왕궁이 있는 왕성으로 분명한 위치를 부여할 수 있다는 것이다. 다만 성내의 어떤 유적이 왕궁인가의 문제인데 앞서 본 것처럼 쌍수정 앞 광장의 추정왕궁지 유적을 왕궁으로 비정할 수도 있겠지만 나름의 한계가 있음을 알 수 있다. 나아가 자체가 왕궁의 면모를 갖추고 있는가와 함께 산성내에 왕궁이 그러한 입지에 존재할 수 있는가의 문제도 고구될 필요가 있기도 하다. 여기에 백제시대의 왕궁으로서 지나치게 협소하다든가 유물의 존재 등에서 나타나는 문제도 있다. 오히려 성안마을 백제유적이 왕궁일 가능성을 열어 두고 추정왕궁지는 그보다 상급의 또 다른 시설로 볼 수 있지 않은가 여겨진다.

왕궁이 왕이 상주하던 공간이지만 당대의 정치 환경에 따라 차별적으로 조영되기에 그 형상을 일률적으로 규정하기는 어렵다. 때문에 백제가 웅진에 도읍하던 시기의 왕궁지 문제를 검토하기 위해서는 당시에 왕궁이 어떤 형태로 조성되었는가의 이해가 우선될 필요가 있지만 사실상 불가능하다.

우리의 역사를 장식했던 많은 고대국가가 있었음에도 왕궁의 실상을 전하는 사례는 전혀 없다. 그리고 유적으로 발굴된 사례도 아직은 없다. 여기에 고대국가의 왕궁 규모나 내용을 가늠할 수 있는 왕실이나 구성원의 실상, 나아가 운영형태도 전혀 알 수 없다. 오히려 백제나 신라의 도읍지에서 발굴된 유적자료가 상당히 축적되어 있음에도 왕궁관련 내용은 상당히 빈약하다. 그것은 고대 왕궁의 실상이 우리의 예상과는 전혀 다른 모습이 아닌가라는 추정도 가능하지 않은가 생각된다.

이를 고려하면 공산성내 추정왕궁지나 성안마을의 백제유적을 웅진천도 전야에 왕의 거주지로 보아도 큰 문제는 없을 것이다. 문제는 웅진에 도읍하던 전 기간에 왕이 여기에서만 상주하였는가, 아니면 천도 초기에 일시적으로 머문 공간이었을 뿐으로, 점차 국가정세가 안정되면서 새로운 왕궁을 마련하지 않았는가의 판단도 필요하다. 그러나 이를 구체화하기는 어렵다. 현재의 공주지역에서 공산성내의 왕궁지 외는 마땅한 유적이 없는 현황을 고려하면 웅진도읍기의 전 기간에 걸쳐 왕이 여기에 거주하였던 것으로 볼 수밖에 없을 것이다.

Part IV

백제,
웅진에서 다시금 강국이 되다

파란만장한 정치적 파동을 극복하고

웅진에서 다시금 강국이 된 백제

문화강국으로서 면모를 드러내다.

- 무령왕의 갱위강국
- 송산리 고분군과 그 주인공들
- 성왕, 사비로 천도하다.

무령왕의 갱위강국

왕의 고분이 왕릉이다. 우리 역사에는 삼국 및 가야라는 고대국가가 존재하였기에 수많은 왕릉의 존재를 추정할 수 있다. 이와 더불어 왕릉으로 추정되는 유적도 많다. 그러나 주인공을 분명하게 알 수 있는 왕릉은 공주 송산리 고분군내의 무령왕릉뿐이다.

1971년 우연히 발견되었고 특유의 지석이 있어 그것이 백제 제25대 무령왕의 고분이란 것을 알게 되었다. 고분은 벽돌로 만든 전축분으로 다양한 유물이 포함되어 있다. 이를 통해 웅진 도읍기 고대국가 백제의 실상을 가늠할 수 있을 뿐만 아니라 그 위상이 범상치 않음을 알 수 있다.

백제는 웅진천도 후 약 30여년간 지루한 정쟁을 계속한다. 천도 직후 해구에 의한 문주왕의 살해나, 어린 삼근왕의 짧은 재위기간, 연이어 등장한 동성왕도 23년간 재위하였지만 결국 살해될 만큼 치열한 정쟁이 반복되었다. 이는 웅진천도 직후 백제 정정의 불안을 상징적으로 보여주는 것이다.

무령왕 즉위 이후 백제는 정치적 안정이 이룩되고, 민생의 안정을 바탕으로 국력증진을 가져와 다시 강국이 되었음을 선언하기에 이른다. 웅진천도 후의 지루한 정치적 분쟁을 종결시킨 주인공이 무령왕이란 사실을 알 수 있는데, 그 실상을 가장 적극적으로 대변하는 것이 무령왕릉이다.

✿✿

무령왕릉

무령왕릉은 대부분의 백제고분이 석축으로 조성된 것과는 달리 벽돌로 만든 전축분이다. 왕릉이란 특수성 외에도 특유의 전축묘제로서 백제의 묘제 변화에 절대적 영향을 끼치는 변수로 자리한다. 주지되듯이 묘제처럼 전통성이 강한 물적 자료의 변화는 단순한 고분의 조영환경 변화가 아니라 사회·문화적 변화가 전제된 것이기도 하다. 이를 고려할 때 백제사회에 무령왕릉과 같은 전축분의 등장은 단순히 새로운 묘제가 출현하였다는 사실 뿐만 아니라 당시 사회·문화에 상당한 질적 변화를 가져왔음을 방증하는 것이기도 하다. 고분 내에 남겨진 풍부하고 다양한 부장품은 변화의 실상이 무엇인지도 대변한다.

무령왕릉은 연꽃이 장식된 벽돌로 출입시설을 갖춘 고분방을 만든 백제 특유의 전축분이다.

무령왕릉은 남향의 경사면을 L자 형태로 판 다음에 그 안에 연꽃이 장식된 벽돌로 묘실을 쌓아 만든 것이다. 산 경사면에 판 묘광의 바닥을 정지한 후 배수시설을 갖추고 이어 묘실 바닥을 설치하였다. 이어 벽체를 쌓아 올려 천장부까지 마무리하고, 남쪽으로는 고분에 이르는 길인 묘도와 출입시설인 연도를 갖추어 단실묘인 횡혈식의 구조를 갖추었다.

규모는 남·북간 길이 420cm, 동·서간 너비 272cm, 높이가 293cm이다. 묘실

입구

좌연도

우연도

바닥 세부

바닥

바닥 세부

현실 북벽

현실 남벽

무령왕릉1 〈2015년 12월 촬영〉

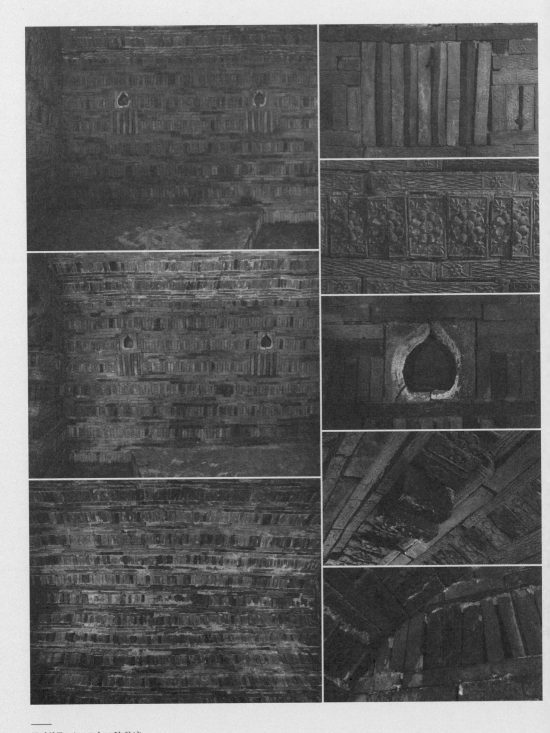

무령왕릉2 〈2015년 12월 촬영〉

정면 중앙에 시설된 연도는 길이 290cm에 너비 104cm이며, 전면으로 묘도가 길게 연결되어 있다. 고분 바닥은 후면에 한단 높게 시신을 안치하는 관대가 설치된 형태이다. 관대는 동·서간 너비 293cm, 남·북간 너비 315cm의 규모로 전면은 21cm 낮게 하여 묘실 바닥에 이른다. 관대와 바닥 전면의 벽돌쌓기는 삿자리문 형태로 장방형의 벽돌을 깔면서 경계에 벽돌을 길이로 늘어놓아 구분한 형상이다. 바닥 벽돌 아래는 묘실에서 연도를 지나 묘도로 빠지는 배수 시설이 있다.

벽면은 벽돌을 뉘어쌓기와 세워쌓기를 반복하여 축조하였다. 4매를 뉘어쌓은 다음에 한매를 세워쌓는 방식으로 남쪽과 북쪽의 단벽은 수직으로, 동쪽과 서쪽의 장벽은 상단에서 점차 오므려 묘실을 터널형으로 구성하였다. 묘실 북쪽 벽면에 1개, 동서 벽면에 각각 2개씩 모두 5개의 등잔을 넣는 작은 등감이 있고, 그 아래에 창문 형상의 가창이 시설되어 있다. 등감은 보주형으로 외곽에 화염문을 채색하였고 당초문 형상의 문양도 있다. 연도의 경우 높이 145cm의 규모로 묘실의 축소판 형태이다. 연도 외부는 벽돌을 쌓아 304cm의 높이로 전면 벽체를 갖추었다. 여기에 사용된 벽돌은 문양이 있는 것과 문양이 없는 것, 그리고 무령왕릉에 사용된 연꽃무늬가 있는 것 외에 전범문이란 동전무늬가 있는 6호 전축분에 사용된 벽돌도 적지 않게 포함되어 있다. 고분의 외형은 봉분이 있었던 것으로 본다.

유물은 108종 4천6백여 점인데 고분의 주인공이 누구인지를 알려주는 초특급 정보물인 특유의 지석도 있다.

유물은 본래 보고서에 108종 4,600여 점으로 전하지만 최근 자료의 정리 과정에서 수량이 확대되는 것으로 알려져 있다. 무령왕릉의 유물은 단 한 점도 유실 없이 원상태로 수습된 것으로 고분 내 부장품의 실상을 고스란히 전한다. 부장품은 피장자의 생존당시 환경을 알려주는 것으로 사후세계를 위해 마련된 물품들이다. 이들 부장품은 고분시설 및 왕의 사후세계 안식을 위한 기본적 품목과 생존시의 장착품, 왕의 사망 후 고분 내에서 진행된 의례결과로 남겨진 것으로 구분할 수 있다.

무령왕릉 출토유물 〈석수, 오수전, 지석〉

　부장품은 관대 위에 안치된 왕과 왕비의 목관 내에 두었던 각각의 소장품과 목
관의 외부에 있는 각종의 물품들인데, 고분의 축조과정이나 의례 등의 정보를 풍
부하게 포함하고 있다. 이들 부장품들은 내용을 종합할 경우 질적 우수함이 크게
나타나지만, 양적인 과장은 전혀 보이지 않아 적재적소에 필요한 물품만 사용하였
음을 알 수 있다. 더불어 부장품 중 에는 중국 제품은 물론이고 왜에서 유입된 목
재도 남아 있어 국제성도 크게 돋보인다.

　부장품 중에서 가장 주목되는 것은 아마도 왕과 왕비의 지석일 것이다. 지석이
나 매지권으로 불리는 것에서 알 수 있듯이, 이는 고분의 주인공이 누구인가를 알
려주는 초특급의 정보를 포함하고 있을 뿐만 아니라 고분의 축조 환경과 관계된
이야기를 포함하고 있다. 여기에 중국제 자기를 비롯한 청동제의 그릇들도 적지
않으며, 특히 돌로 만든 짐승형상의 수호신 석수도 남아 있어 고분 내에서 이루어

무령왕릉 출토유물 〈중국제 자기, 동탁은잔, 청동제 유물 및 구슬류〉

무령왕릉 출토유물 〈관재 및 벽돌〉

졌던 의례의 정황을 가늠케 한다.

왕과 왕비의 목관도 그 잔재가 남아 있어 그 형상의 복원이 가능하다. 특히 목재는 일본열도에서 자라는 금송이라는 점도 주목된다. 목관 내에는 관식이나 머리장식 그리고 귀걸이를 비롯하여 목걸이나 팔찌, 허리띠와 크고 작은 칼들이 왕과 왕비의 소지품으로 남겨져 있다. 이와 더불어 목관 내에 있었던 것으로 추정되는 동경이나 다리미 등은 고분에 묻힌 자의 신분을 상징하는 것들이다.

무령왕릉은 6세기 전반 무렵의 성숙한 백제문화 면모가 그대로 함축되어 있다.

삼국시대 각국은 선진문물의 수입을 위하여 대중국 교섭에 적극적으로 나서고 있다. 이는 고대국가로 발전을 도모하고 나아가 국가적 역량을 배가시키기 위해서는 보다 선진 문물의 도입이 필수적이었기 때문이다. 중국의 전축묘제인 무령왕릉과 같은 물적자료가 백제에 존재하는 것은 백제의 대중국 교섭을 통한 선진문물 수용의 정황을 단적으로 보여주는 것이다. 즉 무령왕릉은 백제가 중국과의 교섭을 통해 선진문물을 수용하는 과정에서 유입된 새로운 묘제에 다름 아니다. 그런데 이처럼 새로운 전축분묘제가 백제묘제로서 사용되었다는 것은 기존의 백제묘제 속에 신 묘제가 무리 없이 수용되었음을 보여주는 것인데, 이는 비단 신묘제 수용이란 정황에만 국한되는 것이 아니라 사회·문화의 전반적 현황으로 볼 수 있을 것이다.

백제사회에 무령왕릉과 같은 선진묘제가 유입되고 나아가 그것이 무리없이 정착될 수 있었던 것은 백제 나름의 묘제환경에 기인한 바가 없지 않다. 즉 백제사회는 전축분이란 중국묘제가 유입되기 이전에 이미 횡혈식 묘제로 석실묘를 사용하고 있었고 횡혈식 석실묘제는 전축묘제와 재료의 차이만 있을 뿐, 구조형상은 거의 유사한 것이었다. 때문에 전축분묘제가 무리없이 수용될 수 있었던 것으로 여겨진다. 그럼에도 주목되는 것은 묘제처럼 관습적 전통성이 강한 분야에 새로운 요소를 받아들여 이를 소화하여 보다 발전시키는 백제인들의 역량일 것이다.

전축분의 경우 백제묘제로는 이전에 존재한 바 없었고, 새롭고 전혀 이질적인 것임에도 불구하고 6호 전축분이나 무령왕릉과 같은 완벽한 구조물이 창출되었다. 이는 이미 백제인이 궁륭식 석실묘와 같은 고도의 기술을 필요로 하는 묘제를 운용한 바 있기에 전축분을 큰 어려움 없이 축조할 수 있었던 것으로 볼 수 있다. 다만 전축분은 웅진도읍 시기의 왕실에서만 사용되었다는 한계가 있는데, 이는 재료의 구득에 따른 저간의 사정이 있었던 것으로 보아야 할 것이다.

무령왕은 누구인가

사마라는 이름의 무령왕은 서기 462년에 태어나 나이 42세에 백제 25대 왕위에 올라 20여년 재위하면서 백제를 다시금 강국으로 도약시킨 중흥의 군주이다.

무령왕은 백제의 제25대 왕이다. 송산리 고분군에 그의 고분이 발견됨으로써 갑자기 크게 조명된 감이 없지 않다. 그러나 실상은 백제를 다시금 강국으로 도약시킨 중흥의 군주로 높게 평가되는 인물이다. 무령왕이 동성왕의 뒤를 이어 백제 제25대 왕으로 즉위한 것은 서기 501년의 일이며, 그의 나이 42세일 때이다. 늦은 나이에 등극하였지만 풍부한 경험을 바탕으로 정치적 안정을 꾀하며 안으로는 경제기반이 되는 농업생산력을 극대화시킨다. 이와 함께 22담로에 자제종족을 파견하여 지방지배를 강화하는 등 혼란된 정국을 수습하였다. 대외적으로는 고구려의 압박에 효과적으로 대처하면서 교류에 적극적으로 나서기도 한다.

백제는 무령왕의 통치력을 바탕으로 강력한 왕권국가로 재건하는데 성공한다. 따라서 무령왕의 20여년 간의 치적을 통해, 그가 백제를 다시금 강국의 반열에 올려놓은 군주임을 알 수 있다. 『삼국사기』 등의 기록에 그의 치적이 부분적으로 남아 있지만, 왕위에 즉위한 배경이나 왕권강화 문제 외에 다른 사실들, 특히 그의 출자 등은 아직 미궁이다.

무령왕은 묘지석에 그의 이름이 '사마斯麻'로 표
기되어 있다. 『삼국사기』에도 '사마'와 '여륭餘隆'이
라는 이름이 동시에 기술되어 있다. 이로써 '사마'
라는 이름이 무령왕의 본래 이름이란 것을 알 수
있다. '여륭'이라는 이름도 '여'가 백제왕실의 성씨
인 부여夫餘씨의 약자에서 비롯된 것으로 이를 줄
여 '여'라 칭하며, '융'은 외교관계시에 사용되었던
이름으로 보기도 한다. 한편 지석에는 무령왕이
계묘년인 62세로 사망하였다고 적고 있다. 사망년
도가 523년이라는 사실을 고려할 경우 그가 태어
난 해는 462년, 백제의 개로왕 8년이란 사실도 알
수 있다.

무령왕

무령왕이 출생한 개로왕 8년(462년)은 백제가 한
성에 도읍하던 시기이다. 오랫동안 고구려의 압박에 혼란을 겪었지만 개로왕이 왕
위에 오르면서 개혁적 정치를 단행, 정국의 안정을 도모한 시기이며, 북쪽의 고구
려와 대립에서 우위를 점하기 위하여 다양한 노력을 경주하던 시기이기도 하다.

**무령왕의 출자는 『삼국사기』와 『일본서기』를 토대로 동성왕의 둘째 아들설, 곤지의
아들설, 개로왕의 아들설이 언급된다.**

무령왕은 이러한 시기에 출생한 인물이나 그의 출생과 관련된 정보를 정확하게
살필 수 있는 자료는 어디에도 보이지 않는다. 다만 무령왕의 출자와 왕실의 계보
에 대해서 『삼국사기』와 『일본서기』에 단편적 사실들이 전할 뿐이다. 이를 토대로
무령왕의 출자에 대하여 동성왕의 둘째 아들설, 곤지의 아들설, 개로왕의 아들설,
친아버지는 개로왕이며 의붓아버지는 곤지라는 설 등의 견해가 제기되었다. 이
중에 동성왕의 둘째 아들설은 『삼국사기』의 기록을 토대로 추정한 것이며, 나머지

는 모두 『일본서기』에 전하는 내용을 토대로 추론하는 것이다.

『삼국사기』의 기록에 따르면 무령왕 즉위년 조에는 "무령왕의 휘諱는 사마斯摩로 모대왕牟大王의 둘째 아들이다. 신장은 8척이고 용모가 그림과 같았으며, 인자하고 너그러워 백성들의 마음이 그에게로 돌아섰다. 모대가 재위 23년에 죽자 왕위에 올랐다"라는 내용을 적고 있다. 여기에서 사마로 불렸던 무령왕이 모대왕 즉 동성왕의 두 번째 아들이라는 점을 밝히고 있다. 그러나 같은 『삼국사기』에 동성왕을 개로왕의 둘째 아들로 기록하여, 웅진천도의 주역이었던 문주왕과 형제관계로 정리하고 있다.

이와 같은 내용으로 웅진도읍 초기의 왕위 계승관계를 정리할 경우 우선 475년 문주는 아버지 개로왕을 이어 왕위에 오른 후 웅진천도를 단행하였으나 해구의 반란으로 죽임을 당한다. 이에 477년에는 그의 아들인 삼근에게 왕위가 계승되었으나, 삼근도 단명으로 죽고 왕위는 다시 479년 개로왕의 둘째 아들이며 문주의 동생, 그리고 삼근의 삼촌인 모대, 즉 동성왕에게 이어졌다. 동성왕은 재위 23년만에 백가의 반란으로 죽임을 당하였는데, 그의 사후에 동성왕의 둘째 아들로 기록된 무령왕이 501년에 왕위에 오른 것으로 정리할 수 있다.

『일본서기』는 "여름 4월에 백제 가수리군加須利君은 지진원池津媛이 불에 타 죽었다는 것을 전해 듣고 상의하여 말하기를 '옛날에 여자를 바쳐 채녀采女로 삼았다. 그러나 이미 예를 잃어 우리나라의 명예를 실추시켰으니 지금 이후로는 여자를 바치는 것은 옳지 않다.'라고 하였다. 이에 그의 아우 군군軍君에게 '네가 일본에 가서 천황을 섬기는 것이 마땅하다'라고 말하였다. 군군이 '상군上君의 명은 삼가 어길 수 없습니다. 바라건대 임금님의 부인을 저에게 주신 다음에 삼가 떠나겠습니다.'라고 대답하였다. 가수리군은 임신한 부인을 군군에게 시집 보내주며 '나의 임신한 부인은 이미 해산할 달이 되었다. 만약 길을 가는 도중에 해산을 하게 되면 바라건대 1척의 배에 태워서 다다른 곳이 어디건 속히 나라로 되돌려 보내도록 하라.'고 말하였다. 마침내 하직하고 삼가 조종에 파견되었다. 6월 병술 초하루에 임신한 부인이 과연 가수리군의 말처럼 축자의 각라도에서 아이를 낳았다. 이로 인하여 이 아이의 이름을 도군嶋君이라 하였다. 이에 군군은 곧 한척의 배로 도군을 나라에 돌려보냈는데, 이가 무령왕이 되었고 백제 사람들은 이 섬을 부르기를 주도主嶋라 하였다. 가을 7월에 군군이 서울에 들어 왔는데 이때 이미 다섯 자식이 있었다"라는 내용을 전하고 있다.

『삼국사기』와 『일본서기』의 무령왕 출자설에 대해서는 의문도 많다.

『일본서기』의 내용에 따르면 무령왕은 개로왕의 아들로 정리될 수밖에 없다. 그러나 이 내용은 무령왕릉 발굴 이후 주목된 것이다. 사마라는 이름이 동일하게 적혀 있다는 사실과 사료에 나와 있는 형수를 부인으로 취한 내용은 부여족의 유산인 형사취수제의 전형적인 것으로 백제에도 그러한 유풍이 있었다는 것과 관련하여 보기도 한다. 때문에 무령왕의 출자에 대한 『삼국사기』나 『일본서기』의 기록은 모두 나름의 문제를 가지고 있는 것으로 비판된다.

『삼국사기』의 경우 기록만으로 보면 동성왕의 둘째 아들로서 큰 의문을 갖기 어렵다. 그러나 문주왕의 장자인 삼근왕이 477년 13세의 나이로 즉위할 당시 무령왕은 16세였다. 이에 대해 문주의 동생인 동성왕의 둘째 아들 무령왕이 삼근왕보다 3살 연상이라는 의문을 제기하기도 한다. 즉 무령왕과 삼근왕의 나이를 계산하면, 동성왕의 둘째 아들설이 문제가 된다는 것이다. 다만 유의 할 것은 삼근왕과 무령왕의 나이를 단순히 비교하여 계보의 가부를 판단하는 것이 타당한 것일까라는 점이다.

한편 『일본서기』의 기록을 그대로 받아들일 경우 무령왕의 실제 아버지는 개로왕이 될 수밖에 없다. 이는 기록의 내용 중, 형이 동생에게 부인을 주었다는 사실을 근거로 백제에 형사취수혼제가 있었다고 전제한 것이다. 그러나 형사취수혼제는 형이 죽은 후에 동생이 형수를 부양해야 하는 환경에서 나타난 유목민의 유제라는 점에서 이미 비판된 바 있다. 따라서 『일본서기』의 기록은 이 형사취수혼 형태의 설화를 채록하고 있다는 점에서 상당한 무리가 있는 것으로 평가한다. 더불어 개로왕과 계보를 연결하기 위해 무리하게 조작된 것이 아닌가라는 의혹도 제기된다. 기록에는 개로왕의 아들이 태어나자마자 곧 개로왕에게 돌려보내지는 사실과 이후 정황과의 불일치도 크게 나타난다.

『일본서기』의 무령왕 출자설에 대한 모순을 토대로 무령왕을 곤지의 아들로 보기도 한다.

『일본서기』의 무령왕 출생 관련 정황에 나타나는 모순을 들어 그가 개로왕의 아들이기 보다는 개로왕의 아들이었던 곤지의 아들로 보는 견해가 유력하기도 하다. 이는 상당수의 연구자가 동의하는 견해로 무령왕은 곤지가 동행하는 도정에 태어났기에 곤지와 관련이 있는 것이 분명하다는 전제에서이다. 여기에 『일본서기』에 인용된 백제 역사서로 보는 『백제신찬』의 내용 중 동성왕과 무령왕은 모두 곤지의 아들이며, 배다른 형제라는 기록이 학계의 지지를 받는 것과 무관치 않다. 그러나 여기에도 웅진도읍기에 두각을 보인 동성왕과 무령왕을 모두 곤지라는 특정의 인물과 작위적으로 연결시키려는 의도도 간과할 수 없기에 의문이 있다.

이상의 검토결과를 종합하면, 『삼국사기』와 『일본서기』의 무령왕 관련 기록은 전자가 왕실계보를 나타내는 것이라면 후자는 출생과 관련된 설화를 적고 있다는 차이가 있음을 알 수 있다. 출생도 계보와 관련된 것이기에 구태여 두 기록을 비교하면, 『삼국사기』는 무령왕을 동성왕의 둘째 아들로 본 반면, 『일본서기』는 개로왕의 아들로 본다는 차이가 있다. 특히 무령왕의 출자에 대해 『일본서기』가 보다 해답에 접근한 것처럼 인식되지만, 형사취수혼제가 백제에도 있었다는 전제 자체에 상당한 의문을 가질 수밖에 없다.

결국 무령왕의 계보나 출생 관련의 이해가 『삼국사기』 또는 『일본서기』의 내용 중 어떠한 것 하나만을 취신 할 수 없음은 명백하다. 현재로서는 백제와 밀접한 관련이 있는 『백제신찬』에 언급된 것처럼 무령왕을 곤지의 아들로 보는 것이 가장 유력한 것으로 받아들여지는 이유이다. 이러한 환경에서 무령왕은 그가 백제왕실 계보에 속하면서 개로왕 혹은 문주왕과 동성왕의 지근에 있는 인척의 인물이란 사실 외에, 동성왕의 둘째 아들, 혹은 개로왕의 아들, 곤지의 아들로 볼 수 있다는 가정이 가능할 것이다.

물론 그의 출생과 관련한 『일본서기』의 다소 황당한 기록은 어떤 배경에서 나타난 것인가, 또 『삼국사기』에서 무령왕을 동성왕의 둘째 아들로 기록한 이유는 무엇인가 등에 대한 사료 검토가 선행되어야 할 것이다. 여기에 백제의 웅진천도 후 정정 불안과 그 과정에 나타난 빈번한 정권교체, 세력집단간의 이해관계가 선행적으로 검토되고 이를 토대로 사실적 관계가 탐구되어야 할 것이다.

무령왕의 갱위강국

일반적으로 백제사의 부흥기를 성왕대로 알고 있지만 그 기반을 세우고 그것을 가능하게 한 것은 무령왕이었다. 백제는 무령왕 때에 진행된 여러 개혁들을 통하여 다시금 강국으로 자리매김할 수 있었다. 웅진천도 후 초기의 혼란된 정국은 동성왕과 무령왕을 거치면서 거의 안정적 단계로 진정되었다. 이러한 정국 안정은 왕권 확립을 담보하는 것으로, 곧바로 국력의 중흥도 가져왔을 것이다.

그런데 웅진천도 전야의 정황을 고려하면 새로운 도읍을 경영하기 위한 국가역량이 결코 넉넉한 것은 아니었을 것이다. 때문에 대내외적 난관의 타개는 다각도로 시도되었을 것인데, 그중에서도 국제 교류의 필요성이 절실하였을 것임을 짐작하기 어렵지 않다. 이 무렵, 동성왕과 무령왕이 대중국 외교에 적극적으로 나선 것은 자연스런 결과이다. 국제교류를 통해 백제는 상대적으로 취약한 국가기반을 선진문물의 도입으로 보강하고, 국력중흥의 기반을 마련한 것으로 볼 수 있다.

무령왕의 즉위는 백가의 동성왕 시해라는 비상 상황에서 이루어졌다.

무령왕이 왕위에 오른 것은 동성왕 23년 그가 백가에 의해 시해된 서기 501년의 일이다. 그러나 무령왕이 왕위에 오른 나이가 42세의 완숙한 불혹의 나이인 점은 그의 왕위 등극을 정상적인 등극이라 보기는 어렵다. 무령왕의 즉위는 동성왕의 시해라는 비상 상황에서 이루어졌기 때문에 동성왕 23년 정변과 관련하여 무령왕의 즉위를 이해할 수 있다.

『삼국사기』에는 동성왕 시해와 관련한 정황에 대하여 "8월에 가림성을 쌓아 위사좌평 백가를 진수시켰다. 겨울 10월에 왕이 사비 동쪽 벌판에서 수렵을 하였고, 11월에도 왕이 웅천 북쪽 벌판에서 수렵을 하였다. 또한 사비 서쪽 벌판에서 전렵을 하다가 큰 눈에 막혀 마포촌馬浦村에서 묵었다. 처음에 왕이 백가에게 가림성을 진수하게 하였을 때에 백가는 가지 않고자 하여 병이 들었다고 사양하였으나 왕이 허락하지 않았다. 이 때문에 왕을 원망하였고, 이에 이르러 백가는 사람을 시켜 왕을 칼로 찔렀다. 12월에 왕이 그만 죽으니 시호를 동성왕이라 하였다"고 그 내용을 전한다.

동성왕은 479년 왜에서 귀국하여 왕이 된 인물로 알려졌다. 그는 한성함락에 이은 개로왕의 참사, 문주왕의 시해 등 백제왕들이 수난을 당하는 위기상황에서 즉위하였다. 동성왕은 미약해진 왕권을 강화해야만 했고 강력한 통치를 추진하여 집권력을 강화할 필요가 있었다. 그러나 그의 강력한 추진력에는 항상 반발이 있었고, 때문에 백가에 의해 시해되었으며 뒤를 이어 무령왕이 즉위하게 된 것이다. 즉 무령왕의 즉위는 백가가 동성왕 시해의 주범이라는 것에서 출발한다.

한편 정변을 주도한 인물이 정국의 주도권을 잡는 것은 지극히 상식적임에도 불구하고, 백가가 동성왕을 죽인 후 정국의 주도권을 장악한 흔적은 보이지 않는다. 이후 왕을 시해한 백가는 전출된 가림성에 웅거하고 있다가 무령왕이 즉위한 이후 반란을 일으킨다. 이처럼 백가는 동성왕을 시해한 후 별다른 행동을 보이지 않다가 뒤늦게 반란이라는 극단적인 방법을 택하고 있는 것이다. 왕을 죽인 이후에 자신의 안전을 위해 충분히 대비하는 것은 당연할 것이다. 그럼에도 백가는 동성왕 시해 이후 별다른 행동을 보이지 않는 것은 커다란 의문으로 남는다.

백가의 동성왕 시해는 무령왕을 포함한 동성왕 반대세력의 결집에서 이루어졌다.

문제는 백가의 동성왕 시해의 이유가 가림성 전출에 대한 반발이라든가 혹은 신진세력의 견제에 대한 불만, 개혁정치에 대한 불만 때문인 것인가라는 점이다. 백가의 동성왕 시해 사실만을 국한하여 보면, 가림성이 아무리 중요하다 할지라도 그의 세력기반으로 알려진 웅진지역을 떠나 가림성으로 파견되는 것은 불리한 것이다. 이 때문에 병을 핑계로 사양하고 있었으나 백가는 어쩔 수 없이 가림성으로 전출되었다.

백가가 가림성의 전략적 중요성에 비추어 이를 기반으로 중앙정계로 재기할 수도 있었겠지만, 그럼에도 불구하고 동성왕을 시해한다. 물론 시해의 전제에는 백가에게도 나름대로 확실한 대안이 있었어야 할 것인데, 단순한 지방 전출 혹은 신진세력에 대한 견제라는 단독적 이유가 아닌 동성왕의 반대세력이 결집하여 이루어진 것으로 볼 수 있을 것이다.

이처럼 동성왕 23년의 거사가 백가의 우발적인 단독 범행이 아니라면, 이미 동성왕 이후 누가 왕이 될 것인가에 대한 대안을 마련한 후 시작되었을 것이다. 더욱이 무령왕은 『삼국사기』에 "인자하고 너그러워 백성들의 마음이 그에게로 돌아섰다."라는 표현과 함께 동성왕과는 다른 부드러운 인물로 묘사되었다. 주변 인물을 따르게 하는 무령왕의 포용성을 감안하면 정변의 주도세력과 교감이 있었다고 확신할 수 있다. 무령왕이 자신의 의지와는 상관없이 정변의 주도적 역할을 하였다는 점도 부인할 수 없을 것이다. 오히려 무령왕이 정변의 구심점 역할을 하였다는 견해도 있다. 이 견해에 따르면 무령왕이 사회적 불안이 고조되는 상황을 이용하여 동성왕에 반대하는 세력과 결탁하여 동성왕을 제거한 것으로 본다.

백가의 동성왕 시해와 이어 무령왕의 백가 살해는 무령왕의 친위 구테타적 정변으로 보아야 한다.

무령왕이 백가의 시해에 직·간접적으로 관여한 흔적은 부인할 수 없다. 왕을 시해한 정변의 경우 우발적이 아닌 이상 그 대안이 있어야 하는데, 무령왕이 왕위에 등극하였다는 사실은 그가 정변의 중심에 있었음을 부인하기 어렵게 한다. 다만 정변의 배경이나 참여세력 그리고 결과에 대한 구체성이 결여되어 있을 뿐이다. 오히려 정변 후의 처리, 즉 무령왕의 백가 제거에 대한 사실이 보다 주목된다.

백가가 정변을 주도하였다면 정변 후 적극적 행동을 취했을 것이다. 그러나 정변 후, 백가는 가림성에 웅거하다가 무령왕이 즉위한 다음에서야 반란을 일으킨다. 만약 백가가 동성왕 시해라는 정변을 통해 정국의 주도권을 잡으려 시도하였다면, 그의 세력기반인 웅진지역에서 행동을 취했을 가능성이 크다. 그럼에도 그가 가림성에서 반란을 일으켰다는 사실은 그가 계속 가림성에 머물면서 무령왕의 왕위 등극을 지켜보았으나, 이후 상황의 불리 속에 반란을 일으킨 것으로 여겨진다. 여기에는 그가 실제 반란을 일으켰는가의 문제도 남지만, 동성왕 시해의 중심에 있던 백가를 동성왕 시해로 나타난 가장 큰 혜택인 왕권을 거머쥔 무령왕이 군사를 동원하여 참수한 것은 또 다른 친위 구테타적 정변이 아닌가하는 의문도 없지 않다.

백제는 475년 고구려의 한성침공과 개로왕의 패사로 문주가 왕위에 등극하고, 이어 웅진천도를 단행하지만 엄청난 정국혼란을 가져온다. 그 결과로 문주왕은 재위 4년 만에 해구의 반란으로 죽임을 당하고, 그의 아들 삼근왕도 14세의 나이로 왕위에 오르지만 3년을 넘기지 못하고 죽음을 맞는다. 이어 등장한 동성왕은 23년간 재위하지만 결국 백가에 시해되는 혼란을 겪는 것이다. 그러나 백제는 동성왕의 시해 후 무령왕이 등장하고 백가가 제거된 다음부터는 더 이상의 권력상쟁과 같은 혼란을 겪지 않는다. 오히려 민생의 안정과 국력강화에 매진하였는데, 결국 무령왕의 백가 제거는 왕권에 도전하는 세력을 완전히 제거하였음을 보여주는 것이 아닌가 여겨진다. 또한 백가의 제거를 통해 무령왕은 왕권을 확고하게 확립하고 강화하였던 것으로 볼 수 있을 것이다.

권력을 장악한 무령왕은 확립된 왕권 강화에 노력하고 드디어 백제가 다시금 강국이 되었음을 선언한다.

무령왕기의 중앙정치에서 주목되는 것은 좌평의 위상변화이다. 무령왕대의 정치적 변화 중 직책을 가진 좌평은 등장하지 않는다. 무령왕 이전까지는 6좌평의 관직을 확인할 수 있다. 백가와 해구의 반란을 통해서도 동성왕대 말년까지의 좌평은 모두 관직을 가지고 있었다는 것을 알 수 있다. 이후 성왕 때에 상·중·하 좌평이 보이는 것으로 미루어 좌평제가 유력한 귀족세력의 이익을 대변하는 합의기구라던가 혹은 지배귀족의 신분서열을 나타내는 관등적 성격으로 보기도 한다.

천도 이후 일어난 두 차례의 반란은 모두 병관좌평과 위사좌평이라는 관직을 가진 좌평에 의해 일어났기에, 좌평을 통해 권력을 장악하는 정치구조로 인한 문제점도 있었을 것이다. 따라서 좌평제의 변화는 절대적으로 필요하였을 것이고, 이를 보완하기 위하여 22부사제가 마련된 것으로 본다. 또한 관등제를 실시하고 색복을 구별하는 등 귀족들의 서열화를 지향하였다.

더불어 지방통치 체제로 22담로제에 자제종족을 분거한 사실도 주목할 수 있는 것이다. 백제의 지방통치방식은 초기에는 부제, 그리고 담로제를 거쳐 사비시기에는 5방제가 실시된 것으로 보는데 웅진천도 전야의 지방 통제방식은 담로제로 봄이 일반적이다. 물론 담로를 백제어의 성·읍을 의미하는 것으로 보면서 실시시기를 국초부터 실시했다는 견해, 근초고왕 때로 보는 견해, 개로왕 때인 473년으로 보는 견해가 있는가 하면, 무령왕대로 보고 있는 견해도 있다. 담로제의 실시시기에 대한 다양한 견해는 어떠한 관점에서 보느냐에 따라 다르겠지만, 4세기 후반에서 5세기까지로 편년되는 금동관모와 같은 위세품이 백제의 지방사회에서 포괄적으로 나타난다는 사실에 근거하여 추정할 수 있다. 또한 이의 수수환경으로 미루어 보아 동일시기의 지방통치체제를 담로제로 보는데 문제가 없는 것이다. 이후 무령왕은 지방의 담로 22개 지역에 자제종족을 분거, 즉 지방의 직접통치 체제를 확립하여 이후 5방제의 기반을 마련하였다.

무령왕대에는 사회·경제 전반의 개혁을 통해 얻은 힘을 바탕으로 고구려에게 빼앗긴 한강유역의 옛 땅을 되찾기 위한 노력도 나타났다. 고구려에 대해 적극적으로 공세적 입장을 취하였는데, 그 결과 한성지역에 대한 경영도 다시 착수하였고 더불어 가야지역과 남해안지역까지 진출하여 백제의 영향력을 확대하였다. 무령왕대에 이르러 백제는 유달리 중국과 일본을 포함한 동아시아 주변국과의 문화적 교류가 활발하였다. 이러한 사실은 바로 무령왕대에 백제가 국제적 위상확립도 이룩하였음을 보여주는 것이다.

송산리 고분군과 그 주인공들

세계 문화유산으로 지정된 것이 의미하듯이 공주 송산리 고분군은 백제 문화의 상징일 뿐만 아니라 백제에서 실명이 구체적으로 전하는 유일한 왕릉인 무령왕릉이 자리하는 유적이다. 그리고 무령왕릉과 동일한 묘제인 6호 전축분도 있다. 이 벽돌고분은 본래 백제 고유의 묘제라기보다 당시 중국과 교류를 통해 백제에 전해진 것으로, 기왕의 석실묘와는 재료적 차이를 드러낸다.

송산리 고분군에는 무령왕릉을 포함한 벽돌고분 2기와 이외에 여러 기의 석실묘와 석곽묘가 있는데 이들 모두를 왕릉으로 보기는 어렵다. 송산리 고분군은 백제의 웅진도읍기 왕릉지역이고, 백제 왕릉의 조영환경을 고려하면 무령왕의 가계 구성원의 묘역으로 보아야 한다. 이 경우 6호 전축분으로 구분된 벽돌고분의 주인공이 누구일까라는 의문이 남는다.

6호 전축분은 무령왕릉처럼 벽돌로 만든 고분이나 무령왕릉보다 약 40여년 전에 발견되었고 고분의 짜임새나 축조 정황에서 무령왕릉에 견주어 손색이 없다. 따라서 이 고분도 일단은 왕릉으로 볼 수도 있을 것인데, 관련 유물의 부재와 함께 왕릉 조영환경을 고려할 경우 그것이 누구의 고분인지에 의문이 있다.

의문은 무령왕릉과의 비교분석을 통해 해소될 수 있을 것이고, 관련유물이나 구조 정황으로 미루어 그 피장자가 무령왕비였다는 판단이 가능하기에 어쩌면 이것도 무령왕릉으로 보아야 할 것이다.

※ ※

송산리 고분군의 발굴과 6호 전축분

송산리 고분군의 조사는 비교적 이른 시기에 일본인들에 의해 이루어졌다. 그러나 일제강점기의 고고학적 관심은 대체로 낙랑이라든가 고구려 혹은 가야지역에 집중되었고, 백제유적은 상대적으로 늦게 이루어진다. 그럼에도 백제 왕릉은 보다 빠르게 관심의 대상이 된 것을 확인할 수 있다. 1910년대 후반에 이르면 일제는 백제지역의 문화유적에 대한 관심을 증폭시키는데, 지상의 잔존 유적 외에 매장유적으로 고분에 많은 관심을 기울이고 있다. 예컨대 백제 왕릉이 있을 것으로 추정할 수 있는 공주와 부여, 그리고 익산지역의 문화재 조사가 지표조사 형태로 진행됨에도 불구하고, 부여와 익산의 일부 고분은 발굴과 함께 구체적 실측까지 진행되어 고분에 대한 그들의 관심이 매우 높았음을 알 수 있다.

송산리 고분군은 1927년 일제가 그들의 식민통치에 필요한 자료를 얻기 위하여 발굴조사한 것이다.

일제강점기 공주지역에서 고고학적 활동은 1917년에 이루어진다. 당시 공주지역의 문화유적으로 공산성을 비롯하여 마곡사와 동학사가 처음으로 기록되고 있음이 그것이다. 그런데 여기에 의외로 대학리 왕총을 기록하고 있음이 주목된다. 일제에 의해 발행된 보고서에 따르면 대학리 왕총은 탄천면 대학리에 있는 것으로 산의 정상부분에 있는 것을 지목한다. 그리고 왕총이라 부르는 대상은 이곳에

송산리 고분군 전경

이미 조성되어 있는 조선시대의 고분의 뒷부분이다. 이것은 전하는 말에 따르면 5-6년전(서기 1917년 기준) 새로운 고분을 조성할 때 왕총의 봉분을 깎아 고분을 만들었기 때문에 지금의 형상으로 남게 되었지만, 본래는 규모가 큰 고분이었던 것이었다고 기록하고 있다. 나아가 당시 그 부분은 높이 약 180cm 정도의 돌출부분이 있었는데 이것이 고분인가 아닌가는 판단이 어렵다고 보고한다.

　물론 이 기록은 일제 강점기 일인들이 실시한 한반도 문화유적에 대한 개괄적 현황조사의 일부에 불과하지만 공주지역의 문화유적 중에서 왕총 즉 왕릉의 존재를 주목하고 있는 점은 이채롭다. 반면에 실제 왕릉이 존재하는 송산리 고분군에 대한 조사나 언급은 전혀 없다. 이는 초기 유적조사 과정에서 공주지역의 본래 백제 왕릉은 전혀 주목되지 않았던 것으로 판단되는 것이기도 하다.

　그런데 공주지역의 백제 고분 혹은 왕릉에 대해 언급이 없는 것과는 달리 마지막 도읍지였던 부여지역이나 익산지역, 그리고 나주지역에서는 백제 고분 그것도 왕릉을 주목하면서 조사가 실시되었다. 그 결과로 부여에서 능산리 동하총 벽화 내용이 확인되는가 하면, 동하총 주변의 고분이 조사되어 이들이 백제의 성왕릉 혹은 위덕왕릉으로 비정되기도 한다. 그리고 익산에서 쌍릉에 대한 실측도가 제시되는 점으로 미루어 발굴정도의 조사가 있었음도 알 수 있다. 이외에 전남 나주의 대형 고분군에 대한 조사도 활발하게 진행된다.

그러나 이는 그들이 한반도에서 임나일본부와 관련된 흔적을 찾기 위한 것이지만 그들의 본래 계획은 실패한 것으로 확인된다. 아무튼 이로 보면 백제 고분의 조사는 공주지역에서 구체적 발굴이 진행되기 이전에 이미 폭넓게 전개되고 있음을 알 수 있다.

지명이나 전언을 토대로 무릉동, 능현을 발굴한 후에 마지막으로 송산리 고분군에서 5기의 석실묘를 발굴하고 이를 왕릉으로 비정하였다.

공주지역에서 고분의 조사는 왕릉을 찾겠다는 목적에서 1927년부터 진행되는데 이는 다른 지역에 비해서 상대적으로 늦은 것이다. 즉 부여 능산리 고분군이나 익산 쌍릉과 나주의 반남면 고분군이 조사된 후 약 10여년이 경과된 뒤이다. 조사대상은 공주의 무릉동과 능현, 그리고 송산리 고분군이다. 무릉동의 조사는 지명이 왕릉과 관련이 있을 것이란 가정과 관련하여 이루어진 것으로 보이지만 유적 검출에는 실패한다. 송산리 고분군과 능현의 조사는 기록에 근거한 것이나 능현에서 고분을 발견하지 못하고, 송산리에서 5기의 고분을 조사한 후에 왕릉을 찾은 것으로 조사를 마무리한다. 송산리 고분군에서 당시에 발굴된 고분은 오늘날 1~4호분으로 구분된 것들이다.

1927년 송산리 고분군의 조사결과가 모두 전해지는 것은 아니다. 일제강점기에 간행된 1927년에 간행된 고적조사보고에 조사내용이 일부 전한다. 이에 따르면 당시 고분은 5기가 조사된 것으로 확인되나 1호분과 2호분 그리고 5호분에 대해서

송산리 고분군 조사과정 〈5호분〉

만 비교적 상세하게 기록되어 있다. 반면에 나머지 3호분과 4호분은 조사 과정이나 내용이 전혀 알려져 있지 않다. 다만 조사결과와 관련없이 고분의 일부 내용이 나중에 소개되는데 구체적 실상은 확인이 어렵다. 아무튼 1927년 조사결과는 3기의 고분에 대한 내용과 그 출토유물 등이 전하고, 더불어 이들 고분을 백제 왕릉으로 취급하고 있다.

송산리 고분군은 발굴 직후에 조경을 비롯하여 주변의 정비작업을 진행하였고 나아가 고분군에 이르는 통행로를 마련하는 작업도 진행하였다. 그런데 이 과정에서 5기의 고분은 4기만 외형을 남겨 정비한다. 아마도 웅진도읍시기에 사망한 군주가 4명이란 점을 고려한 것이 아닌가 여겨진다. 그럼에도 고분군의 정비과정에서 보다 많은 고분이 확인 노출되기에 이른다. 1927년도에 처음 발굴조사된 고분 외에 나중에 새롭게 발견된 것들이 처음 발굴된 고분보다 규모나 내용에서 우수성이 인정되는 것이 많다. 조사과정을 보면 1932년에 앞서 조사된 1~5호분을 중심한 석실묘의 관람도로를 개설하는 과정에서 지금의 5호 석실묘가 발견된다. 이 5호 석실묘는 1932년 여름에 조사된 것으로 알려져 있는데, 이의 조사경과는 잘 알 수 없다. 다만 고분 구조와 출토유물에 대한 개략적 내용을 확인할 수 있는데 보고서보다는 당시 공주에서 거주하던 가루베지온이란 인물이 저술한 공주지역의 고분연구에 인용된 내용에서 추출될 뿐이다. 그런데 이 5호분의 조사과정에서 벽돌로 만든 배수로가 함께 확인되었고, 그 결과 6호 전축분이 조사되는 계기가 마련되기도 한다.

6호 전축분은 1932년에 발견 조사되면서 29호분도 발견되지만 조사경과나 출토유물에 대한 내용은 불분명하다.

6호 전축분의 발견은 1932년 5호 석실묘의 조사과정에서 전축의 배수로 발견에서 비롯된다. 배수로의 추적결과 6호 전축분의 연도 및 묘실의 확인이 그해 10월에는 이루어진 것으로 확인된다. 이어 6호 전축분의 구조적 특이성과 문화재적 중요성

등으로 상부에 보고되고, 이어서 이듬해 2월에 다시금 현장조사가 진행된다. 그러나 어간의 조사내용이나 후의 조사과정 및 결과에 대해서는 자세한 고찰이 어렵다. 다만 6호 전축분의 발견은 가루베지온에 의해 이루어졌으며 그 시기는 1932년 10월의 일이다. 이어 발견된 내용은 상부에 보고되었는데, 이듬해 2월에 조선총독부의 조사원이었던 고이즈미 아키오를 비롯한 일단의 조사단이 6호분에 대한 조사를 다시 진행한 것이다.

그런데 1932년 10월까지 6호 전축분의 발견에서 내부 확인결과에 대한 내용이나, 10월에서 이듬해 2월까지 보호라던가 관련 조처의 정황을 전혀 알 수가 없다. 또한 1933년에 이르러 고이즈미 아키오를 중심으로 6호 전축분이 조사된 것으로 확인되는데 그 결과도 전하지 않으며, 일부의 내용이 가루베지온에 의해 소개되고 있을 뿐이다. 물론 고이즈미 아키오에 의하면 1932년의 6호분 발견에서 1933년 조사를 진행하기까지의 과정에 가루베지온의 조사활동에 문제가 있는 것으로 언급되고 있지만 구체적 내용은 알 수가 없다.

6호 전축분의 조사는 1932년에 발견되어 1933년의 봄까지 이루어진 것을 알 수 있다. 더불어 6호 전축분의 조사 후 주변의 정리 과정에서 29호분으로 구분된 석실묘도 발견·조사된 것으로 확인된다. 29호분은 6호 전축분의 서쪽에 있는데, 1933년에 6호 전축분을 정비하는 과정에서 발견되었고, 이를 조사하여 기록하고 있음이 확인된다. 그러나 이 29호분도 6호 전축분과 마찬가지로 고분의 내용만 전할 뿐, 조사경과나 출토유물에 대한 내용은 없다.

송산리 고분군은 1927년에 조사되기 시작하여 1933년에 29호분이 조사되기까지 장기간에 걸쳐 다양한 형태로 발견과 조사가 진행되었음을 알 수 있다. 1~5호분으로 구분된 1927년 조사의 5기는 체계적 형태로 조사되었지만 조사결과는 일부만 전하는 한계가 있다. 또한 5호분을 비롯하여 6호 전축분은 주변지역의 정비 과정에서 고분이 확인됨으로써 체계적이고 조직적 형태로 조사되지 않았다는 것을 알 수 있다. 이러한 고분의 발견 동기는 후에 6호분의 누수문제로 암거설치를

상단 송산리 고분군 조사과정 〈6호분〉
하단 송산리 고분군 조사과정 〈29호분〉

위한 작업이 진행되는 중에 무령왕릉이 발견되는 것처럼 송산리 고분군의 각 고분은 우연한 기회에 발견되고, 조사된다는 공통점이 있다. 이러한 고분의 우연한 발견과 조사는 결국 조사자체의 미비와 더불어 관련 자료의 유실을 가져온 한계를 드러낸다.

무령왕릉이 일제 강점기 발견되지 않은 것은 봉분을 6호 전축분의 현무릉이란 시설로 판단한 때문인 듯하다.

무령왕릉의 발견은 1971년 7월 5일, 6호 전축분과 5호 석실묘의 누수 방지를 위한 암거설치 공사를 시도하던 중의 일이다. 송산리 고분군은 무령왕릉을 제외한 대부분의 고분 실체가 일제 강점기에 노출된 것이었다. 특히 6호 전축분은 당시로서는 송산리 고분군을 백제 왕릉으로 인정하는 생생한 증거일 수 있었다. 때문에 이 고분군은 문화재적 혹은 학술적 중요성에 근거하여 정비·보존하여 일반에 공개 관람케 하였다.

그런데 6호 전축분과 5호 석실묘는 서로 지근거리에 있으면서 자체가 지하 구조물로 빈방 형태의 묘실로 남겨져 있어 누수 혹은 습기의 과다발생이 있었다. 이를 방지하기 위해서 고분의 위쪽에 배수 암거를 설치하게 되었는데 그 과정에서 무령왕릉의 입구가 노출된 것이다.

송산리 고분군은 이미 일제강점기에 대부분의 고분이 발굴되었음에도 무령왕릉을 전혀 인지하지 못하였다는 사실은 아이러니하다. 특히 6호 전축분과 5호 석실묘의 후면에 배수 암거를 설치하면서 지근거리에 무령왕릉이 확인되었음에도 이전에 이를 전혀 인지하지 못하였던 것이다. 배경은 아마도 무령

현무릉으로 간주된 무령왕릉

왕릉의 봉분이 6호 전축분과 지나치게 가깝게 위치하고 있으며, 나아가 6호 전축분의 발견시 무령왕릉의 봉분의 존재가 인지되었음에도 이를 별개의 고분으로 보지 않았고, 6호 전축분의 외형시설 즉 현무릉으로 간주하면서 이를 정비한 것과 무관하지 않은 것으로 여겨진다.

6호 전축분의 배수작업 중에 무령왕릉이 발견되었고, 왕릉 인지 후 5일, 내부 개봉 후 17시간 만에 1차 현장조사가 완료된다.

무령왕릉 발견에서 발굴조사로의 전환은 1971년 7월 7일에 본격화된다. 조사단이 조직되고 이어 오후부터 현장조사를 진행하여 부분적으로 노출된 입구 전면을 완전 노출시키는데 이러한 작업은 이튿날인 7월 8일 오전까지 계속되었다. 그리고 내부 현황 파악은 7월 8일 오후 4시경에 실시된 것이다. 위령제의 실행 후에 연도 입구를 폐쇄한 벽돌을 제거하는데 대체로 5시경에 고분 내부를 살필 수 있게 된 것이다. 더불어 내부 조사와 유물의 반출은 7월 8일 오후 8시부터 시작하여 이튿날인 7월 9일 오전 9시까지 13시간에 걸쳐 이루어진다. 7월 8일 고분 내부의 진입과 현황을 확인하고 나아가 공표 후, 이의 본격적 조사가 야간인 8시부터 재개된 것이다. 그러한 배경에는 보도진의 성화, 내부 보호, 보안 문제, 폭우에 의한 훼손 문제 등의 여러 가지 이유로 조사의 시급성이 대두되었던 것으로 알려진다.

무령왕릉 내부에 대한 1차의 조사는 1971년 7월 9일, 왕릉을 인지한 후 5일 만에, 고분 내부가 개봉된 지 17시간 만에 완료되었다. 그런데 주목되는 것은 이후에 이루어진 조처들이다. 즉 고분내부의 유물을 수습한 이후에 무령왕릉의 종합적 조사와 보고서 작성을 위해 백제 무령왕릉 종합 조사단이라는 단체가 조직되는 점이다. 얼핏 보면 타당한 대책으로 보이나 현장성을 중시해야 할 고고학 활동임에도 이미 현장에서 유물의 반출이 조급하게 이루어진 다음에 그러한 대규모 조사단을 구성한 이유가 궁금하지 않을 수 없다. 특히 이후 발간된 보고서의 내용으로

송산리 고분군 조사과정 〈무령왕릉〉

무령왕릉 노출광경

미루어 그 효용성에 상당한 의문이 없지 않다. 후속조사는 앞서 본 종합 조사단을 분야별로 분담시켜 보고서 작성에 진력하였던 것으로 추정되고, 다른 한편으로 왕릉현장의 추가조사도 진행되기도 한다. 이는 2~4차로 구분된 3회에 걸쳐 이루어진다. 2차 조사는 8월 17일에서 29일까지 진행된 것으로 고분의 외부에 5개의 트렌치를 설치하여 분구의 외곽 형상, 그리고 봉토 축조 방식을 조사하였다. 두 번째인 3차 조사는 9월 14일에서 21일까지 일주일의 일정으로 묘도 부분의 형상 확인과 나아가 배수로의 현황을 조사한 것이다.

6호 전축분도 백제 특유의 벽돌고분이다

6호 전축분은 송산리 고분군의 중앙부에 위치한다. 자리한 지역은 무령왕릉의 전면에 해당되는 송산의 주봉에서 발기된 지맥이 약하게 서쪽으로 치우쳐 북에서 남으로 흘러내리는 구릉의 선상부에 해당된다. 송산으로 불리는 주산의 정상부보다 약 20m정도 낮은 지역이며 경사는 비교적 완만하게 전개된다. 좌우에 각각 동과 서로 경사를 이룬 지형조건을 갖추었고, 남쪽으로 경사가 이어지나, 북쪽으로는 무령왕릉의 봉분과 함께 비교적 완만한 오르막 경사가 있을 뿐이다.

주변 고분과의 관계는 29호 석실묘가 서쪽에, 그리고 5호 석실묘는 동쪽에 자리하면서 약간 아래로 치우쳐 15m정도의 거리에 있어 6호 전축분이 이들을 거느린 형상이다. 그러나 무령왕릉은 곧바로 경사의 위쪽 17m의 거리를 두고 자리하여, 무령왕릉은 6호 전축분의 상단에만 위치한 형세로 있다.

6호 전축분도 백제 특유의 벽돌로 쌓은 횡혈식 구조의 고분이다.

6호 전축분은 남향으로 전개되는 구릉 선상부에 묘광을 파고 그 안에 벽돌로 빈방 형태의 공동의 묘실을 조성한 것이다. 묘실은 횡혈식 구조로 전면에 연도를 시설하면서 연도로 이어지는 긴 배수구도 설치되어 있다. 묘광은 측정이 불가능하나 묘실 자체를 완전하게 지하에 아우를 수 있을 규모로 조성되었을 것으로 보인다. 전면에 배수로가 24m의 길이로 있음에 비추어 남향의 구릉 경사면에 길이 24m이상이 굴광되었을 것으로 볼 수 있다.

묘실의 구축은 먼저 굴광된 묘광의 바닥에 벽돌로 삿자리 문양인 그물형태로 이중으로 깔아서 묘실 바닥을 조성하였다. 묘실의 바닥은 너비 224cm에 길이 370cm의 묘실평면을 갖추었다. 묘실은 남북을 기준으로 동으로 약 7도 정도만 편향되게 배치하는데 이는 경사방향과는 거의 일치하는 것이다. 더불어 이 묘실의 전면에 이중의 연도를 갖추었다. 연도에는 조그만 구멍을 내어 바닥 아래의 배수로와 통하는 시설도 있는데 이는 연도 입구의 중앙에 있고 배수로는 연도 바닥을 거쳐 전면을 가로질러 밖으로 나가도록 시설되어 있다.

묘실의 벽체 구축은 전면과 후면은 수직으로, 측면은 일정한 높이를 올리다 안으로 좁혀 천정에서 맞닿게 쌓아 전체가 터널구조를 이루도록 하였다. 사용된 벽돌은 좁은 면에 오수전의 문양이 시문되어 있다. 쌓은 방법은 문양이 시문된 좁은 면이 묘실로 향하게 하면서 세워쌓기와 뉘어쌓기를 반복하여 축조한다. 이렇게 쌓은 묘실은 바닥에서 천정의 최고 지점까지 313cm의 높이를 유지한다.

벽체 축조의 세부형태는 하단은 바닥에서 46cm의 높이까지 오수전이 시문된 벽돌을 세운 형태인 뉘어쌓기로 10단을 쌓았는데 벽돌 사이에 몰타르 형태의 강회를 채우면서 올렸다. 이어 문양이 시문된 벽돌을 하나를 세워쌓기를 한다. 이어 다시 8단의 뉘어쌓기 후에 1단의 세워쌓기, 다시 6단의 뉘어쌓기 후 1단의 세워쌓기, 다시 4단의 뉘어쌓기 후 1단의 세워쌓기를 반복하여 뉘어쌓기를 2단씩 줄이고 있다.

한편 4단의 윗부분은 제형의 벽돌을 사용하여 벽면의 만곡도를 갖추게 되는데 10단을 쌓았으며, 그 위에 한면이 좁은 벽돌을 중앙부에 1열로 올리고 있다. 이로써 묘실은 하단부터 약 200cm의 높이에 있는 창 시설 부분까지 벽체가 안으로 약

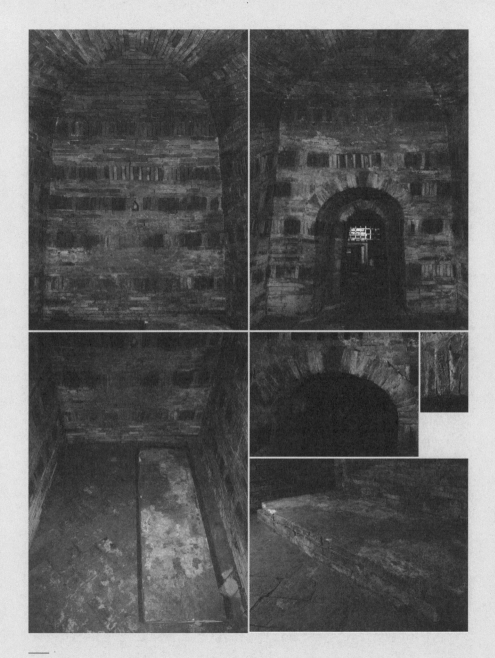

그림 88. 6호분 〈2015년 12월 촬영〉

6호분 〈2015년 12월 촬영〉

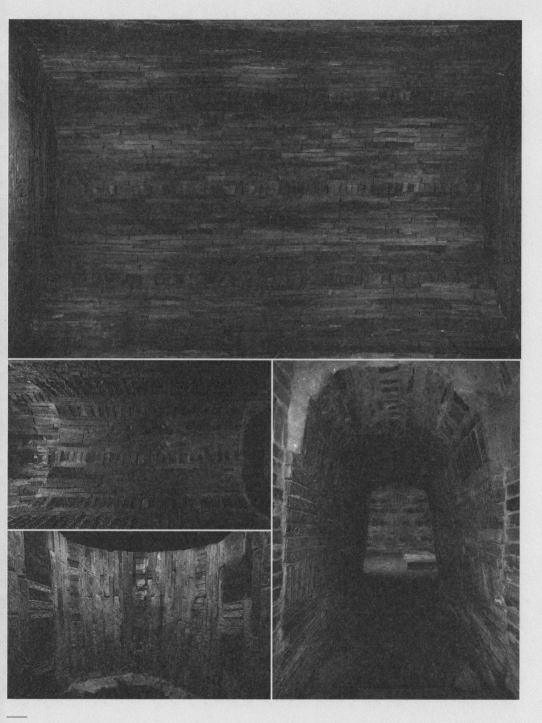

6호분 〈2015년 12월 촬영〉

간 기운 형태로 축조되는 특징이 있으며, 이후 부분은 안으로 만곡되는 천장부가 시작되는 형상이다.

벽감과 창문 형태의 시설도 있고, 관대는 한쪽에 치우쳐 하나만 있다는 특징도 있다.

묘실 벽면에는 벽감과 창문 형태의 시설이 있다. 벽감은 바닥에서 140cm의 높이 지점에 있는데, 동서의 장벽에는 각각 3개의 보주형 벽감이 있고, 단벽인 북벽에는 같은 높이에 1개의 보주형 벽감이 시설되었다. 창문형태의 시설은 4단의 세워쌓기 벽돌을 사이에 두고 그 위에 뉘어쌓기에 각기 벽감 숫자만큼 창문시설을 하였다. 보주형의 벽감은 1매의 벽돌 중앙에 보주형을 투각하여 만든 것이고, 창문시설은 5개의 벽돌을 약간 안으로 들여쌓아 유자창 형태의 가창이다.

연도는 묘실의 전면인 남벽의 정면 중앙에 설치하였다. 묘실과 마찬가지로 벽돌로 축조하였고, 앞이 좁고 뒤가 넓은 이중의 구조로 시설하였는데, 바닥의 좌우를 올리면서 묘실처럼 천정부를 터널형의 구조로 조성하였다. 연도는 길이 230cm인데, 너비는 앞부분이 80cm이고, 뒷부분은 110cm이며, 높이는 앞부분이 132cm에 뒷부분은 149cm이다. 벽돌은 하단에 뉘어쌓기와 세워쌓기 축조방법이 묘실과 같은 방식으로 이루어졌다. 천장도 뉘어쌓기 8단위의 세워쌓기에서 좌우 모두 2단의 뉘어쌓기를 한 다음에 세워쌓기하고, 체형의 벽돌을 7단씩 뉘어쌓기로 올려 천장의 만곡을 이루게 하였다. 맨 꼭대기는 제형의 벽돌 1매를 올려 마무리한 형식이다. 연도의 폐쇄는 안쪽은 벽돌을 사용하고, 바깥은 강회다짐으로 하였는데 폐쇄 범위가 40cm정도의 두께로 실시하였다.

연도를 지나 묘도로 이어지는 배수로는 묘도부분에 배수 홈을 경사지게 조성한 다음에 그 위에 1매의 벽돌을 종으로 한열 두고, 그 위에 약간의 간격을 두면서 2매의 벽돌을 좌우에 설치한 다음에 뚜껑으로 또 다른 벽돌을 올리는 방식으로 조성하였다.

또한 묘실 바닥에는 관대가 설치되어 있다. 그러나 관대는 묘실의 한쪽에 치우

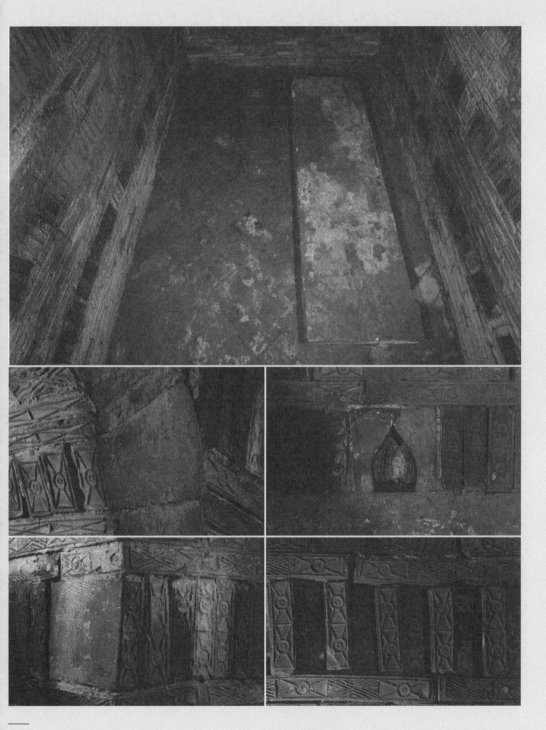

6호분 〈2015년 12월 촬영〉

쳐 하나만 시설되었다는 특징이 있다. 이 관대는 묘실 정중앙을 기준으로 동쪽으로 편재하여 벽돌로 만들었는데 길이 250cm에 너비 74cm의 크기이다. 벽돌을 뉘어쌓기로 3단을 구축하였는데 높이는 15cm정도이고 관대의 상면에는 두께 1cm정도의 강회 바름이 이루어져 있다.

묘실내부 전체를 채색하였고, 벽면에 사신도가 그려져 있다.

6호 전축분은 묘실내부 전체가 채색되고 아울러 벽면에 사신도가 그려져 있는 특징이 있다. 채색은 묘실의 내부를 밝게 보이도록 조처한 것이다. 방법은 하얀 도료를 이겨 바르고 그 위에 다시 일정한 간격으로 검은 색을 칠하여 건축물의 조형적 형상을 표현한 것이다. 세부적으로 보면 하얀 도료를 발라 바탕을 하얗게 조성한 다음, 벽돌의 좁은 면을 뉘어쌓기 벽돌 4매 간격으로 검은 도료를 칠하여 각단의 세워쌓기 부분이 검은색과 흰색이 대조를 이루도록 채색한 것이다. 이로 말미암아 묘실은 벽면의 상부는 검게 바르면서 횡으로 1열로 큰 북의 통형과 같은 하얀 부분을 남기는데 이는 건축의 조형물 형태를 표현한 것으로 본다. 천정의 채색은 종으로 2줄로 칠하여 선을 표현하였다. 더불어 벽감과 창문시설도 채색이 이루어졌다. 벽감은 보주형의 외곽을 따라 주칠과 녹청의 2가지색을 사용하여 윤곽 표현을 하고, 다시 녹청으로 화염을 묘사하였으며, 창문도 녹청색으로 채색하였다.

　6호 전축분의 벽화로 사신도는 널리 알려진 내용이다. 벽화는 그림을 그리기 위해 벽돌인 벽면의 요철에 덧바른 점토만이 남아 있고, 벽화는 거의 사라진 상태이다. 그러나 초기 조사시에 점토위에 호분으로 그린 벽화의 형상이 어느 정도 감지된 것으로 전한다. 현재 남아 있는 벽화 흔적은 프레스코 기법으로 벽화를 그리기 위해 벽돌의 요철면에 밝은 점토를 발랐던 것뿐인데, 본래는 그 위에 호분으로 그림을 묘사하였던 것이다. 벽화는 동벽에 청룡, 서벽에 백호, 북벽에 현무, 남벽의 연도 입구위에 주작을 그렸다는 것, 이들 사신도의 좌우에 해와 달, 그리고 운문을 표현하였다는 점은 확인된다. 아울러 벽화 수법은 중국 남조의 벽화와 대비하여 이해되기도 한다.

6호 전축분은 무령왕비의 고분이다

무령왕릉을 제외한 송산리 고분군의 나머지 고분들이 누구의 것인지를 알려주는 자료가 없다.

송산리 고분군은 백제 왕릉으로 알려진 유적이다. 여기에는 모두 11기의 고분이 단위 유적으로 자리하는데 이중에서 왕릉으로 분명한 위치를 차지하는 것은 무령왕릉 1기뿐이다. 이외 나머지 고분은 피장자나 고분의 성격에 대해 불분명한 점이 많았다. 그동안의 조사로 전축분 2기를 비롯하여 횡혈식 석실묘인 1~5호분과 파괴분, 29호분이 밀집된 형태로 단위를 이루면서 여기에 배총으로 취급되는 수혈식 석곽묘 2기가 밀집된 형태로 있음을 알 수 있다. 이외 주변에 적지 않은 고분이 있지만 무령왕릉이나 6호분을 중심으로 밀집된 것은 이들 11기가 하나의 작은 단위 고분군을 이룬다.

이 송산리 고분군은 백제가 도읍을 웅진으로 천도한 후 조성된 왕릉으로는 유일하게 알려진 유적이다. 더불어 묘제도 남천 후 웅진도읍기에 전개된 내용이 그대로 반영되어 있다. 그러나 무령왕릉을 제외하면 나머지 고분들은 피장자와 관련된 것들이 모두 불분명한 상태로 있다.

주지되듯이 백제가 금강유역에 터전한 다음의 왕은 문주왕에서 의자왕까지 모두 10명이다. 이중에 의자왕은 중국에서 사망하였기에 남천 후 도읍지역인 웅진과 사비지역에는 모두 9명의 왕과 관련된 고분이 있어야 한다. 여기에 백제묘제는 다장제, 혹은 가족장적 성격이 전제되기에 왕실에서 부부합장으로 고분을 만든 경우도 있기에 왕릉은 9기를 상회하여야 할 것이다.

또한 부여 능산리 백제왕릉을 고려하면 웅진지역에는 문주왕과 삼근왕 그리고 동성왕과 무령왕의 능이, 사비지역에 성왕과 위덕왕 그리고 혜왕과 법왕, 무왕의 능이 각각 해당 도읍지에 조영되었을 것으로 볼 수 있다. 결국 웅진도읍기의 백제 왕릉은 무령왕과 함께 문주왕과 삼근왕 그리고 동성왕의 릉이 있어야 한다. 즉 송산리 고분군이 백제의 웅진도읍기 왕릉지역으로 유일한 것이라면 무령왕 이외의 웅진도읍기 백제왕인 문주왕과 삼근왕 그리고 동성왕의 고분도 여기에 있어야 할 것이다.

송산리 고분군의 묘제검토 내용을 토대로 보면 고분군내의 개별고분들은 대체로 백제가 웅진에 도읍하던 전 기간에 걸쳐 조영된 것으로 볼 수 있다. 웅진도읍기 초기부터 만들어진 궁륭식이 있는가 하면 비록 전축분이지만 궁륭식 다음에 등장하는 터널식도 있다. 따라서 각 고분의 피장자는 웅진도읍기 재위한 왕 및 왕실 관련 인물로 볼 수 있을 것이다. 이는 개별 고분의 존재현황이나 편년내용을 토대로 살펴볼 수 있는데 문제는 고분군내에서 무령왕 이외의 나머지 고분은 누구의 것인가라는 점이다.

송산리 고분군의 고분 중에 왕릉의 품격은 무령왕릉 외에 6호 전축분에서만 발견된다.
송산리 고분군내의 고분들을 묘제적으로 보면 전축분 2기는 일단 왕릉급에 해당되는 것이다. 백제 전축분은 무령왕릉과 6호분 외에 공주 교촌리 전축분이 전하지만 확인이 어렵다. 그러나 전축분은 공주지역, 즉 백제의 두 번째 도읍지에 국한되어 있고 중국 남조의 전축분을 모방한 선진문화로서 왕실에서 수용된 것으로 최고급의 고분으로 보는데 문제가 없다.

이외의 고분은 횡혈식 석실묘들이 중심을 이루고 있다. 물론 이 묘제는 시원형으로 네벽 조임식 형태로 만들지만 점차 궁륭식으로 발전된다. 이 형식이 웅진도읍기에는 널리 사용되었고, 석실묘는 모두 이 형식을 갖추고 있다. 그리고 이 형식의 고분도 무령왕릉과 같은 중국 전축분이 도입되어 한동안 병행·사용되지만,

전축분 영향으로 터널식으로의 변화된다.

　궁륭식 석실묘는 무령왕릉보다 먼저 만들었거나 비슷한 시기에 조성된 것으로, 무령왕 이전의 백제왕의 고분을 이들에서 찾을 수 있을 것이다. 그러나 5호분이나 29호분처럼 왕릉축조에 사용된 벽돌이 관대 등에 사용되어 무령왕릉과 동시기 혹은 늦은 시기의 것으로 편년되고, 1-4호분과 파괴분처럼 서로 대등한 위상을 유지하고 있는 점은 이들을 왕릉으로 보기는 어렵다.

　수혈식 석곽묘는 전축분이나 석실묘와는 묘제적 차이를 가진 것으로, 이들도 왕릉으로 보기는 어려운 것이다. 다만 왕릉으로 추정하는 유적으로 적석총의 존재는 문제가 남는다. 이 적석시설은 백제가 웅진으로 천도한 다음에 이전 도읍지였던 한성지역에서 고구려의 침입으로 사망한 개로왕의 가묘로 만들었다는 것이다. 그러나 적석총으로 구분된 유적이 2군데에서 확인되었고 그중에 하나는 제사시설, 다른 하나는 초기 적석총의 퇴화형으로 보지만, 매장시설이 없는 점, 적석총의 묘제환경과는 서로 일치하지 않는 점 등으로 보아 고분이 아니라 의례시설로 봄이 타당하다.

송산리 고분군은 무령왕 가계 구성원의 고분들로 보아야 한다.

백제가 웅진에 도읍하던 시기의 왕릉이 어디에 위치하고 어떻게 만들어졌는가를 알려주는 기록은 없다. 다만 후대의 기록이지만 조선시대에 편찬된『동국여지승람』이란 지리지에는 왕릉에 대한 내용이 전한다. 즉 공주의 중심지였던 치소에서 동쪽으로 5리에 능현이 있고, 거기에 옛 고분이 있는데 백제 왕릉으로 전한다는 것이 그것이다. 그리고 같은 기록에 향교를 설명하면서 이 향교는 중심부인 치소의 서쪽 3리에 있다는 점과 함께 그 서쪽에 옛고분이 있고, 그것이 백제 왕릉으로 전하지만 어느 왕의 고분인지는 모른다는 것도 그것이다. 이는 웅진시대 백제의 왕릉이 한 지역만은 아닐 것이란 추정도 가능케 한다.

　그런데 이러한 기록에 근거한 것임에도 초기의 백제고분 조사는 대체로 공주지역에는 하나의 왕릉지역만 존재한다는 전제에서 이루어진 것이 아닌가 여겨진다. 즉 공주지역에서 백제 왕릉의 탐색과정에서 이미 1910년대에 송산리나 능현이 아닌 대학리 왕총만을 주목하고 있는 것이 그중의 하나이다. 물론 초기의 왕릉 탐사 과정에서 송산리나 능현을 주목하지 못한 것과 관련 있을 수도 있다. 그러나 왕릉에 대한 구체적 조사가 이루어지는 1927년에도 무릉동이나 능현 그리고 송산리지역에서 조사가 이루어지고, 유일하게 송산리에서 지금 1~4호분으로 전하는 본래 5기의 석실묘를 조사한다. 그리고 이 송산리 고분군을 왕릉으로 비정한 것은 웅진 도읍기의 왕릉은 한 지역에 불과하다는 인식이 배경이었던 것으로 볼 수 있다.

그런데 공주 능현의 왕릉실재 여부는 추후 확인되겠지만 부여 능산리의 왕릉과 익산 쌍릉의 존재, 여기에 공주 송산리 고분군에서 왕릉은 무령왕릉뿐이라는 점을 고려하면 백제 왕릉의 조영은 도읍지별로 하나씩만 이루어진 것이 아닐 것이란 추정도 가능하다. 나아가 송산리 고분군에서 왕릉으로 인정되는 것은 무령왕릉 하나뿐이란 점을 상기할 경우 나머지 고분은 왕릉보다는 무령왕과 관련된 그의 가계 구성원의 고분이었다고 볼 수 있을 것이다.

6호 전축분도 왕릉으로 보아 손색이 없다.

6호 전축분은 무령왕릉과 마찬가지로 전축분이고, 나아가 무령왕릉과 거의 비슷한 시기에 조성된 것이며, 이는 한때 성왕릉 혹은 동성왕릉으로 추정되었던 고분이다. 그러나 성왕릉이 부여 능산리 고분군의 중하총으로 비정될 수 있어 6호 전축분이 왕릉이라면 동성왕릉 이외의 추정은 어렵다. 그런데 비록 동성왕은 피살되었지만 재위 20여년에 걸쳐 많은 업적을 이루었고, 나아가 무령왕보다 선대의 왕이다. 송산리 고분군내에 자리한 6호 전축분이 과연 동성왕의 고분인가에는 적지 않은 의문이 있지만, 그 진위문제의 판단은 6호 전축분의 이해 속에서 이루어져야 할 것이다.

6호 전축분의 고분형태는 백제고분의 일반적 축조법인 지하로 묘광을 파고 이

6호분의 벽화

에 장방형 묘실의 남벽 중앙에 이중구조의 연도를 설치한 것이다. 바닥에 삿자리 문양형태로 이중으로 벽돌을 깔고, 벽면의 축조는 단변에 오수전이 시문된 벽돌로 구축하면서 뉘어쌓기와 세워쌓기의 방식을 사용하여 천정을 터널형으로 표현하였다. 그리고 벽감과 창문형태의 시설이 동서의 양벽에 각 3개, 북벽에 1개의 보주형 형태 벽감 및 같은 숫자의 창문시설이 있다든가 벽돌을 사용하여 배수구를 구축하는 등의 대체적 축조기법에서 무령왕릉과 크게 다르지 않다.

다만 6호 전축분의 사벽에 벽화가 그려져 있다. 벽화는 벽면의 요철을 없애기 위해 바른 점토만이 벽화의 전체 형적을 보일뿐이나 4벽에 사신을 배치하고 이외에 해와 달 그리고 운문을 표현하기도 하였다. 출토유물은 전혀 알려져 있지 않다. 이외 이 고분의 조사과정을 알려주는 자료중 입구를 폐쇄하기 전의 내부 사진을 보면 여기에 사용된 벽돌이 무령왕릉에 사용된 연화문이 시문된 벽돌로 판단되는 점도 유의된다.

6호 전축분과 무령왕릉은 구조적 유사성 외에 벽돌문양과 관대가 1인용과 2인용이란 점, 벽화의 유무 등에 차이가 있다.

6호 전축분을 무령왕릉과 비교할 경우 대비되는 부분이 많고 나아가 품격에서 무령왕릉에 버금가는 것임을 알 수 있다. 따라서 이 고분의 주인공이 누구인가의 검토는 어떤 고분이 먼저 만들었는가, 즉 6호분과 무령왕릉인 전축분 2기의 선후 문제의 판단이 필요하다. 이를 위해서는 서로간의 구조나 내용의 비교가 필요하다.

이들은 전축분으로 단 2기만 남아 있을 뿐만 아니라 구조형상이 거의 대동소이하여 상호 비교를 통한 선후문제나, 성격을 정확하게 논급하기가 어렵다는 문제는 있다. 즉 지하 묘광에 벽돌로 묘실을 구축한 단실묘라는 점에 무령왕릉과 6호분이 모두 공통적이다. 산 경사면을 굴착한 후 완전 지하식의 묘실을 구축하였는데, 이는 백제 횡혈식 석실묘와 같은 속성이다. 묘실의 평면도 장방형이고, 묘실의 남쪽에 입구와 연도를 중앙식으로 내고, 묘실 및 연도의 천정을 터널식으로 가구하였다는 점도 동일하다. 이외에 긴 배수로가 묘실에서 연도를 통하여 밖으로 전개한다거나, 관대·등감과 유자창을 시설하는 등도 공통적 속성으로 있기 때문이다.

그런데 무령왕릉과 6호 전축분을 비교하면 사용된 벽돌 문양이 범문전과 연화문전이라는 차이가 있다. 무령왕릉은 연꽃무늬를 기본으로 하면서 위치에 따라 사격자의 망상문과 연화문을 다르게 배열하는 특징이 있다. 반면에 6호분은 단변에 오수전이 시문된 벽돌만 사용하는 획일성이 보인다. 또한 규모에서 무령왕릉이 6호분보다 크다. 그리고 묘실의 평면 플랜에서 6호분이나 무령왕릉이 모두 장방형에 중앙 연도를 시설하였지만, 6호분에서 연도가 이중으로 시설되어 단연도인 무령왕릉과는 차이가 있다. 여기에 무령왕릉은 5개소에 작은 보주형의 벽감을 시설하고 그 아래에 전 9개를 길게 배열하여 유자창을 시설하지만, 6호분은 7개의 보주형 형태의 벽감을 설치하고, 그 위에 한단 건너 벽감의 숫자만큼의 유자창을 시설한 차이가 있다. 또한 관대의 경우 6호분이 한켠에 1인의 관대가 별도 시설되었지만, 무령왕릉은 묘실의 안쪽 전체를 한단 높여 관대로 사용하였다.

그리고 가장 두드러진 차이로 벽화의 유무문제를 들 수 있다. 잘 알려져 있듯이 6호분은 사신도가 네벽면에 그려져 있을 뿐만 아니라 벽면을 벽돌로 쌓고 다시 채색한 벽화분이나 무령왕릉은 벽화의 흔적이 없다. 이외에 축조에서 모두 뉘어쌓기와 세워쌓기를 하였으나 무령왕릉이 4매를 뉘어쌓고 1매를 세우는 사평일수로 중국의 3매를 뉘우고 1매를 세우는 삼평일수와 비교되지만 6호분은 규칙적이지 않고, 더불어 무령왕릉은 6호분과는 달리 공적법으로 묘실을 축조하고 있다.

6호 전축분을 먼저 만들었고 이어 무령왕릉을 만들면서 6호 전축분의 입구를 영구히 폐쇄하였다.

무령왕릉과 6호 전축분은 구조속성의 공통성 이외에 나름의 특성이 부각될 수 있을 만큼의 차이가 있음도 알 수 있다. 그리고 이러한 차이를 근거로 서로간의 선후문제가 논의된 바도 있다. 즉 이들은 모두 중국 남조의 전축분을 모델로 하였으면서도 공적법 여부에 의한 축조방식의 차이로 무령왕릉이 이르다던가, 혹은 벽감이나 유자창 및 평면 플랜 등의 요소를 근거하여 6호 전축분이 이르다는 견해가 그것이다.

물론 이러한 선후문제의 혼동은 무령왕릉과 6호 전축분을 만들었던 시기차가 크지 않다는 것을 보여주는 것으로 볼 수 있다. 여기에 무령왕릉의 경우 입구외부 좌·우에 수직으로 벽돌을 쌓았고, 주로 파괴된 벽돌이 사용되었는데, 여기에는 무문전이 적지 않으나 문양이 있는 벽돌 중에는 연화문 이외에 6호분의 벽돌과 동일한 전범문전이 꽤 많다는 사실이 확인된다. 반면에 6호 전축분은 묘실이나 연도의 축조에 무령왕릉의 연화문 벽돌이 전혀 발견되지 않지만 연도 입구의 폐쇄에 무령왕릉의 벽돌인 연화문이 시문된 것만을 사용하고 있다.

결국 무령왕릉과 6호 전축분과의 만든 시기에 대한 판단은 6호 전축분이 먼저이고, 무령왕릉이 나중이란 것과 함께 6호 전축분은 무령왕릉을 만들면서 곧바로 폐쇄되었다는 결론이 가능하다. 이러한 결론은 결국 6호 전축분에 피장된 자가 동성왕처럼 무령왕과 관계가 먼 인물로 보기는 어렵다는 것을 우선 알 수 있다. 나아가 6호 전축분의 처음 조성이 고분내의 한쪽 관대에 안치되었던 피장자의 사망에서 비롯된 것이고, 따라서 또 다른 한쪽 관대는 그와 관련된 사람 즉 부부중의 한 사람을 위하여 비워둔 것으로 보아야 한다.

6호 전축분은 무령왕비의 고분이고 한쪽에 비워 둔 관대는 무령왕을 위한 것이었다.

비워 두었던 한쪽 관대의 위치에 또 다른 사망자를 안치하지 않고 입구를 영구히 닫아 버렸다면 그 필요성이 없어진 것이고 이는 비워둔 관대의 위치가 아닌 다른 곳에 매장할 환경이 조성되었기 때문으로 보아야 한다. 즉 6호 전축분의 입구를 영구히 닫아버린 폐쇄의 행위는 또 다른 사망자를 안치할 필요가 없어진 것에서 비롯된 것이다.

그런데 입구의 폐쇄가 무령왕릉의 축조와 더불어 이루어졌다는 것은 폐쇄한 벽돌이 무령왕릉 전용의 벽돌인 연꽃무늬가 있는 것을 사용한 것에서 알 수 있다. 이는 6호 전축분에 안치될 또 다른 주인공은 본래 무령왕이 아니었는가라는 의문을 갖게 한다.

6호 전축분은 합장을 전제로 조성된 것임에도 묘실 바닥의 한쪽에 치우쳐 단장묘로 남아 있다는 사실, 그리고 이 고분이 무령왕릉과 비슷한 시기에 축조된 고분이라는 점, 나아가 무령왕릉의 축조와 더불어 이 고분의 입구가 폐쇄되어 더 이상 추가로 안치할 필요가 없게 되었음을 분명하게 알 수 있다. 결국 이는 6호 전축분에 비워둔 또 하나의 매장 위치에 안치될 대상이 무령왕이란 사실을 극명하게 보여주는 것에 다름 아니다. 나아가 본래 6호 전축분에 먼저 묻힌 주인공은 무령왕과 함께 묻힐 수밖에 없는 인물, 즉 무령왕보다 먼저 사망한 그의 부인 즉 첫 번째 왕비가 아닌가 판단한다.

이로 보면 송산리 고분군에서 왕릉의 품격을 가진 6호 전축분이나 7호분인 무령왕릉은 모두 왕릉이고 그것은 무령왕릉으로 보아야 할 것이다. 물론 6호분은 그의 첫 번째 부인의 것으로 별도 왕비의 고분으로 분류될 수도 있겠지만 고분의 잔존 정형은 부부합장을 전제로 만든 것으로 부득이한 사정으로 왕이 합장되지 않았을 뿐이지 실제는 무령왕릉으로 보아야 할 것이다. 이로 보면 송산리 고분군의 나머지 고분에서 왕릉의 품격을 갖춘 것을 찾을 수 없기에 고분군 전체는 무령왕의 가계 구성원과 관련된 인물들의 고분으로 볼 수 있을 것이다.

성왕, 사비로 천도하다

6세기 전반 백제사의 핵심은 무령왕 등장을 계기로 정치적 안정이 구축되어 새로운 도약의 발판이 마련되고 갱위강국을 선언하는 것이다. 무령왕에 이어 등장한 성왕은 안정된 체제 구축에 박차를 가하는데, 이로써 백제는 명실상부한 고대 중앙집권적 전제왕권의 국가체제를 확립한다.

백제사에서 성왕의 존재는 사비천도의 주역이란 점에 크게 초점된다. 한성시대의 국가체제는 고구려의 침입으로 붕괴되었고, 웅진천도 후에는 혼란을 수습한 무령왕을 이어 성왕대에 새로운 국가체제가 확립되는데 그러한 면모는 고고학적 환경 즉 6세기 전반의 묘제환경에 그대로 반영되어 있다.

6세기 전반의 백제 고고학에서 가장 주목되는 것은 다양성을 특징으로 하는 지방 고유의 문화가 위축되고 문화의 중앙 집중현상이 크게 나타난다는 점이다. 여기에 불교가 전면에 부각되기도 한다. 성왕이 백제 중흥의 군주로 크게 부각된 것은 웅진도읍기에 이룩된 정치 안정을 토대로 중앙집권화된 국가체제를 마련하고, 이를 위해 불교의 중흥을 도모하여 사비천도를 실행하였기 때문이다.

유적과 유물로 본 6세기 전반대의 백제사회

6세기 전반기 백제는 장애를 극복하고 안정과 번영의 새로운 시대를 맞이한다.

웅진천도 후 지루하게 이어졌던 정치적 혼란은 무령왕의 등장과 더불어 종결된다. 이후 백제는 왕권의 강화와 민생의 안정을 도모하여 새로운 강국이 되었음을 선언할 만큼 발전을 거듭한다. 아무래도 그 결실은 웅진도읍기 후반인 성왕의 재위 기간에 이르러 구체화된 것으로 여겨진다. 이즈음의 백제는 새롭게 22부사를 마련하는 등, 중앙 지배체제 정비와 함께 그 발전의 면모를 보여준다. 이러한 변화는 다양하게 존재하였던 지방세력을 완전히 중앙으로 흡수한 것에서 비롯되는 것이기도 하다.

백제는 한성 함락으로 절대 절명의 순간에 처한 국가운명을 웅진천도를 통해 모면하면서, 다시금 왕권의 확립과 강화에 힘써 국력 증진을 도모한다. 뿐만 아니라 이를 바탕으로 사비천도를 단행하는 등의 새로운 도약을 이룩하였다. 비록 6세기 전반 무렵의 백제는 황급히 웅진으로 천도하였지만, 천도 직후의 혼란을 극복하고 갱위강국이 되었음을 선언한다. 무령왕 재위 20여년의 성장과 이후 웅진에서 16년간 머문 성왕의 치세기간은 안정과 번영기로 볼 수 있을 것이다. 이로써 백제 26대 성왕은 웅진도읍기의 여러 가지 장애를 극복하고 새로운 시대, 즉 사비시대를 연 주인공으로 평가되는 것이다.

고대사회에서 천도라는 중차대한 사건의 진행은 그에 합당한 환경 조성이 선행되어야 한다. 538년 백제의 사비천도는 이미 대내적으로 천도 추진에 필요한 정치·사회적 환경이 성숙한 결과라 볼 수 있다. 또한 천도가 가능한 환경의 조성이 필요하였기에, 천도 주체세력의 동력확보와 같은 힘의 축적이 선행되었다. 즉 사비천도는 계획 천도였다.

이는 사비천도처럼 천도의 주체가 왕실이 중심이 되어 진행된 경우, 그에 합당한 왕권의 확립이 절대적으로 필요하다는 것을 알게 한다. 나아가 그에 상응한 국력의 축적, 즉 정치·사회·경제적 여건의 성숙도 선행되어야 한다. 물론 이러한 제반 조건들이 이미 웅진도읍기에 충분히 마련되었기에 사비천도가 가능하였던 것이다.

앞서 본 것처럼 사비천도의 환경 조성이 웅진도읍 말기에 구체화되었다면, 천도에 필요한 강력한 왕권의 확립이나 강화도 그 즈음에 구체화 되었다고 보아야 할 것이다. 물론 이를 구체적으로 살필 문헌자료는 없다. 다만 웅진도읍시기를 거치면서 백제의 정치·사회 환경이 질적으로 성장하였음을 보여주는 유적과 유물 자료가 어느 정도 축적되어 있어, 이를 통한 그 대강의 면모를 추정할 수 있다.

6세기 전반 무렵 다양한 백제묘제가 횡혈식 석실묘라는 중앙묘제로 통일되는 파격적 변화가 나타난다.

백제 한성도읍기의 고고학적 환경은 한성지역인 지금의 서울과 그 주변의 일정한 범위를 아울러 하나의 권역을 이루는데, 백제 중앙세력의 존재를 인정할 수 있는 특색 있는 유적들이 밀집된 형태로 확인되는 특징이 있다. 더불어 한성지역 주변으로는 한성과는 차별화된 성격을 가진 다양한 유적들이 권역을 이루면서 분포되어 있는데, 각각 지역의 고유한 특색을 갖추고 있음도 확인된다. 이들 유적은 3세기말경으로 편년되는 것도 있지만, 대체로 4세기 중후반에서 5세기 후반 무렵까지 편년될 수 있는 것들이다. 그런데 이처럼 다양하게 전개되던 각각의 물질문화는 6세기 전반 무렵에 이르러 하나로 통일되는 모습이 나타난다.

이러한 정황을 가장 극명하게 보여주는 것이 고분자료이다. 백제의 묘제환경은 4세기에 접어들면서 고총고분이 조성되고, 지역적으로 고유 전통을 유지한 묘제가 발전하기 시작하였음은 앞서 언급한 바가 있다. 즉 한강유역인 도읍지역에 봉석·봉토묘가 사용되면서 석실묘가 유입되는 변화의 환경, 중서부지역은 주구토광묘가 폭넓게 사용되다가 토광묘와 석곽묘의 확대사용, 중서부지역의 서해안과 호남지역의 서해안은 분구묘로 불리는 묘제가 사용되는가 하면, 영산강 유역이 옹관묘 사용지역 등으로 구분되는 등의 다양성을 확인하였다. 이러한 묘제 환경에서 5세기에 이르면 지방사회에 국지적으로 석실묘가 수용되어 사용되는 것이 산견되지만, 큰 가닥은 지역의 전통에 입각한 고유묘제가 발전하는 흐름이었다. 그러다가 5세기를 지나 6세기 초반에 이르면 중앙묘제인 횡혈식 석실묘로 일원화되는 묘제 환경의 커다란 변화가 나타난다.

결국 백제묘제의 전개는 웅진도읍 말기에서 사비도읍 초반경인 6세기 전·중반 무렵에 이르러 횡혈식 석실묘로 단일화된 것을 가장 큰 특징으로 꼽을 수 있다. 이러한 변화의 배경은 각 묘제의 사용주체 변화와 관련된 것으로 보아야 할 것이다. 즉 6세기 초반에 이르러 백제 묘제가 횡혈식 석실묘로 통일되었음은 다양한 전통묘제를 사용하던 기왕의 지방세력을 횡혈식 석실묘의 사용주체로 정치·사회적 통합이 완료되었음을 의미하는 것으로 볼 수 있다.

위세품으로 사여되던 금동관모가 사라지고 일원적 통치체제의 징표인 은제관식이 등장한다.

변화양상은 고분출토 관모와 관식에서 보다 구체적으로 감지된다. 4세기에서 5세기 어간의 백제 지방사회는 묘제의 독자성을 가지면서, 금동관모를 비롯한 비슷한 성격을 지닌 위세품이 출토되는 특징이 있다. 이는 지방사회가 어느 정도의 독자성을 가지면서도 중앙과는 위세품을 매개로 상관관계를 유지하였음을 유추할 수 있는 것이기도 하다.

부여능산리 능안골고분군   부여 염창리고분군   부여 하황리석실묘

부여 육곡리고분군   남원 척문리석실묘   익산 미륵사지 석탑

나주 복암리3호분   나주 흥덕리고분군   남해 남치리1호분

상단 은제관식 출토유적
하단 은제관식 일괄

그러나 이러한 환경은 6세기 초반에 이르러 변화가 나타난다. 앞서 살핀 것처럼 중앙사회의 전유물이었던 횡혈식 석실묘로 묘제통일이 이루어진 것 외에, 금동관모로 상징되는 위세품이 완전히 사라지고 위계성을 분명하게 갖춘 은제관식이 새롭게 등장하는 것이다. 부장품으로써 은제관식의 존재는 의관제라는 정연한 중앙집권적 통치체제를 인식케 한다. 나아가 백제 지방사회에 금동관모를 대신한 은제관식의 등장은 독자적 권력을 향유하였던 지방세력이 완전하게 중앙 통치체제 하에 편제되었음 보여주는 것이다. 즉 백제사회는 웅진도읍기를 기점으로 이전은 금동관모와 같은 위세품을 사여하여 이를 매개로 중앙과 지방의 관계가 형성되었다면, 웅진도읍기를 거친 그 이후에는 그것과는 상반된 중앙에서 지방사회를 일원적으로 장악하고 통제하는 환경이 갖추어졌음을 알 수 있다.

지방사회의 독자성을 풍부하게 드러내던 금동관모 등의 위세품이 사라지고 은제관식이 새롭게 등장한 것은 지방사회의 독자성 배척은 물론, 일원적 지배체제가 구축되었음을 의미하는 것으로 볼 수 있다. 이러한 환경은 적어도 혼란한 웅진도읍기의 초·중반기를 거치면서 형성된 것으로 웅진도읍말기에 이르면 국왕 중심의 일원적 통치체제가 마련되었음을 보여주는 것이다.

성왕 대통사지를 세우다

백제는 384년에 불교를 공인하기에 이르지만 이후 연이은 국가적 위기로 말미암아 불교의 위세를 크게 정립할 수가 없었고, 그러한 정황은 웅진도읍 초기도 마찬가지였다. 그러나 무령왕 즈음에 새롭게 정립된 왕권을 토대로 백제가 다시금 강국으로 부상하기에 이르렀고, 이후의 성왕은 즉위 직후 대통사를 창건함으로써 백제의 불교 발전에 새로운 전기를 맞는다. 이를 증명하듯이 웅진지역에는 대통사지로 전하는 유적과 유물이 남아있다. 백제 불교유적으로서 대통사지는 웅진천도

후 불교 재흥의 상징이다. 다만 사찰의 존재가 인지되긴 하지만, 그 실체가 불분명하다는 한계가 있다. 또한 대통사지와 관련된 유물이 알려져 있지만, 그 진위에 의문이 많기에 그 정황에 대한 올바른 인식이 필요하다.

백제불교는 384년 공인에도 불구하고 흔적이 분명치 않다가 성왕의 대통사 창건으로 다시 등장한다.

백제에 불교가 전해진 시기는 구체적이지 않으나, 왕실에서 불교를 공인한 것은 침류왕 원년인 384년으로 그 다음 해에 한산에 사찰을 창건하였다는 내용이 『삼국사기』에 기록되어 있다. 이러한 기록은 『삼국유사』에서도 확인된다. 그러나 백제가 한성에서 웅진으로 천도한 후까지 백제 불교에 대한 내용은 구체적이지 않다. 때문에 백제 불교는 문헌기록보다 불교관련 유적의 탐색을 통해 이해될 수 있다고 보는 것이 일반적 인식이다. 따라서 백제 사찰터를 비롯한 관련 유적 유물의 확인은 백제불교의 이해를 위한 관건일 수밖에 없었고, 이를 탐색하기 위한 다양한 노력이 경주되어 왔다.

그러나 백제사회에 불교가 수용된 것이 한성도읍기라는 점에도 불구하고 당시에 창건된 사찰이나 불상·탑 등 불교 문화재에 대한 내용은 거의 알려져 있지 않다. 특히 불교 공인 후에 한성에 사찰이 창건되었다고 알려져 있는데 그 실상에 대한 정보는 전혀 확인되지 않으며, 그 이외의 사찰을 창건하였다는 기록도 더 이상 확인되지도 않는다. 때문에 백제가 한성시대에 얼마나 많은 사찰을 창건하였는지는 알 수 없으며, 당시의 사찰이 어떠한 구조였는지에 대해서도 알 수가 없다.

웅진에 도읍하던 시기의 불교에 관한 기록도 별반 다르지 않다. 『삼국유사』에 성왕 5년에 대통사의 창건을 전하는 것과 『삼국유사』의 원종흥법조의 말미에 "대통 원년인 정미년에 양의 황제를 위하여 웅천주에 사찰을 창건하였는데 대통사라 하였다"라는 기록만이 전한다. 이러한 내용이 백제의 웅진도읍시기 사찰 조영에

백제불교의 상징인 부여 정림사지(上)와 익산 미륵사지(下)

대한 최초의 기록이다. 따라서 간단한 기록임에도 불구하고 백제의 웅진도읍기 불교 환경을 이해하는 데 적극적인 자료로 활용되어 왔던 것이다.

웅진에 대통사가 있음이 기록되어 있고 지금의 공주에는 대통사지로 전하는 유적이 있었다.

그러나 『삼국유사』의 원종흥법조의 내용은 백제와 관련된 것이 아니라 신라와 관련된 것이기도 하다. 따라서 이 기록이 백제, 특히 백제의 웅진도읍기 불교 실상을 얼마나 정확하게 전하는 것인가에 대한 의문이 없지 않다. 다만 『삼국유사』의 내용 중, 웅천주가 백제의 고지이고, 그 곳에 대통사가 창건된 시점이 중국 양무제의 연호로 대통년大通年이라 기록된 사실은 대통사가 백제시대 성왕에 의해 창건되었다고 보는데 전혀 문제가 없는 것이다.

결국 『삼국유사』의 기록만을 토대로 본다면 대통사는 백제의 성왕 5년인 527년, 혹은 중대통 원년인 529년에 창건된 사찰이다. 또한 기록만으로 볼 경우 그것이 백제의 도읍지였던 웅진에 있었다고 보는데 구태여 의혹을 가질 필요는 없다. 다만 『삼국유사』에 창건 기록은 남아 있으나, 그 위치가 어디인가에 대해서는 별다른 설명이 없어 정확한 위치를 알 수 없다는 아쉬움은 있다.

한편 대통사에 대한 기록내용이 적은 것과는 달리 공주지역에는 대통사지로 알려진 유적이 존재한다. 이 유적은 여러모로 중요성을 부여할 수 있는 것인데, 백제가 웅진으로 천도한 다음 한성시대와 마찬가지로 수도 주변에 또 다시 사찰을 건립하였던 것으로 믿어왔기 때문이다. 이로 보면 대통사를 백제의 웅진시대를 대표하는 사찰로 보아도 과언이 아닐 것이다.

대통사가 웅천주인 지금의 공주지역에 자리한다는 개략적 기록만이 남아 있음에도, 『삼국유사』의 관련 기록에 근거한 대통사의 위치 비정은 이미 일제 강점기부터 이루어져 왔다. 당시 공주지역 일원에 남아 있는 불교유적의 조사를 토대로 백제의 가람에 대한 견해가 제기된바 있다. 이는 공주지역의 불교유적이 산지의 혈사와 평지의 당탑식 가람이 존재한다는 선입견에, 백제시대의 가람이 초기에는 산지의 혈사가 중심을 이루다가 점차 평지의 당탑식 가람으로 전개되었다고 보았다. 더불어 평지의 당탑식 가람으로 대통사를 예로 들고 있으며, 대통사와 관련된 고고학자료, 예컨대 "대통"명이 있는 것으로 기와라든가, 8엽 연화문 수막새기와, 당간지주 등의 자료를 토대로 대통사의 위치를 가늠한 바가 있다.

알려진 대통사지는 본래 사찰터가 아니고 당간지주도 다른데서 옮겨온 것이기에 본래 대통사지의 탐색도 필요하다.

사실, 웅진도읍시기의 백제불교 정황에 대한 이해에는 대통사지라는 불교유적이 중심에 있음을 부인하기 어렵다. 관련 유물이 전하고 있을 뿐만 아니라 사지로 알려진 위치에 당간지주가 자리하고 있으며, 반출된 것으로 전하는 석조라든가 "대통大通"명의 평기와, 연화문 막새기와 등의 유물이 실증자료로 존재하고 있기 때문이다.

그 사지는 공주시 반죽동에 있는 유적이다. 기왕에 이 지역이 대통사라는 사찰이 위치하였던 곳이라 믿어오면서도 고고학적으로 구체적인 조사가 진행된 바는 없었다. 때문에 한동안 대통사의 가람배치나 구조, 규모 등을 구체적으로 알 수 없는 상태에서, 단순히 당간지주가 위치한 지역을 대통사지로 인식하여 왔다. 그러다가 이 유적의 중요성을 인식케 되어 당간지주를 중심으로 한 주변지역에 학술조사가 진행되었는데, 2002년도에 진행된 시굴조사가 그것이다.

대통명 기와

그러나 조사결과 기왕에 대통사지로 알려진 지역은 사지로 보기 어렵다는 것이 확인되었다. 비록 그 지역에 당간지주가 위치하고 대통사와 관련된 것으로 보이는 유물이 반출된 곳이긴 하나, 조사결과 사지와 관련된 유구 혹은 유물이 전혀 확인되지 않았기 때문이다. 특히 표면에는 민가가 조성되면서 건축부재가 매우 두껍게 덮여 있었으나, 사지의 존재를 입증할 만한 유물이 전혀 확인되지 않았다. 뿐만 아니라 토층을 통해서도 사찰의 존재를 입증할 수 없었는데, 이는 조사지역 전체에 걸쳐 사찰이 있어야 할 지표하 2m깊이에서 하천면 모래층이 확인되었기 때문이다.

본래 대통사지라 알려진 곳 일대를 사역으로 인식하게 하였던 것은 그곳에 있던 당간지주 때문이었다. 당간지주의 잔존현황은 높이

대통사 당간지주

329cm로 당간은 이미 유실되고 네모꼴의 지주만 동서로 남아있으며, 지대석은 땅에 묻혀 구체적이지 않지만 막돌을 깔아서 만든 것임을 알 수 있다. 기단은 지대석 위에 조성한 단층기단인데 장방형의 형태이고, 기단의 상단에는 별다른 문양이나 장식이 없지만 각 측면에는 안상이 조각되어 있다. 안상의 수법으로 보아 이 당간지주는 통일신라시대에 만들어진 것으로 이해되는 것이기도 하다.

그런데 당간지주의 지대석 아래에 대한 시굴조사를 실시한 결과, 그리 오래되지 않은 우물이 지대석 아래에 있음이 확인되었다. 우물은 직경 약 1.5m 크기의 원형으로 강돌을 이용하여 쌓은 것인데, 이를 의도적으로 폐쇄하고 그 위에 당간지주를 올린 것이다. 이로 보면 당간지주는 일제강점기 초반 즈음에 어디선가 현재

대통사 석조

위치로 옮겨진 것으로 판단할 수 있다. 즉 대통사지 위치의 유일한 지표였던 당간 지주마저 근대에 다른 곳에서 옮겨온 것이 확인된 것이다.

대통사는 웅진시대 백제 불교의 상징으로 웅진시대 백제의 왕권 확립과 갱위강국의 구현체이다.

대통사가 웅진도읍 말기에 성왕에 의해 창건된 사찰은 분명하다. 비록 대통사의 위치는 정확하지 않지만, 관련유물로 석조와 막새기와, 명문기와 등이 전한다. 석조는 용도가 불분명하나, 반죽동에서 옮겨져 국립공주박물관에 소장된 것으로 각각 보물 제148호와 제149호로 지정된 중동 석조와 반죽동 석조가 그것이다. 이들 유물은 대부분 대통사지와 관련된 것으로 판단되는 것이나, 여기저기에 흩어져 있던 것이기도 하다.

중동 석조는 주연의 일부와 탱석·대석 등이 파괴되어 보수된 상태이다. 석조를 받치고 있는 간주석은 없어졌으나 반죽동 석조를 모방하여 보수된 것인데, 원주형의 외면에 단엽 12판의 복연문을 양각하였다. 반죽동 석조는 중동 석조보다 약간 크지만 전체적인 형태와 장식 수법으로 미루어 하나의 세트임을 알 수 있다. 석조는 대좌 위에 놓여 있으며, 지대석 이외의 각 부분은 원형을 기본으로 하고 있다. 탱석은 외면 상부에 약간의 평면 간지를 남기고 나머지 전면에 12엽의 연화문이 양각되어 있다. 원형 석조는 하나의 돌로 내부를 파내어 완성한 것으로 중앙에 두 줄의 선대를 굵게 조각하여 돌리고, 그 선문상에 같은 간격으로 4곳에 연화문의 원좌를 배치한 것이다.

기와는 관련 기록과 실물이 많은데, 일제 강점기에 수습되어 실물이 전하지 않는 것들도 많다. 이중에 일부는 백제 대통사의 것으로 보기 어려운 것도 있다. 종류는 막새기와와 연목와, 그리고 망새기와 명문기와들이 있다. 아무튼 대통사지 출토품으로 전하는 기와는 일제 강점기에 수습되었는데 수막새기와 3점과 암막새 1점, 그리고 망새기와가 있고, 여기에 문자기와가 있다. 이후에 수습된 기와는 수

막새기와 6점이 전한다. 이로 보면 막새기와는 모두 9점이나 모두가 대통사지라는 사지와 관련된 것으로 보기는 어렵다.

대통사의 위치를 분명하게 판단하기는 어렵지만 관련 유물이나 기록으로 미루어 6세기 전반대 성왕에 의해 창건되었다는 사실은 부정하기 어렵다. 따라서 대통사는 백제가 금강유역에 도읍한 이후 처음 창건한 사찰인 셈이다. 비록 백제의 불교 공인이 384년에 이루어졌다 하더라도 계속된 국가 위기로 북교 공인의 본래적 목적을 달성할 수 없었던 것이다. 그러나 웅진천도 이후 혼란된 정국의 수습, 나아가 강력한 왕권의 확립과 함께 갱위강국을 이룩하면서 국가통치의 이데올로기로서 불교를 전면에 부각시키는데 그 물증적 자료가 대통사지인 것이다.

성왕 사비로 도읍을 옮기다

천도는 국가의 중심지를 옮기는 사건이다. 그것은 대외적으로 군사적 요인에 의한 것일 수도 있고, 대내적으로 정치와 사회적 요인에 의해 나타나는 것일 수 있다. 어떤 경우든 천도에 따른 영향이 결코 적지 않다는 것은 주지된 사실이다. 한반도 고대사회의 천도도 대체로 대·내외적인 원인에서 비롯된다. 대외적인 것은 군사적 측면에서 원인을 찾아야 하고, 대내적인 것은 정치적 측면이 강조되는데, 발전을 위한 전략적 차원이거나 세력 간의 갈등에서 비롯되는 것이 대부분이다.

천도에 대한 역사는 전자의 경우 백제의 웅진천도가 대표적 사례이고, 후자는 고구려 장수왕의 평양 천도라던가 백제 성왕의 사비천도, 그리고 신라 신문왕의 달구별 천도 계획을 그 예로 들 수 있을 것이다. 특히 후자의 경우는 국가체제 변화의 수렴, 정치체제의 정비와 정치세력의 교체 등 정치적 측면이 강조되는 것이기도 하다.

성왕의 사비천도는 웅진도읍기에 이룩된 대내적 정치와 사회 환경의 성숙에서 비롯된 것이다.

백제의 도읍 이동은 이미 한성에 도읍을 정한 후 온조왕의 하북에서 하남으로의 이동, 근초고왕의 위례에서 한산으로의 도읍을 옮긴 사실이 알려져 있다. 더불어 개로왕 때 고구려의 침략에 의한 475년의 웅진천도, 웅진도읍 60여년 후의 사비천도가 전하고 있다. 우선 하북에서 하남으로의 이동은 초기 국가정착과정에서 이룩된 사건이며, 위례성에서 한산으로 도읍을 옮긴 것은 근초고왕의 북진에 의한 고구려와의 상쟁 과정에서 보다 군사적 방어가 유리한 거점 확보를 위한 것으로 해석하는 것이 일반적이다.

이와 같은 도읍의 천도는 백제의 초기적 정황이며, 한성이란 지역에 국한되어 이루어진 것이기에 그 의미를 크게 추구하기는 어렵다. 반면웅진천도와 사비천도는 한성기의 천도에 비하면 역사적 의미가 적지 않다. 웅진천도는 대외적 원인에 의해, 사비천도는 대내적 원인에서 비롯되어 각각 나름의 역사배경을 가지고 있기 때문이다.

백제의 사비천도는 웅진에 도읍을 정한지 64여년 만에 이루어진 것으로, 도읍 기간이나 천도과정 등을 고려하면 비교적 단기간에 이루어진 점이 주목된다. 이에 대해서는 긴급한 상황 속에서 웅진천도가 이루어졌기에 웅진이 도읍지로서 부적합하다는 점을 지적하며 사비천도의 타당성을 부여하는 경우가 많다. 당시 도읍지 웅진은 금강의 범람에 의한 홍수 문제, 가용토지의 부족 등의 문제를 포함하고 있어, 도성으로 기능을 수행하기에는 한계가 많다는 지적이 빈번하게 이루어졌다. 이에 따라 사비천도의 직접 원인으로 웅진지역의 지리적 협소성을 필연적으로 도출하며 그것을 천도의 배경으로 보는 것이다.

물론 이러한 논거는 백제왕실이 왕권강화나 국가발전을 위하여 사비천도를 계획되었다는 추정으로 이어지는 것이기도 하다. 그러면서 동성왕이 사비지역에 잦은 전렵을 실행하는 즈음부터 사비천도가 시도되었다고 보기도 한다. 이러한 논지의 연장선상에서 백제가 동성왕과 무령왕을 거치면서 어느 정도 불안한 사회상을 극복하고, 국력회복을 기회로 국가동력을 보다 확충시키기 위한 수단으로 협소한 공주를 벗어나 사비로 천도하게 되었다던가, 웅진시대에 연이어 일어난 왕의 피살·반란 등과 같은 내분에 종지부를 찍기 위하여 사비천도가 이루어졌다는 이해로 진전이 이루어졌다.

앞서 지적한 것처럼 사비천도 배경의 인식 중, 웅진천도 후에 곧바로 천도의 준비와 기획이 이루어졌다는 결론에 대해서는 의문이 있다. 사비천도의 단초를 동성왕 6년의 사비전렵에서 찾을 경우, 그 내용이 웅진천도 후 약 10여년이 경과된 즈음의 사실이란 점에서 그러하다. 천도 초기의 불안한 정정 속에서 어떻게 그처럼 신속하게 천도에 대한 계획과 준비가 이루어졌을까하는 의문이 제기될 수밖에 없다. 특히 웅진천도의 주체가 왕실이었고 이어 그들을 중심으로 다시금 천도가 획책되었다면, 웅진으로 천도한 직후에 곧바로 사비로의 천도를 단행하는 이유가 무엇인지 설명되어야 할 것이다.

물론 사비의 지정학적 위치가 웅진과는 다르게 남쪽의 개활지인 평야지대이며 서해로 향하는 교통상의 요지, 그리고 외적방어에 유리한 지역이었으므로 도읍으로서 적합성이 제시된다. 그러나 웅진으로 천도한 직후에 웅진지역이 도읍지로 부적합함을 인지하였고, 다시금 사비로 천도를 준비하였다는 설명은 당시의 정치·사회 환경으로 미루어 어색함이 많다. 특히 이러한 논거에는 웅진으로 천도할 수밖에 없었던 백제의 대내적 환경, 즉 웅진천도 전야의 정치적 정황이 전혀 고려되지 않았다는 문제도 있다.

백제의 사비천도는 왕권확립이나 강화만을 목적으로 실행된 것이 아니다.

천도가 강력한 왕권확립의 결과로 이루어진 것이기 보다는 왕권확립을 목표 삼아 실행되었다던가, 혹은 왕권강화의 과정적 요소로 이루어졌다고 보는 견해가 많다는 것도 주목된다. 이러한 논의의 배경은 사비천도의 직접적 원인을 웅진지역의 환경이 도읍지로서 부적합하다는 것에서 비롯된다. 뿐만 아니라 정치적 측면에서는 사비천도를 계기로 혼란 극복이나 왕권 강화를 도모할 수 있다는 논거가 전제되는 경우도 없지 않다. 이는 천도를 통하여 왕권강화를 이룩할 수 있다는 논리로 천도가 하나의 정치적 행위로 왕권강화와 국력중흥의 수단으로 실행되었다는 것이다. 그와 관련된 역사적 사실로 백제가 사비천도를 통해서 웅진도읍기의 지루한 귀족내분을 종식시켰고, 22부사를 설치하거나 5부 5방제를 실시하며 16관등제의 확립을 통한 국가 권력의 확립이 가능하게 되었다는 점을 함께 지적한다.

또한 백제가 동성왕대 이후 실세귀족의 득세가 크게 나타나자 왕권 중심의 정치 운영이 필요하게 되어 이를 위한 조처로 사비천도를 단행하였다고 보기도 한다. 웅진천도 직후에 야기된 왕권 쇠약의 극복, 신·구 귀족 간의 갈등 해결을 위한 국가체제의 일신 등과 같은 특단의 조치로 사비천도가 이루어졌다는 이해도 결국은 천도 자체가 왕권강화를 위해 이루어졌다는 점을 강조하는 것들이다.

사비천도가 왕권강화를 위해 진행되었다는 논거에는 반드시 천도계획이나 실행시기의 추정이 병행되어 고찰되고 있다. 그러면서 왕권강화를 위한 천도준비는 웅진도읍 초반부터 이루어졌다고 보는 것이다. 백제의 웅진시대 정황을 알려주는 『삼국사기』의 사비지역 전렵기사, 특히 동성왕 무렵에 실행된 기사에 주목하여, 이를 근거로 왕권강화를 위해 사비천도가 획책되었다고 보는 것과 관련된 것이기도 하다. 또한 한성 함락이후 왕권의 실추를 만회하기 위하여 웅진도읍기간에 지속적으로 사비천도가 추진된 것으로 확대 해석되기도 한다.

그러나 백제의 사비천도는 안정된 대내적 환경에서 비롯된 것이다. 따라서 천도 자체가 순수하게 내재적 변화에 기인하였다는 점에 의문을 둘 필요는 없다. 더불어 한 나라가 도읍을 옮기는데 필연적으로 그에 따르는 다양한 배경이 조성되어야 한다는 것에 의문을 제기할 필요도 없다. 이를 위해 가장 우선시 되어야 할 것은 천도의 실천에 요구되는 강력한 힘, 즉 천도의 주체인 왕권 확립이 우선적으로 전제되어야 하지 않는가 여겨진다. 물론 천도 실행이나 결과의 궁극적 지향점도 왕권강화일 것이란 사실은 부인하기 어렵지만, 천도란 중차대한 사건의 실행 또한 강력한 왕권의 확립이 선행되어야 한다는 점은 반드시 유념해야 할 것이다.

사비천도는 실천에 필요한 강력한 힘, 즉 강력한 왕권의 확립이 전제된 후에 이루어진 것이다.

천도가 대내적 환경에서 비롯되고, 나아가 왕실에 의해 천도가 추진될 경우 강력한 왕권의 확립은 필수조건이다. 이는 천도가 국가체제의 변화를 수렴하고 그러한 변화를 토대로 나타날 수밖에 없는 것이기 때문이다. 다시 말하면 천도는 대내적 체제 정비와 정치세력의 교체 등을 토대로 이룩될 수 있다는 점을 유념하고, 그에 따라 사비천도의 배경에 강력한 왕권 확립이 있었음을 전제하여야 할 것이다.

사비천도의 배경으로 웅진도읍기에 이루어진 동성왕·무령왕 즈음의 정치적 안정과 경제 성장을 바탕으로 성왕대에 사비천도가 이루어졌다는 인식이 있었음을 보았다. 또한 천도를 기점으로 국호를 '남부여'로 정한 것은 부여적 전통의 확립과 함께 새로운 전성기를 구가하겠다는 목적임을 지적하기도 한다. 이는 천도를 통해 보다 전제왕권을 강화하겠다는 정치적 결단으로 보이는 점에서 사비천도가 이미 확립된 왕권을 더욱 강화하겠다는 이해로 인식할 수 있기는 하다.

최근에는 동성왕의 지방지배와 왕권강화 그리고 무령왕의 농업생산력 증대 등의 치세를 통해, 백제가 호남평야의 농업생산력 장악에 유리하도록 국가의 중심축을 남쪽으로 옮기고 해상교통에 유리한 지역을 선정하고자 하였으며, 나아가 웅진의 토착세력으로부터 탈피하여 왕권을 더욱 강화하겠다는 의도에서 천도가 실시되었다는, 기존보다 진일보한 인식이 나타나기도 하였다.

이러한 입장은 웅진도읍기의 왕권 강화가 무령왕 이후인 성왕대나 가능하고, 천도계획의 시점도 기왕의 웅진도읍 초반부에 나타나는 사비지역의 전렵기사를 근거하던 것과 상당한 시각차를 보이는 것이다. 다만 웅진도읍기의 왕권확립이나 강화의 내용, 즉 백제의 사비천도 배경이 되는 환경이 어떻게 정립되었는가의 문제는 거의 천착되지 않았다는 한계도 있다. 예컨대 동성왕대의 지방지배와 왕권 강화가 언급되었으나, 백가의 가림성 반란으로 비추어 그 사실은 허상임을 알 수 있다. 또한 무령왕의 농업생산력 증대 등의 정치행위도 왕권의 확립이 전제된 후에나 가능한 것이기에 그러한 내용을 천도배경의 직접적 원인으로 보기에는 논리적 한계를 보이는 것이다.

백제의 사비천도에 대한 인식은 배경에 대한 시각차 외에 그것을 계획적 천도로 보는 점은 대체로 공통적이다. 그러나 웅진천도의 불합리성을 이유로 사비천도가 왕권강화를 위한 불요불급한 전제였다던가, 혼란 극복과 왕권 확립을 토대로 천도가 실현되었다는 입장은 체계적 이해로 보기에는 한계가 있다. 즉 사비천도 환경의 조성이 웅진도읍 60여년의 기간에 이룩되었음은 분명하지만, 그 과정이나 결과의 이해에 요령을 얻기는 아직 어렵다는 것이다.

웅진도읍기의 정치 · 사회적 성숙에 따른 도읍지 웅진의 한계로 말미암아 새로운 터전 사비로 천도를 실시하였다.

백제의 사비천도는 60여년의 웅진도읍기간을 바탕으로 실행된 것이고, 도읍으로서 웅진의 한계를 절감하였기에 이루어진 것이란 점은 주지된 사실이다. 천도의 기획이나 시점에 대해서는 강력한 왕권의 확립이 전제된 다음에나 가능한 것으로 보아야 할 것이다. 그러나 기록상 백제의 사비천도에 대한 실상은 538년에 실행되었다는 사실 외에는 전혀 알 수가 없다. 때문에 웅진에 도읍하면서 다음 도읍지 사비와 관련된 기록이 나타나면 곧바로 천도와 결부된 행위로 이해하였고, 이를 토대로 다양한 추론이 이루어져 왔다. 이러한 천도의 시점 추정은 천도자체에 내포된 복합성과 함께 동시기 백제사회가 직면한 문제점 등을 경시한 감이 없지 않다. 따라서 전렵기사와 관련된 경우는 전렵에 대한 재음미와 시대성 등에 의거할 때 천도와 직접 연계하여 이해하기 어렵다는 반론이 있는가 하면, 가림성 축조도 전후 맥락의 부조화와 정황의 애매함 등으로 구체성이 결여된 것으로 비판된 바 있기도 하다. 물론 이러한 반론에서도 사비천도의 배경을 직접적으로 언급한 것은 아니고 다양한 추론의 전제에서 비롯된 것이기에, 문제 해결을 위해서는 천도 과정에 대한 구체적 시간적 경과의 이해가 필요할 것이다.

도읍의 천도가 왕권 확립이 전제된 다음에서야 가능하다면, 백제의 사비천도는 이전 도읍지인 웅진에서 강력한 왕권의 확립이라는 조건이 충족되었음을 보여주는 것이다. 나아가 구도읍인 웅진에서 사비로의 천도는 왕권강화와 같은 정치·사회적 환경의 변화로, 기왕의 도읍에 대한 부적합성이 드러나 부득이 천도를 단행하였을 것이란 측면을 주목하여야 할 것이다.

최근 고고학적 조사를 통해 백제가 538년에 천도하기 이전의 사비지역은 황무지였다는 견해가 피력되면서, 사비지역의 도읍조성이 천도시점을 기준으로 크게 상향되기는 어렵다는 이해가 마련된 바 있다. 이는 신 도읍의 건설도 종국에는 왕권의 확립과 강화를 통한 국력안정 및 국가 역량의 축적으로 가능하였다는 것으로, 이를 통해 천도 시간에 대한 시각의 수정이 이루어지는 것을 주목할 수 있다. 때문에 사비천도의 시간과 배경에 대한 인식의 새로운 정립이 요구된다.

새로운 도읍으로서 사비지역에 대한 개발은 백제가 웅진에 도읍하던 시기, 그것도 왕권의 안정을 바탕으로 국력증진이 이룩된 다음에 이루어졌다고 결론할 수 있다. 도읍 건설의 소요재원이나 역량을 고려할 경우 백제는 웅진도읍기에 왕권 확립은 물론이고, 왕권강화와 함께 국력증진이 이룩되었음을 추정할 수 있을 것이다. 문제는 그러한 정황을 직접적으로 추론할 수 있는 기록 자료가 거의 확인되지 않는다는 점이다. 그러나 천도 추진과정에 대한 기록의 부재와는 달리 고고학 자료는 새로운 도읍지 사비의 건설 현황을 추정할 수 있는 것들이 적지 않게 남아 있어 주목된다.

고고학 자료에 의거하면 성왕대에 이르러 사비천도가 기획되고 추진된 것이 아닌가 추정되기도 한다. 도읍을 옮긴다는 것은 강력한 왕권의 성립과 관련 있을 수밖에 없으며, 백제의 사비천도도 국가의 역량강화에서 비롯된 자의적 천도이기에 왕권강화는 물론 그에 합당한 국력의 성장과 조건의 성숙이 전제되었을 것이다.

이러한 논리는 고고학 자료와도 상통하는 것으로 사비천도를 위한 안정된 환경은 무령왕을 거쳐 성왕대에 이르러 완성되었고, 그에 따라 천도가 추진되었다고 봄에 문제가 없을 것이다.

Part V

백제,
웅진에서 국가의 운명을
다하다

웅진을 뒤로하고 사비에서 국운을 새롭게 다지지만

나당 연합군의 갑작스런 공격에 최후의 격전장이 된 웅진

의자왕은 전승을 기원하지만

국가의 명운을 어찌하지 못한다.

● 의자왕의 대당항쟁

● 취리산 회맹과 백제 이후의 웅진

의자왕의 대당항쟁

왕성인 공주 공산성내 유적 중에 왕궁 관련시설로 분류되는 성안마을유적은 대규모의 관아시설과 생활시설, 다양한 공방시설 및 취사시설 외에 그에 부수되어 잔존된 용수 저장을 위한 몇 개의 연못도 포함되어 있다. 그중에서 2011년과 2014년에 걸쳐 발굴 조사된 연못에서는 의도적으로 매납한 다양한 무기류가 출토되었다.

특히 옻칠 갑옷을 비롯하여 철제 찰 갑옷 그리고 옻칠 마갑과 금으로 도금한 규두도를 비롯하여 다양한 마구류가 출토되었다. 그리고 옻칠 갑옷의 명문에서 서기 645년의 내용도 확인되어 이들 유물은 서기 645년 이후의 정황을 간직한 것도 알 수 있다. 이들 유물은 그 내용과 유적의 정황, 주변의 다양한 역사적 의미를 종합하건데 서기 660년의 나당군과 전쟁과정에서 진행된 의례 행위의 잔존물로 판단된다.

사실, 서기 660년 대규모 나당연합군의 급습은 아무런 방비가 없던 백제로서는 중과부적일 수밖에 없었다. 백강의 하구에 상륙한 당나라 군대를 막을 수 없었을 뿐만 아니라 계백의 5천 결사대도 황산벌에서 김유신의 보급부대를 막지 못하였기에 의자왕은 부득이 도읍지 사비를 버리고 웅진으로 피난할 수밖에 없었다.

백제 멸망 즈음의 의자왕에 대한 기록은 무기력하게 항복한 것으로 전하지만 공산성 성안마을의 백제 유적과 유물에서는 660년 웅진성에서 치열한 전투가 있었던 흔적과 함께 전승을 기원하는 의례의 모습도 추론할 수 있어, 웅진성에서 전개된 의자왕의 투쟁적 모습을 새롭게 엿볼 수 있다.

공산성 갑옷출토 연못

백제 웅진성인 공주 공산성의 유적 발굴조사 중, 최근에 진행된 성안마을 즉 왕궁 관련 시설의 발굴조사는 웅진성내에서 가장 우수한 입지환경을 가진 지역에서 이루어진 것이다. 약 1만여평의 가용면적에 지하 6m정도에 묻혀 있던 백제유적은 2011년부터 2015년도까지 발굴조사가 진행되었다. 그 결과 지금까지 알려진 백제시대 유적 중, 최대 규모의 국가 관부시설이 확인되었다.

공산성 성안마을 유적은 백제시대 유적 중에서 최대 규모의 국가 관부시설이다.

성안마을의 왕궁관련 유적은 공산성 북서쪽의 곡간분지에 입지한다. 공주의 남쪽 표고 110m정도의 높이로 자리한 공산 주봉에서 북쪽의 금강으로 흘러내린 3개의 가지능선 사이의 계곡 중 서쪽에 위치한 넓은 곡간 분지에 유적이 위치한다. 지형적으로 성안마을 지역은 북향의 경사를 이루면서 그 말단이 금강에 접하는 지형지세를 갖추고 있으며, 강과는 약 10m정도의 표고 차이를 보인다. 곡간분지는 동·서간 약 180m정도, 남·북간 200m정도의 범위에 남쪽 중앙에 또 다른 가지능선의 구릉이 자리하고 있는데, 전체 면적은 약 1만여평을 상회하는 정도이다.

발굴조사 된 백제시대의 유적은 시기적으로 서기 475년의 천도 직후에 조성된 것, 천도 후 얼마 지나지 않아 대규모로 개축하여 조성한 것, 그리고 사비로 천도한 후에 이루어진 것으로 구분된다. 유구의 내용은 대체로 건물지가 중심을 이루지만 건물을 조성하기 전의 기반시설로써 각종의 도로와 배수시설, 축대시설 등이 남아 있다. 이 외에도 용수 저장시설인 연못이나 저장시설인 목곽고 등도 확인되었다. 왕궁관련 시설로 볼 수 있는 성안마을의 백제유적은 천도 직후의 유구와 함께 웅진도읍 중반 무렵의 것이 중심을 이룬다. 전체 지역은 경사면을 따라 축대를 시설하여 대지를 조성하였는데, 곡간분지이기에 중심부는 가장 낮은 지역에 자리한다.

유적은 중앙에 남·북간으로 약 70m이상 되는 너비 6m 도로를 반듯하게 조성하였고 그 좌우로 배수시설을 갖추고 있다. 이 중심도로를 기점으로 서쪽으로 모두 5단의 대지가 조성되고 남쪽으로 넓게 3단정도, 그리고 동쪽도 넓고 크게 축단을 두어 조성된 대지상에 일정한 간격을 두고 건물이 배치되었다. 건물의 형태는 적심이나 초석을 거의 사용하지 않는 방식, 즉 굴립주나 벽주 혹은 판축 기단만 조성한 방식이 중심을 이룬다. 평면은 방형이 대부분이나 규모가 큰 건물지는 장방형이고 아울러 6각형의 건물지도 있는데 이 6각형 건물지는 벽주시설을 갖추고 있다.

전체 건물지는 각각의 위치에서 서로 일정한 그룹을 이루어 기능별로 구분되었던 것으로 추정된다. 그중에서 중앙의 중심도로 서쪽 2단과 3단에 있는 건물이 가장 주목된다. 2동의 건물은 각기 소형의 부속건물을 거느린 장방형 평면을 가진 것인데, 건물자체의 규모가 매우 크다는 점 외에 가운데에 넓은 마당을 두고 있어 핵심 기능을 담당하였던 것으로 여겨진다. 건물지 외에 2기의 연못과 1기의 나무로 만든 저장시설인 목곽고, 그리고 공방이나 취사장으로 판단될 수 있는 유구도 있다.

연못 2기중에 하나는 말각 방형의 평면으로 석축하여 조성한 것이고, 다른 하나는 동·서간이 약간 긴 장방형 평면인데, 지반을 파고 벽체를 목재로 만든 것으로 차이가 있다. 석축의 연못은 서북쪽 성곽 가깝게 자리하지만 목재 벽체시설을 갖춘 연못은 유적 한가운데에서 약간 북쪽으로 치우쳐 자리한다.

공산성 성안마을 유적 〈2011년 조사〉

공산성 성안마을 유적 〈2011년 조사—연못 및 출토갑옷 명문〉

상단 공산성 성안마을 유적 〈2014년 조사-연못〉
하단 공산성 성안마을 유적 〈2015년 조사-연못 전경〉

상단 공산성 성안마을 유적 〈2014년 조사-목곽고〉
하단 공산성 성안마을 유적 〈2014년 조사-목곽고 세부〉

특히 목재로 조성된 연못은 깊이 3m정도의 것으로 상면은 동·서간 지름 15m
에 남·북간 지름 10m이나 바닥은 동·서간 지름 5m로 상당히 좁혀진 형상으로
위가 넓고 아래가 좁은 것이다. 이 연못은 한가운데의 깊이 1m정도까지 통일신라
시대의 유물이 포함되었지만 그 아래층은 목질 등의 유기물 층이 두껍게 덮여 있
고, 다시 그 아래에 서기 645년의 명문을 가진 옻칠 갑옷을 비롯하여 철제의 찰갑
이나 옻칠 마갑, 그리고 마구와 무기 등의 백제시대 유물이 세트를 이루며 남겨져
있었다.

**성안마을 유적에서 고품격의 다양한 유물이 출토되었는데, 연못출토 갑옷이나 무기
류가 주목된다.**

성안마을의 왕궁 관련시설 유적은 규모에 걸맞게 다양한 유물이 수습되었다. 다
만 유물은 양적으로는 크게 돋보이지 않으나 관련시설인 건물에 사용되었을 다량
의 기와편과 함께 생활용구로 볼 수 있는 다양한 토기편, 그리고 각종의 무기류를
비롯하여 특이한 유물도 적지 않다.

유물은 웅진도읍기에 사용된 것은 물론이고 사비천도후의 것도 비교적 많은 편
이다. 그러나 대부분 폐기품의 형태로 있어 앞서 언급된 옻칠 갑옷이 출토된 연못에 남겨진 유물과 차이를 보인다. 즉 연못에서 출토된 유물은 그것을 의도적으로 매납된 것이기에 정형적 형상을 갖추어 세트를 이루고 있다.

연못의 바닥에 남겨진 바구니 그리고 그 위에 퇴적된 점토층은 적어도 서기 645년 이전의 것이기에 연못의 조성이 백제의 웅진시대나 혹은 사비도읍기의 전반 무렵에 조성된

2011년 조사-바구니

──
상단 성안마을 출토 〈2011년 조사—토기류와 화살촉〉
하단 성안마을 출토 〈토기류〉

상단 성안마을 출토 〈와당류〉
하단 성안마을 출토 〈목기류〉

성안마을 출토 〈칠기류〉

것을 알게 한다. 그러다가 645년 이후의 어느 시점에 세트를 이룬 옻칠 갑옷과 철찰갑, 그리고 마갑과 마구 및 무기류가 매납된 것이다. 이후 그 위에 유기물 층이 두껍게 쌓여 아래의 유물이 감추어졌는데 물웅덩이처럼 남겨져 있던 연못에 다시금 통일신라시대에 이르러 생활 폐기물이 유입되었다는 정황도 확인되었다.

옻칠갑옷이나 철제찰갑 그리고 옻칠마갑을 비롯한 마구 등의 무기들은 최고급품으로 세트를 갖추어 의도적으로 매납한 것이다.

연못에 매납된 유물은 연못 서남쪽의 남쪽 구역에 산포된 형상으로 있다. 연못의 남쪽 상단에서 1m의 깊이에 그 흔적이 나타나고, 깊이 2m에 너비 5m의 범위로 흩어져 있었다. 그러나 품목에 따라 나름의 위치를 갖추고 있기도 하다.

　연못의 한가운데의 가장 낮은 위치에 옻칠로 만든 마갑이 남아 있었다. 그 위에 철제의 찰갑이나 각종 무기류가 있으며, 다시 그 위에 옻칠의 찰갑이 있는데, 철제의 찰갑이나 철제 마구류 및 무기는 연못의 서남쪽 벽체의 경사면에 따라 아래로

상단 공산성 성안마을 유적 〈2011년 조사–찰갑 출토현황〉
하단 공산성 성안마을 유적 〈2011년 조사–마갑 출토현황〉

흐르듯이 흩어져 있다. 특히 옻칠 갑옷은 상당히 흩어진 모습을 보인다.

매납한 물품에 대한 대강을 보면 우선 옻칠 갑옷의 경우 상당히 두껍게 옻칠된 것과 보다 얇게 옻칠된 것으로 구분할 수 있어 옻칠 갑옷은 2종이었던 것으로 판단된다. 더불어 옻칠 마갑도 가장 아래층에 한 벌의 옻칠갑옷이 원위치를 유지하고, 이외에 서남쪽으로 넓게 산포된 또 다른 옻칠 갑옷이 있어 혹시 두벌의 옻칠갑옷이 매납된 것이 아닌가 추정하나 구체적이지는 않다.

한편 철제 찰갑은 갑옷과 함께 갑주로 판단할 수 있는 것도 있는데, 수량이나 산포된 범위로 미루어 이것도 두벌의 갑옷이 아닌가 여겨진다. 이외에 마구류는 제어구보다 장식구나 안장의 장식과 함께 깃대를 꽂는 기생이라든가 마면주의 존재가 눈에 띈다. 또한 철제의 대도 외에 금장으로 장식한 규두대도도 있고, 다량의 화살촉과 마름쇠 한덩이도 남아 있었다.

연못출토 매납 유물과 그 의미

옻칠갑옷의 명문을 토대로 매납유물은 나당군과 전투를 위하여 의자왕이 전승의례를 거행하면서 남긴 예물로 판단한다.

연못에 남겨진 매납 유물은 가장 상층에 위치한 옻칠갑옷에 남겨진 명문을 토대로, 서기 645년 이후에 제작된 것을 알 수 있는데, 그 이후의 어느 시점에 나름의 목적에서 인위적으로 매납된 것들이다. 이들 유물은 모두가 전쟁과 관련된 무기류라는 특징도 있다.

그런데 이들 유물은 전승을 기원하는 의례를 거행한 후에 갑옷 등의 무기류를 연못에 매납하는 관습이 있다는 사실을 고려하면, 공산성에서 서기 645년 이후의 백제시대 어느 시점에 치열한 전쟁과 관련하여 이들 유물이 매납된 것으로 볼 수밖에 없다. 그리고 그 전쟁은 백제시대에 한정될 수밖에 없기에 아무래도 660년

상단 공산성 성안마을 유적 〈2014년 조사—연못 유물노출1〉
하단 공산성 성안마을 유적 〈2014년 조사—연못 유물노출2〉

백제를 침공한 나당군과 의자왕과의 전쟁을 짐작할 수밖에 없다.

연못의 매납 유물은 660년 백제 의자왕이 나당군과의 전쟁을 목전에 두고 거행한 전승의례의 결과로 남겨진 것들이다. 물론 유물 자체는 7세기대 전반 무렵 백제문화의 실상을 대변하는 것이고, 이러한 매납 행위를 통해 백제 멸망기 나름의 긴박한 정황을 추론할 수 있는 것이기도 하다.

가죽에 옻칠하여 만든 옻칠갑옷은 대단히 화려한 의례복으로 명문은 찰갑편에 종으로 6자씩의 주칠 한자로 외교사실을 기록한 것이다.

유물 중에 가장 주목될 수 있는 것이 옻칠 갑옷일 것이다. 본래 옻칠공예는 중국의 춘추시대에 성행한 것으로 미루어 오랜 역사를 가지고 있음을 알 수 있다. 우리나라의 경우 서북한지역의 낙랑유적에서 칠 제품이 풍부하게 출토되어 이를 통해 중국의 칠공예 산업이 한반도에 유입되었음도 알 수 있다.

삼국시대 이후의 유적에서 간헐적이지만 칠제품이 출토되어 그 존재를 인정할 수 있다. 백제의 경우도 칠공예 산업이 매우 높은 수준에 있었음도 알 수 있다. 서기 645년 즈음에 백제가 금칠제로 알려진 옻칠 갑옷을 다량으로 제작하여 중국 당나라의 태종에게 전해준 사실이 있기 때문이다. 이러한 사실로 미루어 백제의 칠공예 산업은 매우 높은 수준이었음을 추정할 수 있었는데 그 증거가 공산성 연못유적에서 실제로 확인된 것이다.

공산성 연못 출토의 옻칠 갑옷은 갑옷 자체를 가죽으로 제작한 다음에 그 위에 옻칠한 것이나 가죽은 전부 부식되고 표면에 칠한 옻칠만 남아 있다. 특히 찰갑의 형태, 즉 작은 비늘조각형태의 찰갑을 줄로 연결하여 갑옷을 만든 것인데, 2종류의 옻칠 갑옷이 있었다. 그중에 하나는 옻칠 자체가 아주 두껍게 이루어진 것으로 적어도 10회 이상 도포한 것이다. 때문에 비록 가죽이 부식되어 없어졌음에도 칠자체가 철 찰갑 형태로 남아 있다. 그런데 다른 하나는 칠이 4회 정도 덧칠되었기에 종이처럼 얇게 남아 형체를 보존하기도 어려운 것이나 찰갑의 모습은 간취할

상단 공산성 성안마을 유적 〈옻칠갑옷 명문 찰갑편1〉
하단 공산성 성안마을 유적 〈옻칠갑옷 명문 찰갑편2〉

수 있다.

옻칠 갑옷의 형상을 구체적으로 복원하기는 어렵다. 그러나 찰갑편 자체로 미루어 대단히 화려한 의례복이었던 것으로 추정할 수 있다. 찰갑편의 형태별 종류가 적어도 25종 이상으로 집계되기 때문이다. 갑옷의 하단부는 넓고 큰 찰갑편을 사용하여 위로 갈수록 부위별로 작고 정교한 혹은 장식적 형태의 찰갑을 사용한 것으로 판단된다. 일부의 잔존 찰갑은 어깨의 견장을 꾸민 것으로 추정되는 것도 있다. 갑옷 자체를 반코트 형태의 것으로 추정할 수 있을 뿐이다. 한편 이 옻칠 갑옷의 일부에는 명문이 남겨져 있다.

명문은 가슴부위에 사용된 길이 4-8cm의 찰갑에 종으로 6자씩 한자를 주칠로 기록한 것이다. 전체 내용의 연결은 어렵지만 백제의 외교관련 관직이나 고위관직 그리고 관직명 등이 있어 특정의 역사사실을 적은 것으로 추정할 수 있기도 하다. 특히 명문 중에는 중국 당나라의 연호인 정관貞觀 즉 정관19년인 서기 645년에 발생한 역사적 사실을 남기고 있어 주목된 것이기도 하다.

2세트로 매납된 최고급 유물은 백제 수공예 산업 수준이 대단하였음을 보여준다.

옻칠 갑옷 외에 또 다른 갑옷인 철제의 찰갑도 있다. 2011년도 발굴조사과정에서 일부가 수습되었고 이어 2014년도의 발굴에서 다량이 수습되어 종합 검토될 수 있는 것이다. 다만 이것도 두벌의 갑옷으로 보아야 할지 아니면 한 벌의 갑옷인지의 판단이 필요한데 옻칠 갑옷이나 마갑이 각각 두벌씩 있는 것으로 미루어 같은 성격의 것이 아닌가 추정된다. 이 철제 찰갑도 찰편의 형상이 매우 다양하다. 아주 작은 것에서 그 5배 크기의 것

성안마을 출토 〈철찰갑〉

상단 성안마을 출토 〈마면주 1〉
하단 성안마을 출토 〈마면주 2〉

———
상단 성안마을 출토 〈철기류 1〉
하단 성안마을 출토 〈철기류 2〉

도 있어 갑옷의 형태가 매우 화려한 것임은 알 수 있다. 다만 갑옷의 복원된 모습을 아직은 추구하기가 어렵다.

한편 마구류로 마갑은 앞서 언급한 것처럼 가죽에 옻칠하여 제작한 것인데 대체로 큰 조각으로 남겨져 있는 것이다. 4-5회의 옻칠이 이루어진 것이기에 얇은 조각으로 수습되지만 상당부분은 원상태를 유지하고 있어 전체적 모습의 유추 복원이 가능하다. 이외의 마구류는 마면주가 한쌍 있는데 철판으로 조성한 매우 정교한 것이다. 또한 깃발을 달기 위해 깃대를 세워 만든 기생이라든가 방울장식인 마령 등도 있다. 다만 제어구인 재갈이나 등자 그리고 안교장식 등은 아직 확인되지 않는다.

무기류는 칼과 화살촉 그리고 마름쇠 등이 있다. 칼의 경우 환두장식이 없는 대도와 자루를 금도금한 금장 규두도가 있으며, 삼지창 형태의 작은 창이라던가 긴 창도 있다. 더불어 화살촉의 경우 수십점이 묶인 형태 그대로 화살통에 넣은 채 남겨져 있다. 일부 화살촉은 화살대가 남아 있기도 하다. 이외에 마름쇠의 경우 한주먹쯤의 분량으로 뭉쳐져 있었다.

당대 최고급의 갑옷 등의 무기류를, 그것도 연못에 의도적으로 남겨놓았다.

이상의 유물은 목조시설을 갖춘 연못에 매납되었던 것이다. 비록 흩어진 형태로 있었지만 물속에 매납하였기에 완전한 형상이 아닌 흐트러진 모습이나, 본래는 일정한 품목을 세트로 갖추어 의도적으로 매납된 것임을 알 수 있다. 물론 연못의 가장자리에서 안으로 흘러내린 모습으로 미루어 물에 넣었다는 사실이 유추된다. 때문에 일부 옻칠 갑옷 중에 마갑의 경우 가죽이란 재질의 특성으로 흩어짐이 크게 이루어진 반면에 철제의 찰갑은 일정한 범위에 몰려 있음도 알 수 있다.

더불어 매납된 무기류는 당대 최고의 품질과 품목으로 볼 수 있는 것이다. 옻칠 갑옷의 경우 그 존재만으로 무궁한 가치를 인정할 수 있을 것인데, 갑옷의 형상도 찰편의 다양함으로 미루어 상당한 품격을 갖춘 화려한 것으로 봄에 문제가 없다. 이는 철제의 찰갑도 마찬가지인데 함께 매납된 금장의 규두도나 쇠창 등의 형태에서 고품격의 모습을 간취하기 어렵지 않다. 즉 이들 유물은 당대의 최고급 품으로 봄에 문제가 없다. 이들 최고급품의 무기류가 세트로 묶여서 연못에 남겨 져 있음은 우연한 폐기에 의한 잔존보다는 의도적 행위에 의한 매납 결과로 보아 야 한다.

　유물의 잔존 정황은 고분의 부장품처럼 일정한 의례나 의식의 결과로 남겨진 것 과 특정 시설물의 부속품으로 남겨진 것도 있지만 대체로 생활과정에서 방기된 폐 기물이 대부분이다. 반면에 특수한 환경으로 말미암아 의도적 퇴장의 결과로 남 겨진 것도 적지 않은데 예컨대 귀중품을 숨기기 위해 퇴장시키는 것으로 부여 능 사출토의 금동향로를 꼽을 수 있다. 그리고 의례나 제사 후에 특정 품목을 수장하 거나 묻어 퇴장시키기도 하는데 그것이 바로 공산성 연못의 각종 무기류이다. 특 히 후자의 행위로 남겨진 유물은 행위의 특수한 목적이 있기에 그 의미가 자못 클 수밖에 없다.

당나라 연호인 정관貞觀명의 옻칠 갑옷과 불탄 유적으로 미루어 매납 유물은 660년 나당군과 전쟁과정에 남겨진 것을 알 수 있다.

공산성 왕궁 관련시설내 연못에서 수습된 유물은 성격이 무기류라는 점에서 일단 전승과 관련한 의례를 추정할 수 있으며, 왕궁이란 특수한 공간에서 그러한 행위 가 이루어졌다는 점을 유의할 필요가 있을 것이다. 이는 옻칠갑옷에 남겨진 명문 즉 중국 당나라의 정관 19년인 서기 645년이란 기록을 고려할 때, 서기 660년 나 당군의 침입에 백제 의자왕이 사비를 뒤로하고 웅진으로 피난하였다는 사실을 상 기할 경우 문제가 없을 듯하다. 나아가 발굴된 유적에서 치열한 전쟁을 보여주는 흔적이 많다는 사실은 성안마을 백제왕궁시설의 폐허화가 치열한 전투의 결과라 는 것도 알 수 있기 때문이다.

의자왕 승리를 염원하다

백제 의자왕을 단지 패망국 군주라는 허물만으로 바라볼 수는 없다.

백제사에서 의자왕의 평가는 다양하다. 그러나 관련기록의 역사적 입장을 고려하여 분석할 경우 의자왕의 평가는 조금은 신중할 필요가 있다. 즉위와 더불어 효성 깊고 영민한 인물로 평가되었던 의자왕이다. 그는 재위기간동안 국가기강의 확립은 물론이고 대외적 국가위신 회복과 요동치는 국제정세에 나름의 대책도 마련했다고 여겨진다.

그러나 결국은 국가적 위기에 직면하게 되었고, 나름의 대응수단을 마련하지만 결국은 국가 패망의 결과로 매듭된다. 그런데 의자왕에 대해서 배경이나 과정에 대한 가부의 평가는 생략하고 오히려 패망국 군주라는 허물을 덮어 모두를 그의 개인적 실정으로 치부될 수 있는가에 의문이 없지 않다. 공산성 연못의 매납 유물에서 서기 660년 나당군의 침입에 대처한 의자왕의 또 다른 면모를 발견할 수 있기 때문이다.

서기 660년 나당 연합군의 백제 침공으로 백제의 멸망과 이어 나타난 고구려의 멸망으로 말미암아 결국 신라에 의한 삼국통일로 귀결된 역사 정황은 그 배경이나 과정 그리고 결과에 대한 폭넓은 이해가 필요하다. 삼국통일에 초점하여 그 주인공을 신라로 보면서 그처럼 복잡한 배경과 과정을 단순히 신라의 의지만으로 주도되고 실행되었다고 볼 수는 없기 때문이다. 6세기 중반부터 나타난 신라와 백제의 갈등은 7세기에 이르러 백제의 지속적 신라 압박을 초래하고 이에 신라는 고구려와 당에 도움을 요청하는 정황을 결코 도외시할 수도 없다.

여기에 중국은 위진 남북조기라는 오랜 분열과 혼란의 시기가 수나라에 의해 통일된다. 이어 당나라에 의해 통일왕조의 기틀이 굳건하게 마련되면서 동아시아의 국제질서를 중국 중심으로 재편할 필요가 있는 중국으로서 고구려는 극복의 대상이었다는 점도 유념되어야 할 것이다. 때문에 수나라는 국가역량의 총동원한 군사작전을 전개하여 고구려 정복에 나서지만 성공하지 못하고 결국은 국가 멸망에 이르지 않았는가. 그러한 입장은 당나라의 등장 후에도 변함이 없었음이 당태종 이후에 지속된 고구려와의 전쟁에서 알 수 있다.

그러나 수나라도 당나라도 고구려 정복에 성공하지 못한 것은 고구려 역량의 강대함 외에도 보급문제라는 군사 전략상의 불리함이 있었기에, 결국 배후의 신라를 이용하였다는 점을 상기하여야 할 것이다. 백제의 지속적 압박에 시달리던 신라와의 연합을 위해 당나라는 신라가 직면한 현실적 숙제인 백제에 대한 제재가 필요하였기에, 당나라는 660년 그처럼 비밀스럽고 신속한 군사작전을 전개하여 백제를 침공하였던 것이다.

그리고 당군 13만이 백제 하류 상륙과 더불어 만나기로 하였던 김유신의 5만군대가 보급부대였다는 사실, 전쟁 전에 치밀한 도상적 군사작전을 전개하였던 것, 백제 멸망 이후 당나라의 군대가 곧바로 평양성을 공격하면서 신라 보급부대가 동원되는 정황은 백제 멸망을 단순히 의자왕의 실정만으로 치부할 수 있을까라는 의문을 자연스럽게 한다.

660년 나당군의 침입에 의자왕은 천혜의 요충지 웅진성에서 적과의 일전을 준비하였다.

서기 660년 나당군의 침입에 직면한 의자왕은 계백으로 하여금 신라군을 막고 나아가 백강에 상륙한 당군을 저지하기 위해 노력하지만 모두 수포로 돌아가고 나당군이 사비도성으로 밀려옴에 부득이 웅진으로 피난케 된다. 물론 피난의 사실 이외의 정황을 살피기는 어렵지만 항복이 아닌 피난이라는 사실과 함께 웅진성이란 천혜의 요충지를 선택한 것으로 미루어 적과의 일전을 각오하였다고 봄에 문제가 없다.

사실, 의자왕의 피난처인 공산성은 백제 웅진성이었고, 사비도읍기에 북방의 거점인 치성이기도 하다. 웅진은 서기 538년 사비로 도읍을 옮긴 이후에 백제의 북방성으로 기능한다. 백제는 웅진도읍 말기의 강화된 왕권을 바탕으로 지방사회를 직접적으로 통제하면서 통제방식을 방군성제로 편제하여 진행한다. 즉 이전의 담로에 의해 간접적으로 위임 통치되던 지방사회를 5개로 구분하여 방을 설치하고 그 아래에 군을 두고 군 아래에 다시 성을 두어 일목연한 지방통제 방식을 마련하였는데, 이전의 도읍지였던 웅진을 5방의 하나인 북방성으로 삼은 것이다. 이로 보면 웅진성인 공산성의 군사적 요충지로서의 가치는 웅진도읍기만이 아니라 사비도읍기에도 여전하였음을 알 수 있다.

웅진성은 천혜의 군사적 요충지로서 기능이 여전하였기에 사비천도 후에도 북방의 거점성으로 활용되었다고 볼 수 있다. 따라서 웅진성은 웅진도읍시기에 왕성으로서의 기능을 여전히 유지하였던 것으로 여겨진다. 이는 7세기 전반 무렵 무왕의 재위시절 사비도성의 궁궐 수리가 필요함에 왕이 약 3개월간 웅진에 옮겨 거처하는 것으로도 알 수 있다. 즉 웅진성은 군사적 측면에서 천혜의 요충지라는 특수성 외에 여전히 왕이 머물 수 있는 궁궐과 같은 시설을 보유하고 있었던 것으로 여겨진다.

웅진성인 공산성내 유적은 대체로 천도 즈음인 서기 475년부터 각종 시설물이 마련되어 도읍 기간에 사용되었다. 이는 성내에서 발굴 조사된 유적이 대체로 5세기말에서 6세기 전반 무렵으로 편년됨에서 알 수 있다. 그런데 부분적으로 사비 도읍기인 6세기 후반 무렵에서 7세기의 어간으로 판단되는 유적도 적지 않다. 그 대표적 유적이 성안마을의 백제유적 즉 백제 왕궁관련시설이다. 성안마을로 불렸던 왕궁관련시설은 약 1만여평의 면적으로 웅진성 전체의 약 20%의 범위이다. 특히 웅진성이 산성으로 대부분 험준한 산지인데 비해서 왕궁관련시설이 위치한 지역은 곡간 분지로 전체 면적의 80%정도는 거의 평지로 남겨져 있는 지역이다. 때문에 이 지역은 백제는 물론이고 이후 신라나 조선시대의 유적도 중복되어 있기도 하다.

그런데 여기의 백제 왕궁 관련시설은 웅진도읍기에 확인된 백제 유적으로서는

백제시대 웅진성 복원 추정사진

최대의 면적과 최고의 품격을 갖추고 있음과 함께 도시적 면모를 구비하고 있어
왕이 머무는 공간으로 볼 수도 있으며 그에 적합한 다양한 시설을 갖추고 있다.
약 60여동의 기와를 사용한 건물지는 일정한 권역을 이루면서 일정한 기능을 하
였을 것으로 추정된다. 특히 이들 시설은 사비도읍기에도 여전히 기능한 것으로
여겨지기 때문이다. 물론 그 한가운데에 각종 갑옷과 무기류가 매납된 연못이
있다.

연못 매납 유물은 나당군의 침입에 의자왕이 웅진에서 적과의 최후 일전을 앞두고 승전을 기원하는 의식에 사용된 것이다.

의자왕의 웅진성 피난은 공산성의 지정학적 이점에 의지한 것이다. 갑작스런 대규모 군사침략에 직면한 의자왕이 중과부적의 열세 속에 부득이 사비도성을 뒤로 하고 웅진으로 피난한 것은 천혜의 요충지 웅진성에서 항전이 가능할 것으로 여겼기 때문일 것이다. 아마도 남은 역량을 총결집하여 항전태세를 갖추었을 것이다.

나아가 적과의 일전을 앞두고 공산성내 연못에서 승전을 기원하는 의례까지 거행하지만, 결과는 성내유적에서 전쟁으로 불탄 흔적만 남은 것으로 미루어 치열한 전투를 전개하였음에도 불구하고 중과부적으로 항복할 수밖에 없었음을 짐작하기 어렵지 않다. 이 사실을 역사서는 매우 간단하게 전한다. 나당군의 침입에 의자왕은 사비도성을 버리고 웅진성에 이르러 항복했다고, 배경과 과정이 생략된 채 항복이란 결과만을 알려주는 것이다. 때문에 한나라의 주인이었던 의자왕은 적의 침입에 무기력하게 피난하고 항복한 주인공으로 인식하게 되었던 것이다.

공산성 연못 출토 갑옷 등의 의례품은 660년 나당군의 침입에 웅진으로 피난 온 의자왕이 적과의 최후의 일전을 앞두고 승전을 기원하는 의식을 거행한 후에 남긴 것이다. 공산성이 백제의 옛 왕궁일 뿐만 아니라 천험의 요새라는 점을 근거로 항전 의지를 불태우나 노도와 같은 나당군의 기습 앞에 항복을 선택할 수밖에 없었음을 발굴된 유물이 대변하고 있다.

취리산 회맹과 백제 이후의 웅진

치밀한 준비를 거쳐 진행된 나당군의 백제 침공은 급작스런 것이었고, 이에 마땅한 방비책을
마련하지 못한 백제는 의자왕의 항복으로 국운이 종결되는 듯하였다. 그러나 전국에서 운집
한 부흥군의 치열한 항쟁으로 전쟁은 새로운 국면에 접어들었다. 부흥군은 초기에 그 위세가
대단하였지만, 지휘부의 붕괴로 전쟁을 효과적으로 수행하지 못하고 더 이상 국가의 운명을
연장하지 못한다.

웅진은 백제 최후의 격전지이나 나당군의 지휘부가 설치된 지역이기도 하다. 이러한 웅진지
역에는 취리산 회맹이란 역사적 사건을 간직한 취리산도 자리한다. 한껏 맹위를 떨쳤던 부흥
군의 기세가 한풀 꺾이자 당나라는 웅진의 취리산에서 백제와 신라 간의 맹약을 주선한다. 이
처럼 취리산 회맹은 당나라가 백제 잔여세력과 신라와의 회맹을 주선한 것을 통해 그들의 백
제 침공이 백제의 소멸보다는 친당정권을 마련하는데 목적이 있었음을 보여주는 것이기도 하
다. 그것이 백제 멸망 이후 사비가 아닌 웅진을 거점으로 삼았던 나당 연합군이 공주의 취리
산에서 회맹을 진행한 이유이기도 하다.

의자왕의 최후 격전지였고 나당군이 점령한 후에는 웅진부성이었던 웅진에서 취리산 회맹과
같은 역사적 사건이 전개되었음에도 백제의 국운은 더 이상 이어지지 않는다. 그러나 백제의
멸망 이후 웅진은 신라 웅천주의 치소가 설치됨에 따라 다시금 중서부지역의 거점으로 부상
하게 된다.

취리산유적

당나라는 백제를 다시 재건하고 부여융을 웅진도독으로 삼아 신라 문무왕과 웅진의 취리산에서 회맹을 맺게 한다.

취리산은 웅진도독 부여융과 신라 문무왕이 665년 8월에 회맹을 맺은 역사적 장소이다. 663년 백제 부흥군과 일본군의 연합부대가 백강전투에서 나당군에 패배함으로써, 백제 부흥군은 사실상 완전히 진압된 상태였다. 이에 당 고종은 유인궤를 백제 땅에 머물면서 통치케 하였고, 이듬해인 664년 의자왕의 아들인 부여융을 웅진도독에 제수하고 백제에 보내어 통치케 하였다. 이러한 사실은 당나라가 그들이 멸망시킨 백제를 다시 재건한 것을 알 수 있게 한다. 또한 백제의 잔여세력과 신라와 회맹을 맺도록 조치하였는데 그 장소가 웅진의 취리산이다.

취리산이 공주에 있음은 회맹이 웅진에서 진행되었음을 분명하게 밝힌 점에서 알 수 있다. 회맹에 대한 내용도 회맹문을 통해 그 대강을 알 수 있다. 유인궤가 작성한 이 회맹문은 도입부와 서문·본문으로 구분하여 이해된다. 도입부에서는 당나라의 칙사 유인원과 신라의 문무왕, 백제의 부여융이 당고종 인덕 2년인 665년에 웅진의 취리산 즉 지금의 공주 취리산에서 회맹을 맺는다는 내용을 적고 있다. 다음 서문에서는 회맹의 유래와 그 의미를 적었고, 본문에서는 회맹의 사정을 알리며 부여 융으로 하여금 백제의 제사를 지내게 한 사실을 적었다. 이로써 당나라는 실질적으로 백제를 부흥시켰음을 선포한 것이다. 나아가 신라와 서로 화친

상단 공주 취리산 전경
하단 공주 연미산 전경

하고 우호관계를 유지하도록 맹세를 시키는데, 이를 어길 경우 받게 될 재앙도 적고 있다.

　당나라의 의도였지만 취리산 회맹으로 인해 취리산은 일시적이지만 백제의 새로운 출발을 알리는 역사적 장소가 되었다. 다만 웅진지역 즉 지금 공주의 어떤 산이 취리산인가라는 문제는 다소 이견이 존재한다. 공주에는 현재 취리산으로 불리는 산이 있음에도 또 다른 산을 취리산으로 보기 때문이다. 이외에도 대전의 질티를 취리산으로 보는 경우도 있다. 그러나 질티의 문제는 기록의 해석차에 기인한 것으로, 결국 취리산은 웅진인 지금의 공주에서 찾아야 한다.

회맹지 취리산으로 비정되는 웅진 공주의 취리산과 연미산, 2개의 유적이 있다.

공주의 어떤 산이 취리산인가에 대해서는 현재 취리산으로 불리는 산과 연미산으로 불리는 산 중, 어떤 산을 회맹지 취리산으로 볼 것인가라는 문제가 있다. 회맹지로서 취리산은 지명이나 전언 등을 토대로 본래부터 취리산 혹은 취미산으로 불렸던 공주 쌍신동에 위치한 지금의 취리산으로 보는 것이 일반적이었다. 그러다가 최근에 연미산 정상에 석축시설이 확인되고, 이를 제단으로 볼 수 있을 것이란 추론이 제기되면서, 연미산을 회맹지 취리산으로 보는 견해도 제시된 것이다. 한편 회맹지 취리산의 탐색을 위하여 취리산과 연미산에 대한 각각의 발굴조사가 이루어진 바도 있지만, 조사결과만으로 어떤 산이 취리산인지를 분명하게 확인하기는 어렵다.

　연미산은 공주의 서북부에 위치하는 산으로, 지리적으로 공주 북쪽에 있는 금강변의 곰나루 건너편에 자리한 비교적 높은 산이다. 공주의 사방에는 비교적 높은 산들이 위치하고 있는데, 동쪽의 월성산, 남쪽에 남산, 서쪽의 일락산과 함께 북쪽에는 이 연미산이 그것이다.

　취리산은 금강의 북안에 자리한 쌍신동에 있는 산이다. 연미산에 비해 낮고 초라한 모습이나 금강의 북안에 돌출 산지의 형상으로 자리한다. 즉 강변의 낮은 충적 대지상에 돌출된 모습으로 있기에 입지적 환경만으로도 특별한 시설처럼 관찰된다. 이 취리산은 회맹지로 일찍부터 인식된 것이기도 하다. 일찍이 용이 그려진 술병이나 작은 항아리 등이 수습되었다는 전언이 있어, 그것을 회맹의 제사의식에 사용된 것으로 보기도 한다. 그러나 실물이 전하지 않기에 실증적 자료로 보기는 어렵다.

연미산이나 취리산의 발굴조사에서 회맹지로 볼 적극적 증거는 발견되지 않는다.

연미산이 취리산 회맹지일 것으로 추정된 것은 산 정상에 있는 돌로 쌓은 기단과 그 측면의 토층단면 모습, 수습된 유물 등으로 미루어 그것이 7세기대의 유적이 아닌가라는 추정으로 말미암은 것이다. 이러한 인식은 비교적 높은 산의 정상부에 노동력이 많이 드는 석축의 단을 이유 없이 조성하지는 않았을 것이란 전제와 함께, 무너진 석축 기단의 측면에 남겨진 토층에서 통일신라시대의 토성 축조법에서 관찰되는 적갈색 불탄 흙과 목탄을 섞어 다진 흔적이 남아 있는 것을 주목한 것이다. 특히 석축 기단의 측면 토층은 신라 왕경의 사찰이나 왕경유적의 대지 조성 과정에 사용되는 것과 비슷하다는 의견도 추가되었다. 이외에도 주변에서 수습되는 토기편 등이 통일신라시대의 것으로 볼 수 있다는 점, 일부의 지명 표기에서 연미산을 취미산으로 한자 표기한 것도 있어 이를 취리산일 것으로 비정한 것이다.

　이러한 추론을 반전시킬 적극적 증거는 이후의 발굴조사에서도 발견되지 않았다. 오히려 석축기단 하단의 잔존 정황에서 유적 자체가 적어도 7세기대 즈음, 아니면 그보다 조금 늦은 시기에 조성된 것으로 나타나 유적 자체만으로 보면 취리산일 가능성을 전혀 배제할 수 없는 상황이었다. 다만 조사결과에서 석축기단을 제단으로 볼 만한 증거가 확인되지 않았다는 것과, 석축의 단시설이 있는 범위에서 의례가 진행되었음을 알려주는 어떠한 흔적도 확인되지 않았다.

　앞서 언급된 것처럼 공주 즉 백제의 도읍지인 웅진의 사방에는 월성산과 남산, 일락산과 연미산이 감싸듯이 둘려져 도읍지를 관망하는 지세를 이루고 있다. 특

───
연미산유적 조사 전경

히 동쪽 월성산의 경우 호남에서 서울에 이르는 조선시대의 봉수가 시설되어 있
다. 이 부분에 대한 발굴조사가 이루어진 바 있는데, 조선시대의 봉수시설 아래
백제시대에 군사적 목적에서 조성한 시설도 확인된 바가 있다. 그런데 이 백제시
대의 유적은 연미산 정상부에 잔존된 유구와 비슷한 모습으로 남아 있는 것이다.
이로 보면 웅진의 사방에 있는 산 정상에 백제시대에 초소와 같은 시설이 마련된
것이 아닌가라는 추정과 함께, 이를 토대로 연미산 정상에 있는 7세기 즈음의 유
적도 그러한 의미의 유적이 아닌가 추정되기도 한다.

　또한 현재 취리산으로 불리는 산이 회맹이 이루어진 그 취리산인지의 여부를 분
명하게 판단할 수 있는 자료도 찾기가 어렵다. 이 산도 취미산으로 불렸다는 언급
이 있는데, 이는 앞의 연미산이 취미산으로 불렸던 것과 다소 혼동을 드러내기도

취리산유적 백제 토광묘

한다. 이러한 취미산의 언급은 기록의 잘못으로 여겨진다. 물론 취리산에 대한 시굴성 발굴조사도 이루어졌었다. 조사는 현재의 취리산이 회맹지 취리산인가의 탐색이 목적이었고, 산의 정상에서 그 남향면에 해당하는 조사 가능범위에 대하여 시굴조사가 진행되었다. 조사결과 해당지역의 상당부분은 후대에 인위적 훼손이 있었고, 특히 남향면의 상당정도 범위에 걸쳐 근대이후의 고분이 조성되면서 본래의 모습이 사라진 상태가 확인되었다. 다만 정상부와 그 남향사면에 부분적으로 5세기 후반이나 6세기 전반 무렵에 조성된 것으로 판단할 수 있는 고분이 확인되기도 하였으나, 정상부의 경우 어떠한 시설도 없이 부분적으로 정지된 듯한 지형만을 남기고 있을 뿐이다.

취리산 회맹이 하늘이 아닌 산천제사이기에 높은 산보다 오히려 낮은 산이 회맹지로 적합하다.

백제와 신라간 회맹이 이루어진 취리산은 백제의 웅진 즉 지금의 공주에 있음이 분명하고, 그것은 현재의 취리산이나 연미산 중의 하나일 것이다. 그러나 문헌기록 혹은 고고학적으로 어느 산이 회맹이 이루어진 진짜 취리산인지의 판단은 어렵다. 다만 취리산의 실체가 회맹지였다는 점을 고려할 때, 쌍신동의 취리산을 회맹이 이루어진 진짜 취리산으로 보아야 한다는 의견에 귀 기울여야 할 것 같다.

취리산 회맹 당시의 제사대상은 하늘이 아니라 산천이었다는 점과, 당시 회맹을 주관한 중국의 기준으로 볼 경우 회맹지가 연미산처럼 주변에서 가장 높은 산보다는 현재의 취리산처럼 작고 낮은 산이 후보지로 더 적합하다고 볼 수 있기 때문이다. 또한 제단도 석축기단을 쌓기보다는 땅을 깎고 다듬었을 것이란 점도 유념할 필요가 있다. 여기에 취리산 회맹지의 제단은 천단보다는 지단의 성격을 가진 것으로 보아야 하는데, 본래 중국에서 지단은 북쪽에 설치되기에 취리산 회맹지도 공주의 북쪽에 위치할 가능성이 크다고 본다.

이러한 사실은 중국의 춘추시대 제후들이 행한 회맹의 내용과 큰 차이가 없다는 점을 근거로 제시된다. 즉 춘추시대 천자나 제후들은 비어있는 땅을 회맹장소로 사용하였고, 높은 산을 회맹장소로 사용한 예가 보이지 않는다는 점을 참고할 필요가 있다는 것이다. 이는 실체적 장소로 전하는 중국 당대의 천단산의 예처럼 높은 산의 정상보다는 접근성이 용이한 아래의 낮은 지역에 제단을 만든 사례가 제시되는 점도 고려되어야 할 것이다.

취리산 회맹의 성격을 고려하면 쌍신동의 취리산을 회맹지로 봄에 문제가 없다.

취리산은 백제 부흥군의 노력이 수포로 돌아간 후, 당나라에 의해 백제와 신라간의 화친을 도모하는 맹약의 장소였다. 회맹은 백제의 웅진성인 지금의 공주에서 이루어졌기에 회맹단은 웅진에서 찾을 수 있는데, 이에 대해 현존의 연미산인가,

아니면 취리산인가의 여부는 정황상 현재의 취리산을 회맹지 취리산으로 봄에 문제가 없다고 보았다.

취리산은 공주시가의 북단을 동서로 관통하는 금강의 북쪽 강변 대안에 홀로 낮게 솟아 있는 작은 산이다. 남쪽으로 완만한 경사가 있지만 북쪽은 거의 수직적 경사를 이루며, 동서쪽은 낮게 자락을 드리운 형상이다. 산자락의 남쪽에는 많은 집들이 자리하고 그 위쪽으로 고분도 많지만, 정상부로 모아지는 지형은 회맹단을 설치하기에 적합한 지형적 조건을 갖추었다고 봄에 문제가 없다. 즉 지형적 조건으로는 북쪽을 향한 제단 형태로 보아도 무리가 없을 것이며, 여기에 용이한 접근성 등을 고려하면 회맹지 취리산으로 인정하기에 문제는 없을 것이다.

물론 발굴조사에서 회맹을 근거할 증거가 확인되지 않았고, 일부지만 백제시대 고분이 확인된 점에 의문을 둘 수 있기도 하다. 그러나 고분은 5세기말에서 6세기 초반 무렵의 것으로 회맹시기와는 상당한 시간차가 있을 뿐만 아니라, 웅진천도 후 정치적 안정을 이룩한 6세기 중반이후의 시설은 전혀 확인되지 않는 점, 나아가 취리산의 정상부근은 어떤 흔적도 확인되지 않는 점을 유의할 필요가 있다. 제사를 증명할 제단이나 의례도구도 전혀 확인할 수 없었지만, 이러한 부분은 지상에 설치된 시설의 고고학적 형성과정을 고려할 경우, 취리산을 회맹단지로 보는데 전혀 문제가 되지 않을 것이다.

백제 부흥운동과 취리산 회맹

부흥운동 자체는 의자왕을 비롯한 백제 왕실이 부흥시킬 만한 가치가 있는 것으로 여겼음을 알려준다.

부흥은 없어진 것을 새롭게 갖추는 것이고, 그것을 위한 행동이 곧 부흥운동이다. 따라서 역사상 백제의 부흥운동은 없어진 백제를 다시 찾아 세우자는 목적에서 이루어진 투쟁으로 봄에 문제가 없다. 서기 660년 나당군의 갑작스런 침략에 백제는 부지불식간에 국가의 운명을 다하는 비운을 맞았으나, 곧바로 전국 각지에서 부흥군의 활동이 전개된다.

사실 부흥군의 인식에 따라 백제의 실체에 대한 이해는 다양할 수 있다. 부흥운동이 의미하는 것처럼 그것이 멸망한 백제를 다시금 되찾자는 운동이었고, 전국 각지에서 수만이 모여 4년여의 세월동안 치열한 군사적 투쟁을 전개한 운동이다. 이러한 사실만으로 백제인에게 백제라는 나라, 즉 의자왕이 중심에 있는 백제 왕실은 부흥시킬 만한 가치가 있다고 여긴 것으로 보아야 할 것이다. 이러한 인식은 백제 멸망의 원인을 의자왕이 그의 말년에 각종 폭정을 거듭하여 백성의 원성이 컸다는 문헌기록에 전하는 실상을 토대로 이해하는 것과는 크게 상반되는 것이기도 하다.

백제 부흥군의 성격은 대규모 상비군을 갖출 수 없는 환경에서 동원된 군사일 가능성이 많다.

백제 부흥운동의 실체 특히 부흥군의 성격에 대해서도 그들이 처음부터 부흥군으로 발흥된 것인가라는 검토가 필요하다. 삼국시대사는 투쟁과 전쟁의 역사라 해도 과언이 아니듯이 삼국간의 항쟁은 반복적으로 전개되었다. 특히 백제는 초기부터 고구려와의 전쟁을 끊임없이 진행하였고, 후기에는 신라와 해를 거르지 않을 만큼 잦은 전쟁을 치르면서 종국에는 나당군과의 전쟁으로 국가멸망에 이른다. 이처럼 잦은 전쟁에는 막대한 전쟁물자 특히 병력이 갖추어져 있어야 할 것이다.

고대국가의 군사체제를 분명하게 가늠할 수는 없지만, 전쟁의 수행을 위해서는 때로는 수천명 많으면 수만의 군사가 동원된다. 즉 전쟁을 수행하기 위해서는 적어도 그 정도의 군사력을 동원할 체제가 갖추어져 있었다는 것을 의미한다. 그러나 고대 국가체제에서 그러한 병력을 상비군으로 갖추고 있었을까는 의문이 없지 않다. 고구려는 예외일 수 있겠지만, 남쪽의 백제나 신라는 인구나 산업 생산력 등의 고대사회 특유의 환경으로 미루어, 규모 있는 상비군의 존재를 추정하기가 어렵기 때문이다. 삼국사기 등의 기록에 남겨진 백제나 신라의 전쟁 상황을 살펴보면, 한 번의 전투에 동원되는 군대의 정황에 나름의 특징이 발견된다. 예컨대 백제의 경우 전쟁에 임하면서 동원된 군사력은 근초고왕 무렵에 3만여명이 동원되었다거나, 혹은 성왕대에 3만여명의 군사력을 갖추었다는 내용을 전하고 있다. 이로써 규모가 큰 전쟁의 경우에 적어도 몇 만 규모의 군대가 동원되었다는 사실을 알 수 있다. 그러나 이는 국가적 총력전의 상황일 것이고, 많은 수의 전쟁에서는 오히려 수천 혹은 수백의 군사가 전투에 참여하는 것이 일반적 정황이다. 보다 주목되는 것은 공격에 나서는 군사력은 수만, 혹은 수천의 군사력이 동원되는 경우가 대부분이지만, 반면에 적의 갑작스런 공격에 대한 방어에 참여하는 군사력은 수백명인 경우가 대부분이고, 때로는 수십명으로 기록되어 있기도 한다. 이러한 정황은 숫자의 차이는 있지만 신라의 경우도 비슷한 모습이다. 이는 준비된 전쟁의 경우 다수의 군사력이 동원되지만 적의 갑작스런 침입에 대처하는 긴급 상황에서 매우 적은 수의 군사력이 동원되는 것으로 미루어, 당시에 규모 있는 상비군의 존재를 추정하기는 어렵지 않은가 여겨진다.

부흥운동의 주체들은 동원된 병력이나 왕이 항복함에 대오를 갖추어 전투에 나섬으로 자연스럽게 부흥군의 성격을 갖게 된다.

서기 660년 나당군의 기습적 공격, 그것도 13만이란 정예의 당나라군과 그에 수반된 5만여의 신라 보급부대에 대한 백제의 대응은 상비군의 가동과 우선적으로 긴급하게 동원할 수 있는 도성내 군사의 동원이 전부였을 것이다. 계백의 5천 군사와 백강 하구에서 당나라군 저지에 투입된 병력을 고려하면 7세기 중후반 무렵 백제의 군사 역량을 결코 과소평가할 수 없는 것이기는 하다. 그리고 중과부적 상황에서 우선적으로 가동할 수 있는 군사력이 총체적으로 동원되었을 것이고, 동시에 전국 각지의 병력 결집이 이루어졌을 것이란 추정도 어렵지 않다. 그러나 나당군의 전광석화 같은 군사행동은 추가의 군사력 결집이 이루어지기도 전에 도성의 함락, 웅진성의 함락 나아가 의자왕 항복으로 귀착된 것이다.

상비군적 성격의 백제 중앙군대의 괴멸과 왕의 항복은 백제의 멸망을 의미하는 것이다. 그러나 전쟁 발발과 동시에 전국 각지에서 동원되었을 지방군대는 왕의 항복 후에도 도성주변에 운집하였고, 이들은 점령군과의 전투를 시작하였을 것이다. 아마도 그것이 우리가 주목하는 백제 부흥운동 전투의 시작일 것이다. 즉 부흥운동의 주체들은 처음에는 백제 중앙정부의 지시로 동원된 병력이었으나, 제반 여건으로 왕이 항복한 다음에나 대오를 갖추어 전투에 나선 것이다. 이들은 본래의 동원 목적인 침략군과의 전투를 전개함으로써 자연스럽게 부흥운동의 성격을 갖게 된 것이 아닌가 여겨진다.

백제 부흥 운동군의 성격은 백제 멸망기의 정황을 이해하는데 시사되는 바가 많다. 앞서 살핀 것처럼 백제의 정치·사회·군사의 실체적 단면을 새롭게 이해할 수 있는 것이 그중 하나이다. 이외에 당나라가 왜 백제를 침공하였는가의 배경적 문제와 함께 전쟁 후의 사후 처리 문제도 그러한데, 그와 관련하여 주목될 수 있는 것이 앞서 살핀 취리산 회맹일 것이다. 취리산 회맹은 치열하게 전개된 백제 부흥운동의 과정에서 남겨진 부산물이기도 하다.

본래 당나라의 백제 공격은 고구려 정벌을 염두에 둔 것으로 이는 백제 정벌 후에 곧바로 군사를 돌려 고구려 정벌에 나서는 것에서 알 수 있다. 그러나 고구려의 강력한 저항, 백제 부흥군의 발호로 말미암아 처음 계획한 것처럼 신라의 지원이 충분하지 않았고, 주변의 군사 정세도 당나라에게 유리한 것이 아니었다. 특히 신라는 660년 백제 정벌 후에도 계속해서 일어난 백제 부흥군과의 지리한 전투를 전개하였다. 신라는 두량윤성 전투에서 백제 부흥군에게 참패하는 등의 곤경으로 당나라의 고구려 정벌에 필요한 군량이나 보급품 지원에 상당한 차질을 빚게 한다. 그러한 이유로 660년 겨울부터 시작된 당나라의 고구려 정벌은 연이은 패배로 662년부터 666년까지는 전혀 정벌에 나서지 않았던 것이다.

기미주 정책을 통해 신라와 백제고토를 지배코자하는 당나라, 신라는 국력의 부족으로 결국 회맹에 동의한다.

백제 정벌 후 연이어 고구려 정벌에 나선 당나라는 백제의 고토인 웅진에서 부흥군에게 포위되어 지리멸렬한 상태로 있던 당군을 본국으로 철수시키고자 하였다. 그러나 유인궤의 반대가 있었고, 662년부터 부흥군의 진압에 성공하기 시작하면서 점차 백제 고토에 대한 지배권을 확립하였다. 이를 기회로 새롭게 고구려 정벌에 필요한 후방기지를 마련하기 위한 방편으로 백제에 대한 지배권을 확실하게 장악코자 하였으며, 그 선행 작업이 백제의 고토에서 충돌 없이 신라군을 철군시키는 것이었다.

당나라는 백강전투의 승리를 발판삼아 주류성을 함락시키고 백제고토 지배를 위한 새로운 정책을 실시한 것이다. 이는 이전의 백제 지방제도를 모방하여 설치하였던 5도독부 체제를 현실에 맞게 재편하는 것이었다. 정책의 전면에 부여융을 내세우는데, 이는 백제 유민을 안무하고 황폐해진 백제고토를 복구하여 고구려 정벌을 준비하기 위한 것이었다.

그러나 이러한 정책을 실행하기 위해서는 동맹국인 신라의 입장을 무시할 수 없었다. 신라군은 백제 부흥군과의 전투에 폭넓게 참여하여 군사적 우위에 있으면서 당군을 포위하듯이 포진하고 있어, 현실에서 신라가 차지하고 있는 백제 고토를 효과적으로 통할하기 위해서는 새로운 수단이 필요하였다. 당나라가 선택한 백제고토의 지배전략은 군사적 충돌 없이 신라군이 백제의 고토에서 철군하도록 유도하는 것이었다. 신라군이 철군할 경우, 당나라는 백제고토를 직할영토로 삼아 고구려 정벌의 전초기지로 삼고자 하였다. 이에 웅진도독부를 설치한 것이고, 나아가 국가간 분쟁이 발생하였을 때 그들이 사용하는 전통적 방식인 회맹을 통해서 실질적 목적을 달성코자 한 것이다.

이와 같은 목적 달성을 위해 당나라는 백제의 부여 융을 웅진도독부의 도독으로, 신라의 문무왕을 계림대독부의 도독으로 임명하여 분쟁의 당사자로 삼고자 동등한 지위를 부여한다. 그런 다음 신라와 백제로 하여금 회맹하라는 칙령을 내렸는데, 이것은 당나라가 신라의 백제 고토 점령 즉 신라군이 백제에 머물고 있는 것을 웅진도독부와 계림도독부간의 분쟁으로 규정하고 이를 해결 중재하는 회맹을 명령한 것이다.

당군과 더불어 백제 정벌에 나섰던 신라는 백제 부흥군의 반격으로 한동안 위축되지만 전열을 정비하였고, 백강전투의 승리를 계기로 반격에 나서 부흥군의 대부분을 진압하기에 이른다. 그러나 663년 당나라가 일방적으로 기미주를 선포하고, 신라를 계림대도독부로 문무왕을 계림주 대도독으로 삼았는데, 실제적으로 명분에 불과한 것임에도 당에 대항할 만한 국력의 부족으로 노골적으로 대항하지 못한다. 이후 부흥군이 점차 진압되면서 당나라는 신라로 하여금 백제와의 회맹을 강요하지만 아직 평정되지 않은 임존성을 핑계로 회피코자 하나 664년의 웅령회맹을 맺기에 이른다.

회맹은 고구려 정벌에 절대적으로 필요한 배후기지를 확보하기 위한 당나라의 전략이었다.

웅령 회맹은 취리산 회맹 이전에 이루어진 것으로 유인원의 중재로 부여융과 김인문 그리고 천존이 참여하여 맺은 회맹이다. 이 회맹은 백강전투와 주류성 전투에 참여한 인물들 간에 이루어진 것인데, 목적은 서로의 경계를 획정하기 위한 것으로 알려져 있다. 그러나 이 회맹은 참여인물이라던가 내용에 한계가 있었기에, 다음해인 665년 8월에 취리산에서 다시금 회맹이 이루어진 것이다.

취리산 회맹은 당나라는 물론이고 신라도 중국의 전례에 따라 격식을 갖추어 엄격하게 실행된 것으로 전한다. 백마를 죽여 희생을 삼아 피를 나누고, 회맹문을 작성해 금서철권으로 만들어 종묘에 보관토록 하고, 하늘과 땅의 신에 제사를 지내어 맹세를 한 것이다. 나아가 백제와 신라는 혼인을 통해 화친할 것을 약속하기도 한다.

취리산 회맹으로 당나라는 부여융을 통해 백제 고토에 대한 지배권을 확립한 것으로 볼 수 있다. 이전에 있었던 신라와의 회맹, 즉 경계의 획정을 위한 웅령 회맹이 이루어졌으나 1년 반의 시간이 흐른 뒤 다시금 취리산 회맹을 맺는 것은 신라가 차지한 백제고토의 지배권도 인정하였다고 볼 수 있다. 668년 고구려의 정벌 이후, 676년 한반도 남쪽에서 신라가 당군을 손쉽게 축출하는 것으로 볼 때 회맹의 실제 목적은 당의 고구려 정벌을 위한 배후기지 확보에 있었음을 알 수 있다.

통일신라시대의 웅진

660년 나당연합군에 의한 백제의 멸망은 공주가 지방행정의 중심지 기능을 수행하는 역할을 부여하게 된다. 신라시대의 공주는 중앙이 아니라 변방에 해당하지만, 오늘날 충남지역의 거점으로서 위상을 정립하며, 이후 지방행정의 거점으로 지속적 기능을 갖게 된다.

웅천주의 치소 웅진에 경주로부터 '도독(혹은 총관)'이 파견되어 예하 군현을 관리하였다.

신라는 670년을 전후하여 한반도에서 당군을 축출한다. 삼국을 통일한 신라는 확대된 영토와 늘어난 인구를 효율적으로 통치하기 위하여 지방조직을 정비하기에 이른다. 당의 세력을 완전히 축출한 신라는 문무왕 17년·18년인 서기 677년과 678년경부터 신문왕 7년인 687년에 걸친 시기에 새로운 지방행정제도를 완성하였는데, 이때에 완성된 지방제도가 9주 5소경이다. 그 결과 백제 고지에는 웅천주와 완산주 그리고 무진주 등의 3개주가 설치되었으며, 각각 중심이 되는 고을로 지금의 공주인 웅주, 지금의 전주인 완주 및 지금의 광주인 무주가 선택되었다.

그 뒤, 신라 경덕왕 16년인 757년에 대대적인 지명 개명작업이 이루어지면서, 웅천주는 웅주로 완산주는 전주로, 무진주는 무주로 변경되어 신라 말기까지 이어진다. 주의 장관인 군주도 문무왕대에 총관으로, 다시 원성왕 때 도독으로 개칭되었다. 주의 아래에는 군을 두어 태수가 다스렸고, 군 아래에는 현을 두어 현령이

상단 공산성 28칸 건물지
하단 공산성 12각 원형 건물지

다스렸다.

웅천주의 치소에 해당하는 공주지역에는 경주로부터 도독 혹은 총관이 파견되어 오늘날의 충남에 해당하는 예하 군현을 관리하였다. 당시 도독이 집무하는 웅천주의 관아가 어디에 위치하였는지 기록으로 확인되지는 않지만, 공산성 내 유적 현황을 토대로 공산성이 웅천주의 치소였고 거기에 관련 시설이 있는 것으로 판단한다. 발굴을 통해서 공산성 내 통일신라 시기의 대형 건물지가 다수 확인되었는데, 이들은 일반 생활건물보다는 특수한 용도로 사용되었던 건물 즉 관아 건물로 볼 수 있는 것이 대부분이기 때문이다.

공산성내 신라유적은 웅천주의 주치소로 웅진이 선정되어 이루어진 각종 시설들이다.

공산성 내 신라유적 중에는 28칸 건물지가 있다. 광복루 광장 아래쪽에 위치하며, 정면 7칸·측면 4칸의 장방형으로 지형을 따라 서남향으로 건물이 배치되었고, 초석을 기준으로 정면 길이는 24.5m, 측면은 8.4m의 길이이다. 기단석을 기준으로 하면 정면 28.7m, 측면 12.6m로 건물면적은 362평방미터 규모의 당시로서는 초대형 규모이다. 이 건물지는 통일신라시대 공산성 내 유적 중에서 가장 중심적 건물로 여겨지기에 그 기능은 아마도 주 치소의 정청에 해당하는 것으로 봄에 문제가 없을 것이다.

한편 12각 건물지도 2동이 확인되어 있다. 이들은 28칸 건물지에서 아래쪽에 자리하는데 건물의 구도에서 보면 원형의 성격을 갖는 것이다. 건물 평면의 지름이 17.4m이고, 초석의 배치로 보아 도합 60개의 기둥을 가졌던 것으로 볼 수 있다. 두 건물은 특수한 형태로, 일반 용도가 아닌 제사용 내지 종교적 기능의 특수시설로 추정된다.

공산성내 통일신라시대 건물지의 존재는 백제 멸망 후 웅천주의 설치와 주치소로 공주지역이 선정되고, 아울러 관련 행정관아 및 시설이 공산성내에 시설되었음을 보여준다. 특히 공산성내의 신라유적은 규모나 내용면에서 특성을 지니고 있다. 원형 건물지의 경우 의례용 건물로 볼 수 있는 것이다. 그리고 규모를 갖추고 있는 대규모 건물지는 정청의 기능을 갖추고 있었을 것으로 추정되는 것이 그것이다. 이러한 유적의 정황은 공주가 신라 9주의 하나인 웅천주의 치소였고, 치소의 중심부가 공산성이었기에 공산성 내에 합당한 관청시설이 갖추어져 있었다는 것을 보여주는 것이다. 특히 공산성내 28칸 건물지의 조성시기가 백제의 멸망 후 그리 먼 시기가 아니라는 점도 공주가 웅천주 치소로 선정되면서 곧바로 공산성내에 관련 시설이 갖추었음을 알게 한다. 다만 통일신라시기 공주 특히 공산성을 중심으로 전개된 역사 정황에 대해서는 구체적이지 않다.

웅천주에서 발생한 가장 큰 사건은 822년에 김헌창의 반란일 것이다.

통일신라시대 웅천주에서 발생한 가장 큰 사건은 신라 헌덕왕 14년인 서기 822년에 일어난 웅천주 도독 김헌창의 반란일 것이다. 이 사건은 공산성과 밀접한 관련이 있어 이를 통해 당시의 정황을 살펴 볼 수 있다.

삼국통일 후 150여 년이 경과한 신라사회는 분열의 조짐이 나타나기 시작한다. 특히 신라 하대의 김헌창 반란 사건을 전후한 시기는 물론이고, 신라가 삼국을 통일한 이후인 중대에도 나라에 기근이 드는 예가 흔히 있었다. 그럼에도 굶주린 농민들이라도 나라를 원망하거나 나라에 반발하는 경우는 거의 찾기가 어려운 것이 당시의 상황이었다. 그러나 신라 하대에 접어들면서 굶주린 농민들의 반발과 반항의 흔적이 뚜렷해지기 시작한다. 원성왕 4년인 서기 788년에 나라 서쪽에서 도적들이 많이 나타나자 왕이 사신을 파견하여 이들을 무마시킨 적이 있었다.

그런데 헌덕왕 7년인 서기 815년의 예는 상황이 더욱 악화되었음을 보여준다. 마찬가지로 나라 서쪽에 도적들이 크게 나타났는데, 이때는 군대를 출동시켜서 봉기한 도적들을 평정하기 때문이다. 즉 무력에 의한 진압이 필요했을 만큼 도적들의 반발이 컸던 것이다. 헌덕왕 11년인 서기 819년의 경우는 이보다 상황이 악화되어 갔음을 알려준다. 도적떼의 봉기가 더 이상 서쪽 변방지역에 국한되는 것이 아니라, 전국적인 일로 번져갔다. 이즈음에 김헌창의 반란이 일어난 것이다.

김헌창은 무열왕계 후손이었던 그의 아버지 김주원이 귀족회의에서 정당한 왕위계승권자로 결정되었음에도 불구하고, 원성왕의 무력에 밀려 왕이 되지 못한 점과, 원성왕계의 인사정책에 대한 불만 때문에 반란을 일으킨 인물이다. 그는 당시에 계속된 재난과 기근으로 인해 사회·경제적으로 불안하였던 서부지역의 민심을 적절히 이용하면서 웅천주를 세력의 근거로 삼고, 국호를 장안, 연호를 경운이라 하여 독립국가의 건립을 선포하였다.

김헌창은 반란 후에 웅천주 외에 무진주와 완산주 그리고 청주와 사벌주의 4주와 국원경과 서원경 그리고 금관경 등 3소경을 장악하였으니, 지금의 충청과 전라지역 그리고 경상지역의 일부가 그의 손아귀에 들어온 셈이다. 특히 공산성은 당시 김헌창의 웅거지였다. 그가 웅진도독으로 임명되어 불과 1년이 지나지 않아 이와 같은 대규모의 반란세력을 규합한 것이다. 이러한 사실로 보면 당시까지 웅진지역민들의 신라에 대한 반감은 적지 않았던 것 같다. 이를 김헌창이 적절히 이용한 것이 아닌가 추정된다.

김헌창의 반란군은 일거에 충청지역을 석권하고 전라와 경기 일대까지 세력을 뻗친다. 이어 소백산맥을 넘어 경상도로 진입하기도 한다. 이 때 경주에서는 진압군이 편성되어 방어에 나섰고, 김헌창군은 이에 맞서지만 패배를 거듭한다. 그는 삼년산성, 속리산에 이어 성산에서의 패전으로 군을 돌이켜 웅천주로 회군하였다. 열흘간을 계속한 최후의 전투는 공주의 공산성에서 벌어졌는데, 좌절한 김헌창은 스스로 목숨을 끊음으로서 마무리된다. 이때의 상황을 『삼국사기』는 다음과 같이 묘사한다. 김헌창은 겨우 몸을 빼고 공산성 안으로 들어가 굳게 지키었으나, 관군의 포위와 공격이 열흘 동안이나 계속되니 성이 함락되려 하였다. 김헌창은 화를 면치 못할 것을 알고 자살하니 부하들이 그 머리를 잘라 몸과 각각 파묻었다. 성이 함락되자, 관군은 옛 무덤에서 그의 시신을 찾아 다시 베고, 그의 친족을 무려 239명을 죽였으나 그곳의 백성은 놓아주었다는 것이다.

김헌창의 반란은 신라정부에 반감을 가졌던 지방 토착세력의 호응으로 가능한 것이었다.

김헌창이 반란을 일으킨 곳이 옛 백제지역인 공주이었다는 점은 주목된다. 김헌창은 공주지역을 반란의 거점으로 삼았고, 전라도와 충청도 일원, 경상도의 김해·진주지역과 상주지역의 호응을 기대했던 것이다. 즉 그는 중앙인 경주를 옛 백제지역을 중심으로 먼 거리의 외곽에서 포위하는 형국을 염두에 두고 있었음에 틀림없다.

그런데 반란을 주도한 사람들은 대체로 중앙 출신의 관리들이었다. 김헌창도 그렇지만, 그가 크게 믿었던 4주의 도독이나 소경의 사신, 여러 수령들이 모두 중앙 출신의 관리들이었다. 그들은 기본적으로 중앙인으로 관리였고, 그리고 귀족들이었다. 그러나 이들의 힘만으로 반란을 획책할 수는 없었을 것이다. 중앙의 관리들이 특정한 지역에서 반란을 꾀하였다는 사실 자체는 그 지역의 호응을 전제로 한 것이다. 특히 김헌창은 진주의 도독이었다가 공주의 도독으로 부임한지 1년도 채 안 되는 짧은 기간이었다. 그는 애당초 공주지역에 이렇다 할 연고가 없었을 뿐만 아니라 1년도 채 안 되는 기간에 세력을 키운다는 것도 불가능한 일이었다.

그럼에도 불구하고 나라를 세우기까지 하였다는 것은 이곳을 중심으로 한 지역에 이미 오래전부터 경주와 경주인, 그리고 신라의 중앙정부에 반대하는 기운이 무르익고 있었다고 볼 수 있다. 진입군의 규모도 컸지만, 여기저기에서 진행된 전투 역시 매우 치열하였다. 이러한 사실은 김헌창의 난이 지방의 토착세력의 큰 호응이 있었다는 것을 알려주는 것이기도 하다. 지방의 유력자들도 일반 농민들이 반란에 호응하여 그에 가담한 경우가 많았다는 사실도 그러한 정황을 알려주는 것이다.

후삼국시대 공주는 역사의 변방으로, 혹은 치열한 전장터로 접어들게 된다.

통일신라 말기, 소위 골품체제의 붕괴로 집약되는 신라사회의 해체는 9세기말 이후에 보다 심각하게 전개된다. 그 결과 경주 정부의 통제력은 점차 약화되고 지방

호족의 발호가 크게 나타나기에 이른다. 이러한 와중에 호남지역을 중심으로 궐기한 견훤은 전주에 도읍하고 백제의 부흥을 공언하기에 이르며, 서기 900년에는 후백제를 건국하기에 이른다. 뒤이어 901년에는 철원에 기반하였던 궁예가 후 고구려를 세우면서 마침내 후삼국시대가 도래하게 된다.

이즈음 백제의 고토에서 나라를 세우고 기틀을 다진 인물은 견훤이었기에 백제의 고도로서 지리적인 이점과 천연의 자연지형을 갖추고 있는 공주와 그 중심권인 공산성은 후삼국 중 백제가 내세우기에 가장 유리한 지역이었을 것으로 볼 수 있다. 그러나 후삼국의 각축이란 소용돌이 속에 공주는 역사의 전면에 서기보다는 변방에서 혹은 치열한 전장터로 자리하게 된다.

사실, 후삼국기에 공주는 견훤과 궁예나 왕건의 양대 세력이 마주하는 접점에 위치하고 있는 형국이었다. 때문에 공주는 때로는 남쪽의 견훤에, 때로는 북쪽의 궁예나 왕건의 세력권에 들어가게 된 것이다. 이는 공주의 자연지형이 수성하기에 알맞은 지형이고, 양대 세력의 전략적 요충지이기에 더욱 그러하였던 것으로 여겨진다. 공주는 교통상으로 육로와 수로 교통의 거점으로 볼 수 있다. 호남과 경기도를 연결하는 중간 교통 거점으로서, 호남지방에서 경기도로, 경기도에서 호남에 이르기 위해서는 반드시 거쳐야 하는 지점이 공주이기 때문이다. 여기에 공주는 오늘날 대표적 내륙수로의 하나인 금강의 중류에 위치하여 수로와 육로의 간선 교통체계가 서로 마주치는 곳이기도 하다.

후삼국시대에 공주의 구체적 정황을 전하는 것은 거의 없다. 다만 견훤이 후백제를 건국한 초기에는 그의 세력권에 있었던 것 같으며, 당시 공주의 실제적 지배자는 '공주장군'으로 지칭된 홍기라는 인물로 알려져 있다. 그러나 궁예가 흥기하고 그 세력이 남쪽으로 확대되자 공주는 그의 휘하에 들게 된다. 그러다가 918년 왕건이 새로운 왕으로 등극하면서 공주는 다시 후백제 쪽으로 넘어갔다가, 고려 태조 17년인 서기 934년에 지금의 홍성인 운주에서 견훤이 왕건에게 대패한 후 고려에 항복할 때까지 후백제의 수중에 있었다.

참고문헌

1. 사료

『三國史記』『三國遺事』『新增東國輿地勝覽』
『三國志』『翰苑』『日本書紀』

2. 단행본 (가나다순)

姜仁求, 1977, 『百済古墳研究』, 一志社.

輕部慈恩, 1972, 『百済遺蹟の研究』, 吉川弘文館.

輕部慈恩, 1946, 『百済美術』, 寶雲舍.

강종원, 2002, 『4세기 백제사 연구』, 서경문화사.

金起燮, 2000, 『백제와 근초고왕』, 학연문화사.

김낙중, 2009, 『영산강유역 고분 연구』, 학연문화사.

김수태, 2007, 『백제의 전쟁』, 주류성.

金鍾完, 1997, 『中國南北朝史序研究-朝貢·交聘關係를 중심으로-』, 一潮閣.

金翰奎, 1982, 『古代中國的世界秩序研究』, 一潮閣.

金元龍, 1986, 『韓國考古學概說』, 一志社.

김영하, 2012, 『한국고대사의 인식과 논리』, 성균관대학교출판부.

盧重國, 1988, 『百済政治史研究』, 一志社.

노중국, 2012, 『백제의 대외 교섭과 교류』, 지식산업사.

박대재 외, 2012, 『공주 대통사지와 백제』, 아연출판부.

박순발, 2010, 『백제의 도성』, 충남대학교출판부.

박천수, 2011, 『일본 속의 고대 한국문화』, 진인진.

徐程錫, 2003,『百濟의 城郭:熊津·泗沘를 中心으로』, 學硏文化社.

徐賢珠, 2006,『榮山江 流域 古墳 土器 硏究 』, 學硏文化社.

申瀅植, 1992,『百濟史』, 梨女出版部.

양기석, 2013,『백제의 국제관계』, 서경문화사.

양종국, 2008,『의자왕과 백제부흥운동 엿보기』, 서경문화사.

李基東, 1996,『百濟史硏究』, 一潮閣.

李南奭, 1995,『百濟石室墳硏究』, 學硏文化社.

_____, 2002,『百濟 墓制의 硏究』, 서경문화사.

_____, 2002,『百濟의 古墳文化』, 서경문화사.

_____, 2002,『熊津時代의 百濟考古學』, 서경문화사.

_____, 2012,『공주 공산성』, 공주시·공주대학교박물관.

_____, 2012,『송산리 고분군』, 공주시·공주대학교박물관.

_____, 2014,『漢城時代 百濟의 古墳文化』, 서경문화사.

_____, 2014,『泗沘時代의 百濟考古學』, 서경문화사.

_____, 2014,『백제 기억이 보물창고 무령왕릉』, 학연문화사.

李道學, 1995,『百濟古代國家硏究』, 一志社.

李鎔彬, 2002,『百濟 地方統治制度 硏究』, 서경.

李賢惠, 1984,『三韓社會形成過程硏究』, 一潮閣.

이형구, 2004,『백제의 도성(都城)』, 주류성.

陳振裕, 1997,『中國漆器全集』第1卷 先秦, 禮建美術出版社.

千寬宇, 1983,『人物로 본 韓國古代史』, 正音文化社.

忠清南道, 1994,『百濟의 宗敎와 思想』.

公州市誌編纂委員會, 2002,「제1편 자연 및 인문지리」『公州市誌』(상권).

대한문화유산연구센터, 2011,『한반도의 전방후원분』, 학연문화사.

百濟文化開發硏究院, 1988,『忠南地域의 文化遺蹟−公州郡편−』第2輯.

忠南大學校百濟硏究所, 1997,『百濟의 中央과 地方』.

韓國古代史硏究會, 1990,『韓國 古代國家의 形成』, 民音社.

한국고대학회, 2010,『취리산회맹과 백제』, 혜안.

韓國上古史學會, 1998,『百濟의 地方統治』, 學研文化社.

3. 보고서 및 학술자료 (가나다 순)

嘉耕考古學研究所, 2013,『論山 定止里遺蹟』.

公州大學校博物館·公州市, 1995,『公州文化遺蹟』.

_____, 1997,『舟尾寺址』.

_____, 1998,『濟·羅會盟址 就利山』.

公州大學校博物館, 1997,『汾江·楮石里 古墳群』.

_____, 2000,『天安 龍院里 古墳群』.

_____, 2002,『安永里遺蹟』.

_____, 2007,『公州 熊津洞 遺蹟』.

_____, 2010,『公州 燕尾山·月尾洞 遺蹟』.

_____, 2011~5,「사적12호 公山城 성안마을내유적 약보고서」.

國立公州博物館, 1999,『艇止山』.

_____, 1995,『下鳳里Ⅰ』.

_____, 2002,『水村里 土城』.

_____, 2008,『무령왕릉 기초자료집』.

_____, 2009,『武寧王陵 新報告書1』.

_____, 2012,『宋山里 古墳群 基礎資料集』.

_____, 2013,『武寧王陵 新報告書2』.

_____, 2014,『武寧王陵 新報告書3』.

국립광주박물관, 2008,「해남 용두리고분 발굴조사 약보고서」.

國立文化財研究所, 1989,『益山 笠店里古墳 發掘調査報告書』.

_____, 2001,『나주 신촌리 9호분』.

국립부여문화재연구소, 2003,『扶蘇山城』.

東邦文化財研究院, 2015,『世宗 坪基里 遺蹟』.

文化財管理局, 1973,『武寧王陵 發掘調査報告書』, 三和出版社.

백제고도문화재재단, 2015,「부여나성(청산성 구간) 6차 발굴조사 약보고서」

百濟文化開發研究院, 1996, 『保寧 鳴川洞 百濟 古墳群』.

성림문화재연구원, 2014, 「의성 신라본역사지움조성(조문지구)사업부지내 유적 1·2차 약식 보고서」.

세종대학교박물관, 2006, 『하남 광암동 유적』.

蠶室地區遺蹟發掘調査團, 1976, 『蠶室地區 遺蹟 發掘調査 報告』.

전남대학교박물관, 2013, 「남원 두락리 32호분 현장설명회 자료집」.

朝鮮總督府, 1917, 『大正六年度古蹟調査報告書』.

_____, 1927, 「公州宋山里古墳調査報告」 『昭和二年度古蹟調査報告 第二冊』.

中央文化財研究院, 21015, 『燕岐 羅城里遺蹟』.

충남대학교박물관, 2000, 「논산 정지리 백제취락지 현장설명회자료집」.

忠南發展研究院, 2003, 『公州 長善里 土室遺蹟』.

忠北大學校博物館, 1983, 『淸州 新鳳洞 百濟古墳 發掘調査 報告書』.

_____, 1990, 『淸州 新鳳洞 百濟古墳群 發掘調査 報告書』.

忠淸南道, 1990, 『文化遺蹟總覽 : 寺刹扁』.

忠淸南道·公州大學校百濟文化研究所, 1972, 『百濟武寧王陵 研究論文集 I』.

_____, 1991, 『百濟武寧王陵 研究論文集 II』.

忠淸南道歷史文化研究院, 2005, 『舒川 鳳仙里遺蹟』

忠淸南道歷史文化研究院·公州市, 2007, 『公州 水村里 遺蹟』

忠淸南道歷史文化研究院·孝昌綜合建設㈱, 2008, 『瑞山 富長里遺蹟』, 遺蹟調査報告55冊.

忠淸南道歷史文化研究院·公州市, 2014, 『公州 水村里古墳群 II』.

忠淸埋藏文化財研究院, 1998, 『瑞山 餘美里遺蹟』

_____, 1999, 『公州 安永里遺蹟』.

_____, 2000, 『公州 貴山里遺蹟』.

_____, 2000, 『東穴寺址』.

_____, 2003, 『公州 安永里 새터·신매遺蹟』.

忠淸文化財研究院, 2003, 『公州 安永里 새터·신매 遺蹟』.

_____, 2006, 『公州 丹芝里 遺蹟』.

_____, 2008, 『保寧 鳴川洞·花山洞 오야골 遺蹟』.

_____, 2010,『舒川 鳳仙里遺蹟』.

韓國考古環境研究所, 2010,『燕岐 松潭里·松院里 遺蹟』.

韓國文化財保護協會, 1986,『文化財大觀:石造物』6, 寶物4, 大學堂.

한국문화재보호재단, 2010,『성남 판교동 유적』.

한국문화재조사연구기관협회, 2011,『한국 출토 외래유물Ⅱ』.

한국문화유산연구원, 2014,「화성 향남 2지구 동서간선도로(H지점) 문화유적 발굴조사 제3
　　차 학술자문회의 자료」.

한얼문화유산연구원, 2012,『서울 우면동유적』.

安承周, 1982,『公山城』, 公州師範大學 百濟文化研究所.

安承周·李南奭, 1989,『公山城內推定王宮址發掘調査報告書』, 公州師範大學博物館.

_____, 1992,『公山城 建物址』, 公州師範大學博物館.

_____, 1992,『公州 보통골 百濟古墳群 發掘調査 報告書』, 百濟文化開發研究院·
　　公州大學校博物館.

_____, 1993,『公州 新基洞·金鶴洞 百濟·高麗古墳群發掘調査報告書』, 百濟文化
　　開發研究院·公州大學校博物館.

_____, 1999,『公山城池塘』, 公州師範大學博物館.

李南奭, 1999,『公州 山義里 遺蹟』, 公州大學校博物館.

_____, 2002,『山儀里 百濟古墳』, 公州大學校博物館.

李南奭·李賢淑, 1997,『公州 熊津洞古墳－1996年度 發掘調査－』, 公州大學校博物館.

_____, 2000,『大通寺址』, 公州大學校博物館·公州市.

_____, 2002,『鶴岩里 遺蹟』, 公州大學校博物館.

李南奭·李 勳, 1999,『水源寺址』, 公州大學校博物館.

李南奭·徐程錫, 2000,『大通寺址』, 公州大學校博物館.

李南奭, 2011,『鷄龍 龍洞里 遺蹟』, 公州大學校博物館.

_____, 2015,『공산성 토성지 발굴조사보고서』, 公州大學校博物館.

李 勳, 1998,「공주산성동주택부지조사」『各地試掘調査報告書』, 公州大學校博物館.

慶尙大學校 博物館, 1986,『陜川 玉田古墳群 1次發掘調査槪報』.

_____, 1988,『陜川 玉田古墳群－木槨墓－』.

_____, 1990, 『陜川 玉田古墳群Ⅱ -M3號墳-』.

4. 논문 (가나다순)

姜仁求, 1992, 『三國時代遺蹟의 調査研究 1 -자라봉고분(峰古墳)-』, 韓國精神文化研究院.

강종원, 2005, 「수촌리 백제고분군 조영세력 검토」『百濟研究』42, 忠南大學校百濟研究所.

_____, 2012, 「백제의 지방과 대외교류」『百濟研究』55, 忠南大學校百濟研究所.

_____, 2007, 「사비천도의 단행과 왕권중심의 지배체제 확립」『百濟文化史大系』, 忠清南道
　　　歷史文化研究院.

金起燮, 1997, 『百濟 漢城時代 統治體制』, 韓國精神文化研究院 韓國學大學院 博士學位論文.

_____, 1998, 「百濟 前期의 部에 관한 試論」『百濟의 地方統治』, 韓國上古史學會.

_____, 2002, 「4세기 무렵 백제의 지방지배」『白山學報』63, 白山學會.

_____, 2010, 「백제 東城王 암살사건 재검토」『한국학논총』34, 국민대학교한국학연구소.

金秉南, 2006, 「백제 웅진시대의 남방 재진출과 영역화 과정」『軍史』61, 國防部 軍史編纂研
　　　究所.

金永培, 1978, 「水源寺 塔址 調査」『百濟文化』11, 公州師範大學 百濟文化研究所.

_____, 1996, 「公州 百濟王宮 및 臨流閣址 小考」『考古美術』6-34.

金英心, 1990, 「5~6세기 백제의 지방통치체계」『韓國史論』22, 서울大學校 人文大學 國史
　　　學科.

_____, 1997, 『百濟 地方統治體制 研究』, 서울大學校 博士學位論文.

_____, 1998, 「百濟의 支配體制 差備와 王都 5部制」『百濟의 地方統治』, 학연문화사.

_____, 2000, 「百濟史에서의 部와 部體制」『韓國古代史研究』17, 韓國古代史學會.

_____, 2000, 「泗沘都城의 行政區域 編制」『泗沘都城과 百濟의 城郭』, 서경문화사.

_____, 2009, 「6~7세기 삼국의 관료제 운영과 신분제-衣冠制에 대한 검토를 기반으로」
　　　『韓國古代史研究』54, 韓國古代史學會.

_____, 2015, 「백제의 지방 통치기구와 지배의 양상」『韓國古代史探究』19, 韓國古代史探
　　　究學會.

金瑛河, 2004, 「古代 遷都의 역사적 의미」『韓國古代史研究』36, 韓國古代史學會.

金元龍, 1967, 「公州馬岩里洞窟遺蹟豫報」『歷史學報』35·36, 歷史學會.

＿＿＿＿, 1987,『夢村土城:東北地區發掘報告』, 서울大學校博物館·서울特別市.

金元龍·鄭永和 外, 1981,『韓國舊石器文化研究』, 韓國精神文化研究院歷史研究室 編.

김장석, 2007,「청동기시대」『한국고고학강의』, 한국고고학회.

金周成, 1990,『泗沘時代政治史研究』, 全南大學校 博士學位論文.

＿＿＿＿, 1995,「泗沘遷都와 支配體制의 改編」『韓國史』6, 國史編纂委員會.

金澤均, 1992,「武寧王과 繼體天皇의 出自」『江原史學』45, 江原大學校 史學會.

輕部慈恩, 1933~1936,「公州に於ける百濟古墳」『考古學雜誌』23~30, 考古學會.

掘敏一, 1993,『中國と古代東アツア世界-中華的世界と諸民族』, 岩波書店.

盧重國, 1978,「百濟王室의 南遷과 支配勢力의 變遷」『韓國史論』4, 서울大學校 國史學科.

＿＿＿＿, 1978,「熊津時代 百濟의 貴族勢力」『百濟研究』9, 忠南大學校 百濟研究所.

＿＿＿＿, 1991,「百濟 武寧王代 集權力 强化와 經濟基盤의 擴大」,『百濟文化』21, 公州大學校 百濟文化研究所.

＿＿＿＿, 2005,「4~5세기 백제의 성장발전과 삼국의 각축」『향토서울』66, 서울특별시사편찬 위원회.

＿＿＿＿, 2005,「5세기 韓日關係史의 성격 개관 」『왜5왕 문제와 한일관계』, 경인문화사.

＿＿＿＿, 2013,「백제의 왕·후호제와 금동관 부장자의 실체-歸葬을 중심으로-」『韓國古代 史研究』70, 韓國古代史學會.

盧泰敦, 1984,「5~6世紀 東아시아 國際情勢와 高句麗의 對外關係」『東方學志』44, 延世大 學校 國學研究院.

文暻鉉, 2000,「百濟 武寧王의 出自에 대하여」『史學研究』60, 韓國史學會.

朴淳發, 1996,「百濟都城의 變遷과 特徵」『重山鄭德基博士回甲紀念韓國史論叢』.

＿＿＿＿, 2000,「泗沘都城의 構造에 대하여」『百濟研究』31, 忠南大學校 百濟研究所.

＿＿＿＿, 2003,「漢城基 百濟 都城의 問題」『先史와 古代』19, 韓國古代學會.

＿＿＿＿, 2005,「공주 수촌리고분군 출토 중국자기와 교차연대문제」『충청학과 충청문화』4, 충청남도역사문화원.

＿＿＿＿, 2007,「墓制의 變遷으로 본 漢城期 百濟의 地方 編制 過程」『韓國古代史研究』48, 韓國古代史學會.

박천수, 2011,「영산강유역 전방후원분에 대한 연구사 검토와 새로운 조명」『한반도의 전방

　　　후원분』, 학연문화사.

朴賢淑, 1990, 「百濟 初期의 地方統治體制 研究」, 『百濟文化』20, 公州大學校 百濟文化研究所.

朴賢淑, 1997, 『百濟 地方統治體制 研究』, 高麗大學校 博士學位論文.

백종오, 2015, 「韓日古代集水遺構出土遺物의 儀禮性研究」 『先史와 古代』46, 韓國古代學會.

徐榮洙, 1981, 「三國과 南北朝 交涉의 性格」 『東洋學』11, 東洋學研究院.

小泉顯夫, 1960, 『朝鮮遺蹟의 遍歷』.

孫寶基, 1976, 「石壯里의 舊石器文化」 『韓國史論文選集』 先史編, 歷史學會.

孫寶基 外, 1993, 『石壯里 先史遺蹟』, 韓國先史文化研究所.

신희권, 2014, 「공주 수촌리토기의 계통연구」 『百濟文化』50, 公州大學校 百濟文化研究所.

심정보, 2000, 「百濟 泗沘都城의 城郭築造時期에 對하여」 『泗沘都城과 百濟의 城郭』, 서경
　　　문화사.

安承周, 1970, 『公州 西穴寺址에 關한 調査研究: 西穴寺址 第一次 發掘調査報告1』, 公州師
　　　範大學 百濟文化研究所.

＿＿＿＿, 1975, 「百濟古墳의 研究」 『百濟文化』7·8, 公州師範大學 百濟文化研究所.

＿＿＿＿, 1978, 「公山城에 對하여」 『考古美術』138·139, 韓國美術史學會.

＿＿＿＿, 1980, 「公州 南山里 地域의 古代文化」 『百濟文化』13, 公州師範大學 百濟文化研究所.

＿＿＿＿, 1981, 「公州熊津洞古墳群」 『百濟文化』14, 公州師範大學 百濟文化研究所.

＿＿＿＿, 1984, 「公州 公山城에 對하여」 『文化財』17, 國立文化財研究所.

＿＿＿＿, 1987, 「公山城 推定王宮址에 대한 小考」 『三佛金元龍教授停年紀念論叢1』.

＿＿＿＿, 1991, 「武寧王陵의 發掘과 研究現況」 『百濟文化』21, 公州大學校 百濟文化研究所.

＿＿＿＿, 1995, 「武寧王陵과 宋山里 6號墳」 『公州의 歷史와 文化』, 公州大學校博物館.

王朝文, 2000, 「漆器的産地和製造」 『中國美術史』秦漢卷, 明天出版社

野守健 外, 1935, 「公州宋山里古墳調査報告」 『昭和二年度古蹟調査報告』第二冊, 朝鮮總督府.

梁起錫, 1980, 「熊津時代의 百濟 支配層 研究」, 『史學志』14.

＿＿＿＿, 1991, 「백제 성왕대의 정치개혁과 그 성격」 『韓國古代史研究』4, 韓國古代史學會.

＿＿＿＿, 1991, 「百濟 熊津時代 武寧王」 『百濟武寧王陵』, 公州大學校 百濟文化研究所.

＿＿＿＿, 1991, 「韓國古代의 中央政治」, 『國史館論叢』21, 國史編纂委員會.

＿＿＿＿, 2000, 「백제초기의 部」 『韓國古代史研究』17, 韓國古代史學會.

양종국, 2009, 「웅진도독 부여륭과 신라 문무왕의 취리산 회맹지 검토」『先史와 古代』31, 韓國古代學會.

여호규, 2000, 「4세기 동아시아 국제질서와 고구려 대외정책의 변화−對前燕關係를 중심으로−」『역사와 현실』36, 한국역사연구회.

_____, 2002, 「漢城時期 百濟의 都城制와 防禦體系」『百濟研究』36, 忠南大學校 百濟研究所.

연민수, 2011, 「영산강유역의 전방후원분 피장자와 그성격」『日本學』32, 東國大學校 日本學研究所.

_____, 1998, 「5세기 후반 백제와 왜국」, 『고대한일관계사』, 혜안.

오계화, 2004, 「百濟 武寧王의 出自와 王位繼承」『韓國古代史研究』33, 韓國古代史學會.

윤용혁, 2003, 「무령왕 '출생전승'에 대한 논의」, 『百濟文化』32, 公州大學校 百濟文化研究所.

尹武炳, 1991, 「武寧王陵 및 宋山里六號墳의 塼築構造에 대한 考察」『百濟文化』21, 公州大學校 百濟文化研究所.

李基東, 1987, 「馬韓領域에서의 百濟의 成長」『馬韓·百濟文化』10, 圓光大學校 馬韓·百濟文化研究所.

_____, 1991, 「武寧王陵 出土 誌石과 百濟史研究의 新展開」『武寧王陵의 研究現況과 諸問題, 忠淸南道·公州大學校 百濟文化研究所.

李基白, 1978, 「熊津時代 百濟의 貴族勢力」『百濟研究』9, 忠南大學校 百濟研究所.

_____, 1996, 『韓國古代政治社會史研究』, 一潮閣.

이근우, 2007, 「熊津時代 百濟와 伽倻」『百濟文化』37, 公州大學校 百濟文化研究所.

이귀영, 2012, 「百濟冠象徵體系의 變遷樣相」『百濟文化』46, 公州大學校 百濟文化研究所.

李南奭, 1990, 「百濟 冠制와 冠飾−冠制·冠飾의 政治史的 意味考察」『百濟文化』20, 公州大學校 百濟文化研究所.

_____, 1992, 「百濟 初期 橫穴式 石室墳과 그 淵源」『先史와 古代』2, 韓國古代學會.

_____, 1994, 「古墳出土 黑釉鷄首壺의 編年的 位置」『湖西考古學』創刊號, 湖西考古學會.

_____, 1997, 「公州 宋山里 古墳群과 百濟王陵」『百濟研究』27, 忠南大學校 百濟研究所.

_____, 1997, 「熊津時代 百濟遺蹟의 存在意味」『百濟文化』26, 公州大學校 百濟文化研究所.

_____, 1999, 「백제 웅진성인 공산성에 대하여」『馬韓·百濟文化』14, 圓光大學校 馬韓·百濟文化研究所.

_____, 2000, 「陵山里 古墳群과 百濟王陵」『百濟文化』29, 公州大學校 百濟文化研究所.

_____, 2002, 「百濟墓制의 展開에서 본 武寧王陵」『百濟文化』31, 公州大學校 百濟文化研究所.

_____, 2002, 「公州 公山城內 百濟 推定王宮址」『百濟文化』30, 公州大學校 百濟文化研究所.

_____, 2002, 「百濟 大通寺址와 그 出土遺物」『湖西考古學』6·7, 湖西考古學會.

이남석, 2006, 「수촌리 고분군과 백제의 웅진천도」『역사와 역사교육』11, 웅진사학회.

_____, 2007, 「백제 금동관모출토 무덤의 검토」『先史와 古代』26, 韓國古代學會.

_____, 2007, 「漢城期 百濟石室墳의 再認識」『震檀學報』103, 震檀學會.

_____, 2007, 「百濟 熊津 王都와 熊津城」『馬韓·百濟文化』17, 圓光大學校 馬韓·百濟文化研究所.

_____, 2008, 「百濟의 冠帽·冠飾과 地方統治體制」『韓國史學報』33, 高麗史學會.

李南奭, 2009, 「橫穴式 墓制의 淵源과 展開」『先史와 古代』30, 韓國古代學會.

_____, 2010, 「考古學資料를 통한 百濟 泗沘遷都의 再認識」『百濟文化』43, 公州大學校 百濟文化研究所.

_____, 2012, 「公山城出土 百濟 漆刹甲의 銘文」『목간과 문자』9, 한국목간학회.

_____, 2012, 「東亞細亞橫穴式墓制 展開와 武寧王陵」『百濟文化』46, 公州大學校 百濟文化研究所.

_____, 2013, 「백제 적석총의 재인식」『先史와 古代』39, 韓國古代學會.

_____, 2013, 「百濟王都속의 웅진성」『馬韓·百濟文化』21, 圓光大學校 馬韓·百濟文化研究所.

_____, 2014, 「泗沘의 景觀과 羅城의 築造背景」『百濟文化』50, 公州大學校 百濟文化研究所.

李道學, 1984, 「漢城末熊津時代 百濟王系의 檢討」『韓國史研究』45, 韓國史研究會.

_____, 1990, 「漢城 後期의 百濟 王權과 支配體制의 整備」『百濟論叢』2, 百濟開發研究院.

_____, 2002, 「百濟復興運動'에 관한 몇 가지 檢討」『東國史學』38, 東國史學會.

_____, 2003, 「百濟泗沘遷都의 再檢討」『東國史學』39, 東國史學會.

李丙燾, 1972, 「百濟武寧王陵出土誌石에 대하여」, 『學術院論文集』11-人文·社會科學篇-, 학술원.

李鎔彬, 2004, 「百濟 地方統治制度 研究 現況과 課題」『明知史論』14, 明知史學會.

_____, 2007, 「동성왕의 왕권강화 추진과 신진세력」『熊津都邑期의 百濟』百濟文化史大系

研究叢書 4, 忠淸南道歷史文化硏究院.

李亨求, 1993, 「百濟의 部 體制」『百濟史의 比較硏究 』, 忠南大學校 百濟硏究所.

이종욱, 1976, 「百濟의 國家形成」『大邱史學』 11, 大邱史學會.

이청규, 2007, 「초기철기시대」『한국고고학강의』, 한국고고학회.

李春植, 1969, 「朝貢의 起源과 그 意味」『中國學報』 10.

李漢祥, 1998, 「公州 艇止山遺蹟의 編年과 性格」『백제의 왕실제사유적, 공주 정지산 학술발
　　　표회』, 國立公州博物館.

_____, 2015, 「수촌리고분군에서 본 백제 금공양식의 발현과 전개」『百濟文化』 52, 公州大
　　　學校 百濟文化硏究所.

_____, 2008, 「百濟 金銅冠帽의 製作과 所有方式」『韓國古代史硏究』 51, 韓國古代史學會.

이현숙, 2009, 「就利山遺蹟의 考古學的 檢討」『先史와 古代』 31, 韓國古代學會.

_____, 2015, 「公山城 新出土 銘文資料」『목간과 문자』, 한국목간학회

李賢惠, 1976, 「三韓의 國邑과 그 成長에 대하여」『歷史學報』 69, 歷史學會.

_____, 1994, 「三韓의 對外交易體系」『李基白先生古稀紀念韓國史學論叢』.

李浩炯, 2008, 「公州 丹芝里 橫穴墓群을 통해 본 古代 韓日交流」『韓國古代史硏究』 50, 韓
　　　國古代史學會.

이　훈, 2004, 「墓制를 통해 본 水村里遺蹟의 年代와 性格」『百濟文化』 33, 公州大學校 百濟
　　　文化硏究所.

_____, 2006, 「공주 수촌리 백제 금동관의 고고학적 성격」『한성에서 웅진으로』, 충청남도
　　　역사문화원·국립공주박물관.

_____, 2012, 「공주 수촌리고분군 제2차 발굴조사의 성과와 의의」『금강유역권 신출토자
　　　료와 그 해석』, 제11회 백제학회 정기발표회.

이 훈·강종원, 2001, 「公州 長善里 土室遺蹟에 대한 試論」『韓國上古史學報』 34, 韓國上古
　　　史學會.

林起換, 2004, 「漢城期 百濟의 對外交涉」『漢城期 百濟의 물류시스템과 對外交涉』, 학연문
　　　화사.

林永珍 外, 1994, 『光州 月桂洞 長鼓墳·雙岩洞 古墳群』, 全南大學校博物館.

임영진, 2015, 「한국 분주토기의 발생과정과 확산배경」『湖南考古學報』 49, 湖南考古學會.

俞元載, 1986,「熊津都城의 防備體制에 對하여:周邊의 山城分布를 中心으로」『忠南史學』1, 忠南大學校 史學會.

_____, 1993,「百濟熊津城 研究」『國史館論叢』44, 國史編纂委員會.

_____, 1997,「熊津時代의 地方統治와 貴族勢力」『百濟文化』26, 公州大學校 百濟文化研究所.

_____, 1999,「백제의 마한정복과 지배방법」『영산강유역의 고대사회』, 학연문화사.

徐程錫, 2001,「公州地域의 山城」『國立公州博物館紀要』創刊號.

서현주, 2011,「영산강유역 토기문화의 변천 양상과 백제화과정」『百濟學報』6, 百濟學會.

成洛俊, 1992,「咸平 禮德里 新德古墳 緊急收拾調査略報」, 第35回 全國歷史學大會發表要旨.

전남대학교·전남대학교박물관, 2011,『고흥 길두리 안동고분의 역사적 성격』, 고흥 길두리 안동고분 특별전 기념 학술대회.

田中俊明, 2000,「영산강유역 前方後圓墳古墳의 성격」『영산강유역 고대사회의 새로운 조명』.

鄭求福, 1987,「武寧王 誌石 解釋에 대한 一考」『宋俊浩教授停年紀念論叢』, 송준호교수정년기념논총간행위원회.

정동준, 2009,「백제 22부사체제의 성립과정과 그 기반」『韓國古代史研究』54, 韓國古代史學會.

鄭載潤, 1992,「熊津·泗沘時代 百濟의 地方統治體制」『韓國上古史學報』10, 韓國上古史學會.

_____, 1997,「東城王 23年 政變과 武寧王의 執權」『韓國史研究』99·100집, 韓國史研究會.

_____, 2000,「東城王의 卽位와 政局 運營」『韓國古代史研究』20, 韓國古代史學會.

_____, 2007,「집권 기반의 확립과 영토확장」,『熊津都邑期의 百濟』百濟文化史大系研究叢書4, 충청남도역사문화연구원.

趙由典, 1991,「宋山里 方壇階段形 무덤에 대하여」『百濟文化』21, 公州大學校 百濟文化研究所

池上悟, 1984,『橫穴墓』, ニコー·サイェソス社. 2004,『日本橫穴墓の形成と展開』, 雄山閣. 1~5쪽.

최욱진, 2012,「백제의 웅진 천도 배경과 천도지 선정과정 검토」『백산학보』94, 백산학회.

_____, 2015,「武寧王(斯麻)卽位過程 檢討」『百濟文化』53, 公州大學校 百濟文化研究所.

최희수, 2014,「백제 초기 부의 성립·운영과 지방통치」『韓國古代史探究』18, 韓國古代史

探究學會.

洪性和, 2011,「熊津時代 百濟의 王位繼承과 對倭關係」『百濟文化』45, 公州大學校 百濟文化研究所.

韓鴻烈, 1995,「韓國 漆器手工業의 地域的 展開過程에 관한 研究」『社會科學研究』8.